Walter Kohl
NACHT DIE NICHT ENDEN WILL
Fritz Inkret, Februarkämpfer

Walter Kohl

Nacht die nicht enden will

Fritz Inkret, Februarkämpfer

Leykam

Das Entstehen dieses Buches wurde gefördert von:

Bundesministerium für Unterricht, Kunst und Kultur

Land Steiermark, Fachabteilung 11A

Bund Sozialdemokratischer Freiheitskämpfer und Opfer des Faschismus und Antifaschisten

Stadtgemeinde Leoben

Stadtgemeinde Bruck an der Mur

Land Oberösterreich, Institut für Kunst und Volkskultur

Bund Sozialdemokratischer Freiheitskämpfer
und Opfer des Faschismus und Antifaschisten
Landesverband Obersteiermark
Schillerstraße 22
A-8600 Bruck/Mur

© by Leykam Buchverlagsgesellschaft m.b.H. Nfg. & Co. KG, Graz 2007
Kein Teil des Werkes darf in irgendeiner Form (durch Fotografie, Mikrofilm oder ein anderes Verfahren) ohne schriftliche Genehmigung des Verlages reproduziert oder unter Verwendung elektronischer Systeme verarbeitet, vervielfältigt oder verbreitet werden.
Gesamtherstellung: Leykam Buchverlag
ISBN 978-3-7011-7606-9
www.leykamverlag.at

Nur wenn unsere Geschichten erzählt werden,
können wir erfahren, dass sie zu Ende sind.
(Imre Kertész, aus: „Liquidation")

Vorwort

Werte wie Menschlichkeit, Toleranz und Solidarität sind es, die unsere Gemeinschaft zusammenhalten und das Fundament unserer Gesellschaft darstellen. Ein friedliches Miteinander von uns allen ist dabei sowohl Grundvoraussetzung als auch das Ziel, das wir mit jedem Tag unseres Lebens erreichen wollen.

Im Gegensatz zur heutigen Zeit brachte die erste Hälfte des 20. Jahrhunderts Tod und Zerstörung für Millionen von Menschen mit sich; zwei fürchterliche Weltkriege hinterließen nicht zu übersehende Spuren in so vielen Ländern, bei so vielen Menschen. Doch auch die Zwischenkriegszeit

Foto: © Melbinger

war in Österreich von Unsicherheit, Ungewissheit, Hass und Gewalt geprägt. Die politische Polarisierung gipfelte schließlich in den Februarkämpfen von 1934, als Österreicher gegen Österreicher, Steirer gegen Steirer kämpften.

Der damals erst 18-jährige Fritz Inkret befand sich mitten in dieser Auseinandersetzung auf Leben und Tod, sicherte am 12. Februar als einer von vier Republikanischen Schützbündlern die Murbrücke zwischen Göss und Leoben, wofür er letztlich auch vor einem ständestaatlichen Gericht in Leoben verurteilt wurde.

Vom heutigen Standpunkt aus betrachtet – da wir die Unmittelbarkeit der medialen Berichterstattung gewöhnt sind – wirkt das Jahr 1934 vielleicht unwirklich und fern. Umso bedeutsamer ist es, die bereits mehrere Jahrzehnte zurückliegenden Ereignisse auch heute noch einer den Details verschriebenen, subjektiven und zugleich kritischen Rückschau zu unterziehen. Die historischen Abläufe von 1934 erlangen mit dem Februarkämpfer Fritz Inkret und seinem Einsatz für Freiheit und Demokratie bis heute ein menschliches Gesicht; mit diesem besonderen, von Walter Kohl verfassten Buch ehrt der Landesverband Obersteiermark des Bundes Sozialdemokratischer Freiheitskämpfer in würdiger Form einen der ihren.

Die Erinnerung an die Ereignisse der Zwischenkriegszeit muss wach gehalten werden, damit jeder und jedem Einzelnen von uns bewusst bleibt, wozu die politische Konfrontation in Worten und Taten führen kann. Gemeinsam wollen wir im Wissen um das Vergangene einen für alle Menschen gleichermaßen beschreitbaren Weg in die Zukunft gehen.

Lieber Fritz Inkret, ich danke Dir dafür, dass Du uns ein mahnendes Gewissen bist, durch Dein Dasein für unsere Bewegung unsere Herzen berührst und wünsche Dir und uns allen noch viele gemeinsame Jahre mit einem herzlichen „Freundschaft!"

Landeshauptmann Mag. Franz Voves
Landesparteivorsitzender der SPÖ Steiermark

Zum Geleit

Fritz Inkret, einer der wenigen noch lebenden **Widerstandskämpfer**, die in den 30-er Jahren bis heute sich gegen den Faschismus gestellt haben und für eine bessere Zukunft unter Einsatz ihres Lebens eintraten.
Mit diesem Buch sollte nicht nur einem großen Sozialdemokraten ein bleibendes Denkmal gesetzt, sondern zugleich ein Zeitdokument geschaffen werden, das mit seinen in das Persönlichste gehenden Einzelheiten ergreifende Eindringlichkeit erreicht. Seine lebendige Schilderung der damaligen Zustände hört sich unglaublich aber wahr an. Wenn Fritz Inkret von damals erzählt, wird für den Zuhörer die Zeit lebendig, wie es früher war, lebt die kämpferische Opferbereitschaft, mit der er und andere Sozialdemokraten die Grundlagen für eine bessere Zukunft schufen, wieder auf.
So ist dieses Buch ein Vermächtnis, eine Mahnung an die kommenden Generationen, darüber zu wachen, dass nie mehr Verhältnisse wie damals entstehen können.
Gemeinsam mit Koloman Wallisch kämpfte er am 12. Feber 1934 für Freiheit, Gerechtigkeit und Menschenwürde. Fritz Inkret wurde verhaft und kam in die Todeszelle Nr. 6, durch glückliche Umstände konnte er dem Tod entkommen. Koloman Wallisch wurde durch das Standgericht am 19. Feber 1934 zum Tode verurteilt, kam in eben diese Todeszelle und wurde schlussendlich aufgehängt.
Nach all dem, was Fritz Inkret in seiner Kinder- und Jugendzeit miterlebt hat, galt sein Lebensziel, immer und immer wieder der heranwachsenden Jugend und der Gesellschaft die schreckliche Zeit vor Augen zu führen, um aus der Geschichte die Lehren zu ziehen, dass sich solch schreckliche Zeit niemals wiederholen möge.
Das Konzentrationslager Mauthausen als Ort des Todes und des Grauens ist der beste Beweis dafür. Über 60mal war Fritz Inkret mit Schülern, Jugendlichen und Erwachsenen in Mauthausen. Gerade er, der diese grauenhafte Zeit miterlebt hat bzw. zweimal dem Tod entronnen ist, kann seine Erlebnisse authentisch wiedergeben. Bei seinen Erzählungen und Vorträgen kommen ihm die Bilder von damals wieder hervor, und man kann das Leid in seinen Gesten erkennen.
Für die Opfer, die Fritz Inkret erbracht hat für die Verwirklichung der Idee des demokratischen Sozialismus, gebührt ihm höchste Anerkennung und Wertschätzung. Sein Leben und jenes seiner Gattin sind Beispiel, Mahnung und Verpflichtung für künftige Generationen.

Ich wünsche Fritz Inkret und seiner Gattin Hermi, mit der er über sechs Jahrzehnte glücklich verheiratet ist, dass sie noch viele gemeinsame Jahre gesund und glücklich verbringen können.

Vbgm. Heribert Haring
Landesvorsitzender Obersteiermark

Seid wachsam! Vernehmet das ewige Mahnen.
Der Sinn dieses Tages darf niemals vergehen.
Seid kühn! Hebt empor eure leuchtenden Fahnen.
Wir waren, wir sind und wir werden bestehen.
Wilhelm Adametz

Wer zu Hause bleibt, wenn der Kampf beginnt,
und lässt kämpfen für seine Sache,
der muss sich vorsehen, denn
wer den Kampf nicht geteilt hat,
der wird teilen die Niederlage!
Bertolt Brecht

Jedes Volk muss seine Freiheit erobern.
Wenn es dies nicht kann, bedeutet es,
dass es ihrer nicht würdig ist.
Verteidigt in jedem Fall eure Freiheit.
Die Freiheit ist wie das Brot, die Luft , das Wasser.
Man schätzt sie erst voll an dem Tage,
an dem man sie verloren hat.
Giacomo Matteotti

Versprecht mir, dass ihr tapfer bleibt und durchhaltet!
Es lebe die Sozialdemokratie!
Freiheit!
Koloman Wallisch vor seiner Hinrichtung

Das berühmte Porträt aus dem Jahr 1933: Fritz Inkret als blutjunger Schutzbundmann.

1

In dem, was wir die Realität nennen, begann die wichtige Nacht im Leben des Fritz Inkret am 12. Februar 1934 gegen acht Uhr abends und endete etwa 30 Minuten nach Mitternacht. Also nach nicht einmal viereinhalb Stunden. In einer anderen, möglicherweise viel realeren, weil wirkmächtigeren Zeitrechnung dauert diese Nacht schon mehr als sieben Jahrzehnte lang, und sie will und will nicht enden. Sie will nicht nur für Inkret nicht enden, der damals am rechten Murufer stand und hinüber schoss in die Dunkelheit des linken Ufers. Sie hört auch nicht auf für das Land, das sich an jenem Tag und in jener Nacht fundamental entzweit hatte. Dieser Bruch wartet noch immer darauf gekittet zu werden. Er ist meistens unsichtbar, es ist möglich, für lange Perioden, so zu tun, als ob er nicht da wäre. Es ist wie bei einer Wunde, einer schon vor einem Lebensalter zugefügten Verletzung, deren Narben kaum noch wahrnehmbar sind. Doch manchmal, wenn das Wetter wechselt, da fängt dieses Narbengewebe auf einmal wieder zu jucken an und hört lange nicht auf zu schmerzen, auch wenn man noch so viel reibt und kratzt an den eigentlich nur noch schattenhaften Verwerfungen und Wucherungen an der Oberfläche der Haut.

2

Der Schauplatz war Göss. Die Stadt, in der das beliebte Bier hergestellt wird. Heute ist Göss ein Stadtteil von Leoben. Damals war Göss eine eigene Gemeinde und schrieb sich Göß. Der Mann, den sie in seinen Jugendjahren „Pulverdampf" genannt haben, sitzt heute in seinem winzigen Wohnzimmer im Leobener Stadtteil Leitendorf, am anderen Ufer der Mur, nur ein paar hundert Meter entfernt von der Brücke. Leicht vornüber gebeugt sitzt er am Tisch und redet beinahe emotionslos mit seiner tiefen sonoren Stimme.

„Wir haben sie beschossen", sagt er, „und auf das hinauf sind sie auf der anderen Seite liegen geblieben und haben das Feuer erwidert." Er lacht kurz auf. Nach so vielen Jahren verachtet er seine Gegner nach wie vor, das ist mit Händen zu greifen, als er fortfährt: „Wir waren nur vier Mann, und auf der anderen Seite 30 Heimatschützler! Und nach den Zeitungsberichten auch noch sechs Gendarmen."

Seine Frau Hermi unterbricht ihn. Sie bringt Kaffee, hantiert mit den Tassen und dem Zuckerbehälter. „Hast da nicht ein Foto vom Schutzbund?", fragt sie ihn.

Er knurrt: „Ja ja, hab ich eh da."

Er sucht in dem Stapel von Fotos, Dokumenten, kopierten Zeitungsartikeln, die vor ihm auf dem Tisch liegen, und findet das Foto gleich. Es ist das passbildgroße Porträt mit Kappe, das einige Broschüren als Titelbild ziert und das in vielen Büchern über den Februar 1934 in der Steiermark zu finden ist. Der junge Mensch auf dem unscharfen Foto schaut gerade in die Kamera, ernst und wichtig wollte er wohl dargestellt werden, sein Mund aber verrät, dass eine große Portion Humor und Lustigkeit zum Kern seines Wesens gehört.

„Mit der Uniform, ja, so hat er ausgeschaut", sagt seine Frau und schenkt Kaffee ein. Dann setzt sie sich neben ihn und hört zu, wie er von jener Nacht an der Mur erzählt.

Fritz Inkret war am 12. Februar 1934 noch keine 19 Jahre alt. Dieser Montag muss für ihn sehr aufregend gewesen sein, auch wenn er jetzt, im Jahr 2007, darüber sehr lapidar erzählt und immer wieder Floskeln einflicht wie: „Na, das war ja eh ganz normal", oder: „Das war halt so." Am Nachmittag war er dabei, als sie mit gemeindeeigenen Autobussen losfuhren und die Waffen ausgruben aus den Verstecken. Er war im Gösser Stiftspark, wo sich mehrere hundert Schutzbündler, einige Quellen sprechen von an die tausend, versammelt hatten und Gewehre, Pistolen, Schmierbüchsen in Empfang nahmen. Dann hatte man ihn eingeteilt: Mit drei weiteren hatte er zur Brücke zwischen Göss und Leoben zu gehen und dort Posten zu stehen. Der Auftrag der vier: „Jeden, der sich der Brücke nähert, anrufen und bei Nichtstehenbleiben schießen." So sagte jedenfalls Franz Haas später vor dem Untersuchungsrichter. Der Schutzbund erwartete einen Angriff der Heimwehr aus Richtung Leoben.

Franz Haas, Walter Lenger, Johann Bräuhaupt und Fritz Inkret folgten der Anweisung und gingen das kurze Stück Wegs zur Brücke. Es war etwa acht Uhr abends. Die vier Männer bezogen Deckung hinter den Stahlträgern am Gösser Ufer. Wie er das erzählt, unterbreche ich ihn mit der Frage, ob das die heutige Straßenbrücke sei. Er bejaht, ich frage, wo sie denn da Deckung gefunden hätten, da sei ja nichts. Er wird ungeduldig.

„Die Brücke war für die Straße, wo sie heute noch ist", sagt er. „Nicht die Eisenbahnbrücke. Wenn du hinüber gehst, siehst du das Gleis, wo die Eisenbahn ist, die nach Hinterberg fährt, also nach Kärnten hinein. Und dann ist ein Abgleis in die Brauerei beziehungsweise in das Sägewerk hinein. Ja. Ist ein eigenes Eisenbahngleis. Das war damals schon die Eisenbahnbrücke. Wir waren bei der normalen Straßenbrücke, die ist da hinüber gegangen." Er zeigt unbestimmt zum Fenster, in Richtung Josef-Heissl-Straße.

Sagt laut: „Wir waren da! Auf der Straßenbrücke. Die hat damals ganz anders ausgeschaut. Die war so, wie die Waasen-Brücke im Ort drin heute noch ausschaut, in Leoben drin, mit einem Bogen und Stahlträgern. Und hinter diesen Stahlträgern waren wir versteckt. Vor der Brücke, wo sie aufliegt."

Seine Frau mischt sich ein: „Die Eisenbahn, ist die zum Verschieben gewesen, oder?"

Er redet jetzt laut, mit einer Art gespielter Ungeduld: „Ihr eigenes Gleis halt! Ein ganz gewöhnliches Industriegleis."

„Industriegleis, ja. Für Zubringer. Für die Gösser Brauerei, und das Holz. Ein Sägewerk war das", sagt sie und fragt, ob noch jemand Kaffee will. Wir verneinen.

Fritz Inkret erzählt von den dramatischen Ereignissen des 12. Februar 1934 die ganze Zeit über sehr unaufgeregt und sehr kurz angebunden. „Die Gösser Brücke musste besetzt werden, da sind wir mit vier Mann hin und haben dort Posten bezogen", sagt er. Und: „Dann ist eine Gruppe von Heimatschützlern gekommen, die wollten über die Brücke herüber gehen. Wir haben sie empfangen, haben sie beschossen, die sind zurück gegangen und haben dann auch geschossen."

Ich, sein Zuhörer, bin aufgeregter als er. Wie er sich gefühlt hat, als da die Schüsse hin und her gingen, was er gedacht hat, ob er Angst gehabt hat, will ich wissen. Ob ihnen da kalt war, schließlich war noch Winter. Er brummt ein wenig, redet über das Wetter. „Es war ein ganz ein normaler Wintertag. Ohne Schnee. Ist eigentlich ganz normal gewesen."

Normal, das ist sein Lieblingswort. Es sei nicht sonderlich kalt gewesen, sagt er, denkt ein wenig nach. Die Mur hatte einen „ganz normalen" Wasserstand. Kein Eis, und auch nicht das Nieder-Wasser, wie es sonst um diese Jahreszeit manchmal ist. Die vier hatten keine Mäntel an, doch sie froren nicht. Fritz Inkret: „Einen Pullover drunter, und einen normalen Uniformrock halt. Nicht extra dick, sondern ganz gewöhnliche dicke Uniformjacken. Winteruniform hat man es genannt."

Ich frage nach, wie er sich gefühlt hat und ob er Angst gehabt hat. Er antwortet sehr rasch, klingt dabei ein bisschen unwirsch: „Ich weiß nicht. Wir haben ja nicht gewusst, wie viele das dort drüben auf der anderen Seite sind. Auf jeden Fall war es eine ganz eine feige Bagage, denn nur ein paar hundert Meter weiter weg ist die Eisenbahnbrücke, wo es hinein geht in die Brauerei. Normalerweise hätten sie dort ein paar Leute hin schicken müssen, die wären dann von hinten zu unserer Stellung gekommen. Die hätten uns erwischt. Da war eine derartig feige Mannschaft beisammen, dass es ein Graus war."

Fritz Inkret gibt keine Antwort, wenn man ihn fragt, wie er sich fühlt. Es ist auch in diesem Falle so. Was das für ein Gefühl war für einen so jungen Burschen, im Finstern draußen zu stehen und beschossen zu werden, und was er sich gedacht hat, als er selbst auf die andere Seite hinüber schoss, im Wissen, dass dort Menschen standen, die er vielleicht getroffen hatte, dazu sagt er nichts. Er spricht immer nur vom Faktischen, und das tut er so kurz und präzise wie nötig.

Gegen zehn Uhr abends hatten damals die drüben zu schießen aufgehört. Die Munition war ihnen ausgegangen. Das wussten die Schutzbündler herüben aber nicht. Sie blieben hocken hinter den Stahlträgern und warteten. Das, was DIE Nacht im Leben des Fritz Inkret werden sollte, das entscheidende Ereignis seines Lebens, war zur Hälfte vorbei. Das wusste er da aber auch noch nicht.

3

Die Obersteirische Volkszeitung schrieb fünf Monate nach den Vorfällen recht ausführlich über die Ereignisse jener Februarnacht. Anlass der Berichterstattung war ein Schwurgerichtsprozess in Leoben gegen eine größere Gruppe von Schutzbündlern. Da heißt es auf Seite zwei des Lokalblattes: „Nach der Waffenverteilung wurden 10

Mann, darunter die Beschuldigten Fritz Inkret, Walter Lenger, Franz Haas und Johann Bräuhaupt zur Verstärkung der Brückenbesetzung zur Gösser Brücke abgesendet, bei welcher sich um zirka 9.30 Uhr ein Feuergefecht entwickelt hatte."

Recherche-Arbeit scheint in jenen Zeiten nicht zum Aufgabenkatalog von Journalisten gehört zu haben. Die Berichterstattung in den örtlichen Medien über die Ereignisse des Februar 1934 bezieht ihre Informationen praktisch ausnahmslos aus amtlichen Verlautbarungen der ständestaatlichen Obrigkeit. Und nicht einmal die werden immer korrekt zitiert. Der drei großformatige Seiten umfassende Zeitungsartikel über den Prozess gegen Inkret und die anderen Schutzbündler basiert ausschließlich auf der Anklageschrift und der Wiedergabe der Urteile und teilweise der Urteilsbegründung. In all diesen Quellen ist nirgends die Rede von zehn Schutzbündlern, die in das Feuergefecht bei der Gösser Brücke involviert gewesen sein sollen. Es dürfte sich ein Herr Redakteur vertippt haben; nach allen zugänglichen Unterlagen waren es auf Schutzbund-Seite nie mehr als die erwähnten vier Mann gewesen.

Eine dieser Quellen ist der Bericht des Gendarmeriepostens Donawitz vom 13. Februar 1934. Laut diesen Aufzeichnungen wurde der Posten am 12. Februar um 20.15 Uhr verständigt, dass vier mit Gewehren bewaffnete Schutzbündler an der Leitendorfer Brücke nach Göss postiert seien. Eine vier Mann zählende Gendarmerie-Patrouille brach auf. Die Beamten Johann Serner, Franz Mandl, Josef Fink und Franz Maishirn kamen gegen 21 Uhr zur Brücke, gingen auf die Brücke, langsam und vorsichtig schritten sie Richtung Göss. Nach dem Protokoll des Postens Donawitz hatten die vier Mann die Brücke beinahe schon zur Gänze passiert, als sie, die ohne Deckung waren, „mit einem Gewehr- und Pistolenfeuer überfallen" wurden.

Obwohl sie ohne Deckung waren, wurde keiner der vier Gendarmen getroffen, sie zogen sich zurück an das Leitendorfer Ufer und erwiderten das Feuer. Laut Gendarmeriebericht ging die Schießerei nun fast eine Stunde lang hin und her. Im Gendarmeriebericht ist penibel festgehalten, dass jeder der vier Gendarmen genau 35 Schuss Munition mitbekommen hatte zu diesem Einsatz. Gegen 22 Uhr war dieser Munitionsvorrat verbraucht. Die Gendarmen forderten daraufhin telefonisch in Donawitz Munition und Verstärkung an.

Beim Durchblättern der Gerichtsakten von Fritz Inkret ist das eine der ersten Ungereimtheiten, die an allen Ecken und Enden in diesen Unterlagen zu finden sind. Später, während des Verfahrens, heißt es einmal, bei diesem ersten Feuergefecht an der Leitendorfer Brücke seien insgesamt 140 Schüsse abgegeben worden. Wie kam man da drauf? Hat der Prozessvorsitzende, Oberlandesgerichtsrat Dr. Ernst Roschker, die jeweils 35 Patronen, die jeder Gendarm bei sich gehabt hatte, einfach mal vier gerechnet? Und ist ihm nicht aufgefallen, dass diese Darstellung bedeutet hätte müssen, dass die vier Schutzbündler am rechten Ufer der Mur keinen einzigen Schuss abgegeben hatten? Hat keiner der Verteidiger diese Ungereimtheit bemerkt? Oder ist es sehr wohl bemerkt und angesprochen, aber nicht protokolliert worden?

Die Fragen sind nicht zu beantworten. Zu lückenhaft ist der Prozessakt, zu sehr ist aus ihm herauszulesen, dass die damalige Justiz eine parteiische war, der es weniger um die Wahrheit ging, sondern eher um Rache des Systems an jenen, die es in Frage gestellt, abgelehnt und mit Waffengewalt attackiert hatten. Zu trauen ist den offiziellen Berichten des Ständestaates wohl am ehesten dann, wenn von Details die Rede ist.

Etwa wenn es um die Bewaffnung der Schutzbündler geht. Franz Haas habe ein Militärgewehr mit vier Patronen im Magazin, weitere 15 Gewehrpatronen und zwei Handgranaten bei sich gehabt, Johann Bräuhaupt ein Militärgewehr samt Munition und Seitengewehr, Fritz Inkret sei ausgerüstet gewesen mit „1 Militärgewehr, 55 Patronen, 1 Revolver, 1 Sturmmesser, Spaten und Stahlhelm". Das schreibt die Obersteirische Volkszeitung. Über die Bewaffnung von Walter Lenger findet sich nichts im Artikel. Kein Wunder – die Reportage folgt in dieser Passage beinahe wörtlich der Anklageschrift, und da kommt Lengers Ausrüstung nicht vor.

„Wird schon stimmen", sagt Fritz Inkret, als er die Auflistung liest, und lächelt ein wenig. Der Stahlhelm muss seine Feinde irgendwie irritiert haben, die Frage nach dessen Herkunft nimmt vergleichsweise viel Raum ein im Prozess und in der Berichterstattung. Er habe den Helm am Murufer gefunden und aufgesetzt, so verantwortete sich Inkret im Jahr 1934. Noch heute, 2007, redet er nicht darüber. „Ja, ich hab so einen kleinen Stahlhelm gehabt", sagt er und lacht laut: „Ich war ja gut ausgerüstet!" „Wird schon stimmen", wiederholt er und sagt dann noch, dass das Gewehr, das er in jener Nacht benutzt hatte, nicht das seine gewesen war. Er besaß damals einen eigenen Karabiner, den er als Schutzbundmann ausgefasst hatte. Der lag am 12. Februar jedoch unter dem Bett seiner Mutter, in ihrem Elendsquartier in einer aufgelassenen Turnhalle der Leobener Schule, das sie sich damals schon ein paar Jahre lang mit fünf weiteren ausgesteuerten Familien teilte.

4

Wer war dieser blutjunge Mann an der Leitendorfer Brücke? Was hatte ihn dazu gebracht, aufzustehen und mit Gewehr und Pistole und Sturmmesser vorzugehen gegen die Mächtigen, die Herrschenden?

Wer Fritz Inkret heute ist, das lässt sich leicht beantworten. Es ist ein Herr jenseits der 90, außergewöhnlich beweglich für sein Alter, und da meine ich nicht nur die Tatsache, dass er gut zu Fuß ist, wie man so sagt, und, gestützt auf einen Gehstock, recht flott dahin schreitet, wenn wir zum Mittagessen in ein benachbartes Gasthaus gehen oder wenn er in der Wandau aus dem Auto aussteigt und zu den Grabsteinen und dem Denkmal in den Wald hinein marschiert, an jenen Platz, wo die SS noch im Mai 1945 versprengte Soldaten als angebliche Deserteure erschossen hatte.

Beweglich und wach und munter ist Inkret vor allem in seinem Kopf. Man kann mit ihm über die aktuellen politischen Ereignisse und Wirrungen ebenso diskutieren wie über grundsätzliche Fragen von Demokratie und die Legitimation von Recht und Gesetz. Fritz Inkret ist ein neugieriger Mensch geblieben. Bei einem Besuch in Linz bleibt er stehen und schaut sich um im Hof der SP-Parteizentrale an der Landstraße. Das einstige Hotel Schiff. Jener Ort, wo die Ereignisse des 12. Februar 1934 ihren Ausgang nahmen. Darüber muss man ihm nichts erzählen, er ist belesen in dieser Geschichte. Ein paar Schritte weiter, auf dem Weg zum Restaurant Klosterhof, zeige ich ihm das Haus, in dem Adolf Eichmann seine Jugend verbracht hatte. Da will er gleich mehr wissen, möchte am liebsten hinein gehen und das alles aus der Nähe in Augenschein nehmen.

Der Fritz Inkret des Jahres 2007 ist ein humorvoller Herr, der seine Umgebung gern aufs Glatteis führt. Einen Witz, bei dem es in der Pointe um das Wort Prothese geht, leitet er unglaublich ausführlich und umständlich ein, stellt sich altersvergesslich, tut so, als fiele ihm dieses und jenes partout nicht ein – bis er die Pointe absolut exakt setzt, und einem klar wird, sobald man nach dem Lachen wieder zum Denken kommt, dass das ganze Getue mit der Vergesslichkeit Teil der Witz-Inszenierung war, und zwar wesentlicher Teil.

Witze erzählen, das tut Inkret gern, oder irgendwelche Scherze treiben, um die Leute zu unterhalten. Im Gastgarten des Klosterhofs bittet er eine junge Dame, ihm die fast zu Ende gerauchte Zigarette zu geben, an der sie gerade gesogen hat, und nimmt sie zwischen seine Lippen. Wir, seine Begleiter, erschrecken, rauchen in diesem Alter, sollte man da nicht – aber niemand traut sich was zu sagen, wir schauen zu seiner Frau Hermi, hoffen und erwarten, dass sie ihn zur Vernunft bringt. Hermine Inkret aber lächelt nur, ein wenig müde. Sie weiß was kommt, hat es wahrscheinlich schon oft erlebt. Sobald er sicher ist, dass ihn alle anschauen, kippt Inkret die glosende Zigarette mit den Lippen nach hinten, lässt sie verschwinden in seinem Mund, wieder auftauchen, wieder verschwinden, bläst Rauch aus dem Filter-Ende, das aus seinem Mund ragt. Wie ein kleines Kind freut er sich, zuerst über unser Erschrecken, dann über das Lachen und die Bewunderung für diesen Trick, der doch eigentlich einer von Lausbuben ist, die sich gerade anschicken, über das Rauchen in die Welt des Erwachsen-Seins einzutreten.

Fritz Inkret im Linzer Klosterhof: Gleich wird er die Zigarette im Mund verschwinden lassen.

Der Fritz Inkret des Jahres 2007 ist aber auch das, was er wahrscheinlich schon als 18-Jähriger gewesen ist, als er gegen die Hahnenschwänzler kämpfte: stur. Einmal holt er einen Packen Fotos aus einem Kuvert und findet das gesuchte Bild nicht. Der Versuch, die Fotos zurückzuschieben in das Kuvert, misslingt. Ich will ihm helfen, seine Frau rät ab, „lassen Sie ihn", sagt sie, „er kann sehr stur sein". So ist es auch. Weil die Bilder nicht und nicht hinein passen wollen, holt er schließlich eine Schere und schneidet einen halben Zentimeter vom unteren Rand ab, von allen Bildern. Jetzt rutschen sie locker hinein in den Umschlag, und Fritz ist zufrieden.

Immer wieder während der Treffen in Inkrets Leobener Wohnung ergeben sich ähnliche Situationen. Er ist von irgendeinem Umstand felsenfest überzeugt und lässt sich um keinen Preis davon abbringen, weder von seiner Frau, die doch so gut mit ihm umgehen kann, noch von mir, dem Besucher. Und schon gar nicht von der Realität, und sei sie noch so augenscheinlich.

Irgendwie ist es rührend, das Ehepaar Inkret zu beobachten. Seit 61 Jahren sind sie verheiratet.

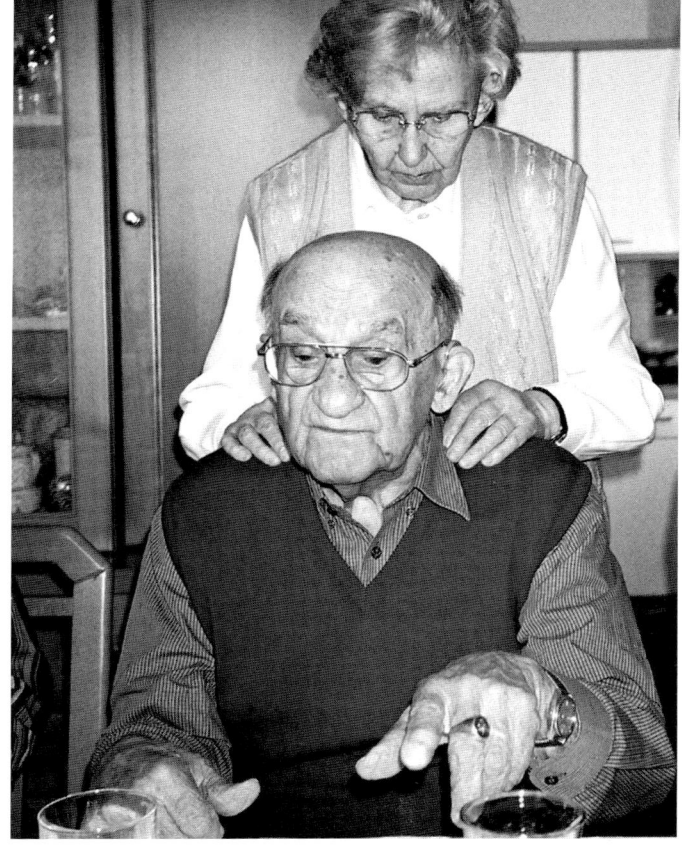

Das Ehepaar Hermi und Fritz Inkret.

Auf den ersten Blick meint man, ein Klischee vor sich zu haben. Immer wieder brechen kleine Streitereien aus, aus banalsten Anlässen, wegen nebensächlichster Dinge, aber nach längerem Hinsehen erweist sich das, was wie ein stetes Streiten aussieht, als ein ständiger Dialog, ein beständiges miteinander Reden. Dass es kein Streiten ist, sondern eine ritualisierte Form von im Gespräch Bleiben, zeigen Kleinigkeiten. Sie schimpft mit ihm, mäkelt herum, dass er zu laut redet, dass er immer nur seinen Schädel durchsetzen will. Aber gleichzeitig greift sie immer wieder zärtlich nach seiner Schulter, drückt sie sanft, streicht ganz kurz über seinen Nacken oder seine Oberarme. Oder sie hantiert im Gasthaus an seiner Essensportion herum, bemuttert ihn sichtlich lustvoll, er knurrt und brummt scheinbar ungehalten dazu, aber zugleich legt er die Gabel weg, greift nach ihrer Hand, umschließt sie und drückt sie einen Augenblick lang. Es sind kleine Gesten von so großer Zärtlichkeit, dass man ganz rührselig werden möchte als Zeuge dieses partnerschaftlichen Alltags.

Ein kluger alter Mann, ein brummeliger aber zugleich fürsorglicher Partner, ein sturer Kerl mit einem Hang zum Rechthaberischen, dabei von umwerfendem Charme und Humor, das ist der Fritz Inkret von heute. Um den Inkret von 1934 beschreiben zu können oder gar verstehen zu wollen, muss man zurückgehen in seine Kindheit und Jugend. Muss sich einlassen auf eine Geschichte von Not und Elend und Ausbeutung, die man nicht glauben kann und will. Muss Erzählungen hören von Menschenverachtung, die weh tun, auch wenn er sie noch so gleichgültig erzählt. Muss sich was sagen lassen über eine Vergangenheit, die unvorstellbar fern erscheint, obwohl jemand vor einem sitzt, der sie erlebt hat.

Um den Fritz Inkret von 1934 zu verstehen und die Eingebundenheit in seine Zeit zu begreifen, darf man auch die feinen leisen Zwischentöne und Untertöne nicht überhören, die dieser alte Mann zu vermitteln versucht. Denn so elendiglich die Zustände waren für ein Arbeiterkind, so unbegreiflich die Ausmaße von Ärmlichkeit und grauer Tristesse, so hat jene düstere Vergangenheit doch auch etwas gehabt, das wir Heutige gar nicht mehr kennen: Man hat einander geholfen. Man spürte, dass man nicht allein gelassen war in der Not. Man war ein Teil von etwas. Solidarität, glaube ich, heißt das Wort aus jenen unendlich weit entfernten Vorzeiten.

5

„Ja, wie soll man sagen", sagt er, als ich ihn bitte, etwas von seinem Herkommen zu erzählen und seiner Kindheit. „Ich bin in Donawitz geboren, in eine Familie, wo schon zwei Kinder waren. Am 13. Juli 1915 bin ich geboren als, als – ". Er macht eine sehr lange Pause, redet dann schnell weiter: „Und im Jahr 1918 ist mein Vater gefallen, an Kriegsverletzung zugrunde gegangen, ist er gestorben. Wir waren drei Geschwister, ein Bruder war noch, eine Schwester, und meine Mutter ist übrig geblieben." Wieder eine Pause, die nächsten Sätze klingen eine Spur weniger lapidar, man merkt, dass ihn das ärgert, worum es nun geht, heute noch, nach 90 Jahren. Er sagt: „Meine Mutter musste eben – der Dank des Vaterlandes waren 15 Schilling, die sie bekommen hat. Mit dem konnte sie natürlich nicht leben und hat ihr Leben lang arbeiten müssen."

Es muss ihm da etwas durcheinander gekommen sein in der Erinnerung und im anhaltenden Zorn über den Bettel von Witwenpension für seine Mutter, die Kriegerwitwe. Denn 1918, als sein Vater starb, galt noch die Kronen-Währung, der Schilling trat erst 1925 in Kraft. Wahrscheinlich stammt seine Erinnerung an die 15 Schilling monatlicher Witwenpension aus der Zeit, als er schon Schulbub war, und damit wird es plausibel.

Was eine Pension von 15 Schilling in jenen Zeiten wert war, ist nur ungefähr zu ermitteln. Die Kronen-Inflation ab 1922 und die Währungsumstellung vom Dezember 1924 erschweren das Finden von Bezugspunkten. Für 10.000 der so genannten Papierkronen bekam man 1925 einen Schilling. Zu jener Zeit, die Inkret wahrscheinlich meint, wenn er die Pension seiner Mutter anspricht, bekam man für 30 Groschen ein Kilo Brot. Die Pension der Mutter wäre also rund 50 Kilo Brot wert gewesen, irgendwas um die 200 Euro nach heutigem Wert. Das reichte der Ersten Republik an Dank, Anerkennung und Unterstützung für eine dreifache Mutter, die ihren Mann durch den Krieg verloren hatte.

Antonia Inkret, geborene Rainer, und Rochus Inkret, so hießen die Eltern. Rochus Inkret kommt in einem schriftlichen Lebenslauf seines Sohnes Fritz, den dieser im Jahr 1994 verfasste, mit zwei knappen Sätzen vor: War Werksarbeiter bei der Alpine in Donawitz. Infolge Kriegsleiden 1918 verstorben. Ich frage Fritz Inkret, ob er noch etwas von seinem Vater in Erinnerung hat.

Er antwortet knapp: „Wie er gestorben ist, war ich drei Jahre. Ich kann mich nur erinnern, dass er ein großer Mann mit einem Bart war. Aber sonst weiß ich nichts. Gestorben ist er an einer Kriegsverletzung. Ist nicht gefallen, sondern an den Folgen einer Verletzung gestorben, in Graz unten, im Lazarett. Im 18-er Jahr. Ob er angeschossen wurde oder was, ich weiß es nicht."

„Die Mutter hat dann nicht mehr geheiratet?"

„Nix mehr", brummt er. „Wir waren drei Kinder, die Schwester 1905 geboren, der Bruder 1910, ich 1915, also alle fünf Jahre ein Kind. Der Dank des Vaterlandes waren 15 Schilling für sie und die drei Kinder, davon hat sie nicht leben können, hat ihr Leben lang gearbeitet."

Inkrets Mutter Antonia arbeitete in verschiedenen Kanzleien in Donawitz als Aufräumerin. Anfang der Zwanzigerjahre wurde „in unserer Gegend der Heimatschutz ganz groß", erzählt ihr Sohn Fritz. Antonia Inkret trat dieser Bewegung nicht bei, obwohl man sie massiv dazu drängte und sie auch nicht über die zu erwartenden Konsequenzen dieser Verweigerung im Unklaren ließ. Diese traten umgehend ein. In den Worten Fritz Inkrets: „Dazu ist sie nicht gegangen, haben sie sie also abgebaut."

Danach arbeitete seine Mutter bei der Alpine Montan in Donawitz. Sie fand für sich und ihre Kinder auch eine Unterkunft, in den so genannten Vordernberger Häusern. Es war nur ein Dachbodenzimmer, aber zumindest eine Bleibe. Was genau sie bei der Alpine gearbeitet hat, weiß Fritz nicht mehr, wahrscheinlich war sie auch dort Aufräumerin in den Büros. Auch bei diesem Arbeitgeber gab es ständig den Druck, dem Heimatschutz beizutreten. Wieder wird die dreifache Mutter „abgebaut" – und diesmal führt das auch zu einer Delogierung aus der „Werkswohnung".

Um sechs Uhr morgens klopfte es an der Tür des Dachbodenzimmers. „Die Mutter war schon zur Arbeit gegangen", erzählt Fritz Inkret, „und ich bin noch im Bett gelegen." Der zwölfjährige Bub ging zur Tür, öffnete sie. Draußen standen vier Männer, Leute vom Werkschutz der Alpine. Ein Räumkommando.

„Was ist denn", fragte der Bub.

„Beeil dich", sagte einer der Männer, „beeil dich, wir müssen die Wohnung räumen."

Ich kann nicht glauben, das so etwas geschieht ohne jede Vorankündigung. „Nix angekündigt", sagt der alte Fritz Inkret, „gar nix." Die Werkschutzmänner seien aus heiterem Himmel gekommen. Ganz ruhig berichtet er von den Geschehnissen, macht sie damit umso ungeheuerlicher.

„Die vier haben dann die Kästen, alles, was wir gehabt haben, die Kleidung, und was so herum gelegen ist, haben sie in die Kästen hinein getan, und um acht Uhr in der Früh ist unsere ganze Einrichtung im Hof unten gestanden, und fertig aus. Die Wohnung wurde zugesperrt und ich bin da gesessen." Der Zwölfjährige lief hinüber ins Werk, holte die Mutter heraus aus dem Betrieb.

Sagte ihr: „Du, Mutter, wir haben keine Wohnung mehr, wir haben nichts mehr."

„Ja, wieso?"

„Es sind eine Menge Leute da gewesen von der Alpine, die haben unsere Wohnung ausgeräumt. Und unsere ganzen Möbel stehen im Hof unten."

Die Mutter nahm den Buben bei der Hand und marschierte mit ihm nach Donawitz hinein, zum Gemeindeamt. Bürgermeister Josef Heißl half, jener Sozialdemokrat Heißl, der in die lokale Geschichtsschreibung eingegangen ist als Beförderer des Baus einer Bürger- beziehungsweise Hauptschule für die Donawitzer Arbeiterkinder, die 1927 mit Platz für fast 30 Schulklassen eröffnet wurde.

Bürgermeister Heißl stellte der delogierten Arbeiterin ein Pferdefuhrwerk zur Verfügung. Das fuhr zu den Vordernberger Häusern, man half der Frau beim Aufladen der ohnehin wenigen Möbel. Dann trotteten die Pferde mit der traurigen Fracht auf ihrem Wagen zum Armenhaus. In einem Raum auf dem Dachboden wurden die Möbel eingelagert, auf dem Fußboden richteten sich die Mutter und Fritz' Bruder Alfred provisorische Schlafgelegenheiten her.

Fritz Inkrets Stimme auf dem Tonband bleibt unverändert, modulationslos und gleichgültig, als er davon erzählt: „Die Mutter hat dann oben auf dem Dachboden mit dem Bruder auf dem Fußboden geschlafen, und ich bin in das so genannte Kinderheim gekommen und war dort einquartiert. Das war ein furchtbares Elend, wie man sich vorstellen kann."

Hermine und Fritz Inkret leben seit Jahrzehnten in einer 48 Quadratmeter großen Wohnung in einem Gemeindebau. Ende der Fünfzigerjahre, als sie einzogen, hat man sie angefeindet, nicht offen, aber doch so, dass sie es mitkriegten: So eine große

Wohnung für ein kinderloses Ehepaar, das hat der Inkret nur gekriegt, weil er bei der Partei ist und im Gemeinderat, so wurde gemunkelt. Heute leben in dem Haus außer den Inkrets nur noch Singles, und junge Leute haben an Wohnungen in diesem Haus gar kein Interesse, weil sie sogar für Singles zu klein sind.

Für den Fritz Inkret aus den Zwanziger- und Dreißigerjahren des vorigen Jahrhunderts war die Vorstellung von einer 48 Quadratmeter großen Wohnung mit Wasser und Klo innen und einer ordentlichen Heizung etwas Irreales, ein Traum von einem unerreichbaren Paradies. Seine Kindheit und Jugend hat er in Unterkünften zugebracht, für die einem aus heutiger Sicht kein Attribut einfällt.

Wenn ich meinen Kindern manchmal erzähle, dass ich selbst als Jugendlicher mit den Eltern und zwei Geschwistern in einer Wohnung gelebt habe, die insgesamt nicht größer war als unser heutiges Wohnzimmer, dann lächeln sie milde und zwinkern einander zu, weil ihr alter Vater wieder mit der üblichen Leier ankommt, dass man früher nichts gehabt hätte. Als ich ihnen nach einem Besuch bei Fritz Inkret erzähle, unter welchen Umständen der als Kind und junger Mann gewohnt hat, lächeln sie nicht. Aber ich sehe es ihnen an, dass sie mir nicht glauben. Es ist auch nicht zu glauben, aber es ist wahr.

Also: Das nächste Armenquartier, dass Antonia Inkret fand für sich und ihren 17-jährigen Sohn Alfred, war ein aufgelassenes Sarglager. Es war ein Massenquartier hinter dem Altersheim von Donawitz. Fritz Inkret: „Lauter Delogierte waren da. Das waren ja viele Leute. Damals war das üblich, dass man Rote aus der Wohnung raus genommen hat, wo sie delogiert worden waren, und dann der Gemeinde zur Verfügung gestellt hat. Die Gemeinde hat natürlich auch keinen Platz gehabt." Man hat die Delogierten der Gemeinde zur Verfügung gestellt, genau so nennt er es. Und meint damit: Die Industriellen, die Zinsherren, die Besitzenden entledigten sich der Besitzlosen, sobald ihnen die keinen Nutzen mehr brachten, und dann hatte sich „die Gemeinde" darum zu kümmern.

In der Erinnerung Inkrets war dieses Massenquartier ein niedriges Gebäude hinter dem Altersheim, ein so genanntes Isolierhaus, in dem in den Zeiten vor dem und während des Ersten Weltkriegs Menschen mit ansteckenden Krankheiten untergebracht waren. Für seine Mutter gab es dort 1927 nichts anderes als die einstige Badestube des Seuchenhauses. Zu jener Zeit fungierte diese Badestube als Sarglager für das Altersheim. Inkret: „Das haben sie ausgeräumt, die Särge weg, was weiß ich wohin, und haben ein Bett hinein gestellt für die Mutter, ein zweites für den Bruder, das war ein zusammenlegbares Bett."

Fritz Inkret selbst wohnte da nicht mehr bei seiner Mutter. Von seinem zwölften bis zu seinem 20. Lebensjahr lebte er in Heimen, zwar immer nahe bei der Mutter und als häufiger Gast, aber die Nächte verbrachte er in Schlafsaalbetten. Auf meine Frage, wo genau und wie er da gewohnt hat, antwortet er mit seiner üblichen Floskel: „War eh ganz normal."

Er schildert diese langen Jahre seiner Kindheit ganz kurz, sagt auch auf Nachfragen nicht mehr dazu. „Im 27-er Jahr ist die Mutter wie gesagt zuerst hinauf gekommen ins Alten-, äh, Armenhaus hat das geheißen, am Dachboden sind die Möbel eingelagert worden, dort hat sie geschlafen, und der Fredl auch. Ich, weil ich noch ein Bub war, bin in das Kinderheim gekommen. Das war gleich daneben. Da waren halt Kinder, die elternlos waren, oder aus solchen Verhältnissen gekommen sind. Waren lauter arme Kinder dort. War ganz ein normales Kinderheim. Mit Schlafsälen, so acht oder neun waren wir in einem Zimmer drin."

Mehr sagt er dazu nicht, außer: „Ich bin zur damaligen Zeit in die Bürgerschule in Donawitz gegangen." Das war die Pestalozzi-Schule, die Bürgermeister Heißl trotz vieler Widrigkeiten und trotz mehrmaliger Bauunterbrechungen hatte bauen lassen und deren Errichtung zwischen 1920 und 1927 die enorme Summe von 1,7 Millionen Schilling gekostet hatte. Im Jahr 1930 begann Inkret eine Tischlerlehre bei der Firma Stoppel in Leoben. Als Lehrling konnte er nicht mehr im Kinderheim der Gemeinde leben. Eine Übersiedlung stand an. In ein Altersheim.

Fritz Inkret: „Ich hab im Altersheim gelebt zu der Zeit. In der so genannten Kinderabteilung im Altersheim, da waren wir zu acht untergebracht, acht Lehrbuben, was auch lauter arme Teufel waren, wo auch die Eltern so arm waren, dass kein Platz war. Da haben wir ein eigenes Zimmer gehabt. Bei uns im Zimmer gewohnt hat ein Insasse vom Altersheim, ein jüngerer, das war ein Kriegsinvalider. Das war quasi der Zimmerkommandant."

An dieser Stelle des Gesprächs kommt seine Frau Hermi und fragt ihn, ob das sein Kuchenteller ist und ob er ihn noch braucht. Sie beginnt, Kaffeetassen und Kuchengeschirr wegzuräumen. Fritz Inkret scheint irgendwie froh zu sein über die Unterbrechung. Während sie am Tisch herumwerkt, kramt er eher ziellos in den Unterlagen. Er holt etwas aus einem Umschlag, liest es. Es ist eine Bestätigung oder Art Polizze von einem Sterbeverein, der heißt „Wiener Verein". Inkret sagt laut: „So, da brauch ich auch nichts mehr zahlen. Für die Urne." Er lacht auf und macht eine lange Pause, während er die Polizze zurück stopft in ein Kuvert und es wegräumt.

Die nächste Episode aus seiner Kindheit ist eine schwer zu erzählende. Wie seine Mutter mehr als ein halbes Jahrzehnt lang gehaust hat in einem Turnsaal. „Dann ist die Mutter mit dem Bruder in den Turnsaal von der Hauptschule gekommen", sagt er. Ein Massenquartier. Gleich beim Eingang in den ehemaligen Turnsaal hatte sich eine Familie ein kleines Stück Lebensraum auf einem Platz eingerichtet, der nur ein wenig breiter war als das Turnsaalfenster in der Wand über ihnen. Sie hatten ihre Bettstatt unter dem Fenster hergerichtet und an der Wand, genau zwischen zwei Fenstern, ihre Kästen und Schränke aufgestellt, mit der schmalen Seite zur Wand, so dass die Schränke wie Raumteiler wirkten.

Fritz Inkret: „Die Kästen und die Kredenz waren die Begrenzung. Als nächstes ist meine Mutter gekommen, hat auch die Betten aufgestellt, den Kasten, und was wir halt gehabt haben, und dann ist der nächste gekommen. Waren sechs Parteien in einem Raum."

Waren da irgendwelche Vorhänge oder Paravents, um die einzelnen Haushalte voneinander zu trennen, will ich wissen. Er verneint: „Nur die Kästen waren aufgestellt. Die waren quasi die Mauer zum nächsten."

Draußen, gegenüber dem Eingang zum Turnsaal, war ein weiteres Zimmer, das den Armen zur Verfügung stand. Das war die Küche. Wobei Küche eine etwas hochtrabende Bezeichnung ist. Inkret: „Also da war halt ein gemauerter Herd, dort haben die Leute ihr Essen gekocht."

Hermi Inkret mischt sich ein. Sie lacht und stellt eine rhetorische Frage: „Das wäre heute vielleicht möglich, ha?!"

„Ja", brummt er, „die Mutter war in dieser Zeit in der Brauerei beschäftigt, ist um zwei zu Mittag heim gekommen und hat ein Essen gekocht."

Er hat damals als junger Bursch des Öfteren bei seiner Mutter gegessen und auch häufig bei ihr und seinem Bruder übernachtet, darum weiß er um die Tristheit dieser Wohnumgebung Bescheid. In seinem Erzählen versucht er dennoch, der Sache auch eine heitere Seite abzugewinnen. Er lacht und beschreibt, wie umständlich es für die sechs Parteien im Turnsaal war, auf die Toilette zu gehen. Da musste man einen langen Gang entlang gehen, dann eine Stiege hinauf, hinaus ins Freie, den Schulhof überqueren, dann wieder eine Stiege hinunter, und dann erst kam man zu den Klosettanlagen der Schule. Ein Teil von denen war abgesperrt, reserviert für die Bewohner des Turnsaales. „Das musst dir vorstellen", sagt er, „wenn einer Durchfall gehabt hat, in der Nacht, hat er durch das ganze Gebäude müssen hindurchgehen und hinauf in die Schule!" Er sieht mich an, als ob er erwarten würde, dass ich lache über diese WC-Geschichte.

Ich frage ihn, wie lange seine Mutter dort gewohnt hat. Er muss nachdenken. „Bis zum 34-er Jahr sicher", sagt er, „wie ich eingesperrt worden bin, da hat die Mutter noch dort gewohnt." Später, als er wegen der Sache mit seinem Gewehr, das er unter dem Bett der Mutter versteckt hatte, noch einmal auf die „Wohnung" im Turnsaal zu sprechen kommt, weiß er es genauer. Bis zum Ende seiner Haft, also bis in den Frühling 1935 hinein lebte die Kriegerwitwe und Hilfsarbeiterin Antonia Inkret im Turnsaal. Fast sieben Jahre lang.

Gearbeitet hat sie hart in dieser Zeit. Fritz Inkret: „Die Mutter war dann im Baugewerbe tätig, als Mörtelträgerin. Damals haben die Frauen das am Kopf getragen, hinauf in den zweiten, dritten, vierten Stock, auf dem Gerüst umeinander geklettert." Dann bekam sie einen Posten in der Brauerei Göss, dort hat sie bis zu ihrer Pensionierung gearbeitet, als Hilfsarbeiterin. Die längste Zeit war sie in der so genannten Flaschenkammer tätig. Inkret: „Da sind die Bierflaschen vorbei gegangen, und sie ist dort gesessen und hat geschaut, ob die Flaschen sauber sind und rein sind. Das, was heute die Maschinen machen."

Fritz' Schwester Antonia lebte und arbeitete damals in Wien, „quasi als Dienstmädel", sagt er, der Bruder Alfred, der schon 1925 eine kaufmännische Lehre begonnen hatte, arbeitete als Handelsangestellter in Leoben. Anfang 1935 hatte zumindest die Wohnungsmisere ein Ende. Fritz' Mutter bekam eine Werkswohnung, oben in Donawitz. „In einem normalen Haus, Zimmer und Küche-Wohnung, interessanterweise ist das Klosett auch auf dem Hof gewesen."

In die Brauerei musste sie täglich früh am Morgen mit einem Bus fahren, da war sie aber nicht alleine, aus dem Haus arbeiteten die meisten in Göss. Ein Jahr später der nächste bescheidene Aufstieg: Sie bekam eine Wohnung in einem Haus ganz nahe bei der Brauerei. Auch nur Zimmer und Küche, aber mit Wasser und Klo innen.

Antonia Inkret, geborene Rainer, die Mutter von Fritz und zweier weiterer Kinder. Als die Aufnahme entstand, war sie ungefähr 60 Jahre alt.

„Da haben wir dann gewohnt", sagt Fritz und deutet beim Fenster hinaus zur Josef-Heissl-Straße in Richtung Göss. Später, bei einem Spaziergang, zeigt er mir das Haus. Im 36-er Jahr war es ein Zinshaus mit einigen Gemeindewohnungen. Jetzt sieht es sehr beeindruckend aus, wie eine großbürgerliche Villa, die eher ein wenig verloren am Rand der Durchzugsstraße steht, nicht weit entfernt von ein paar Großmärkten und dem alten Schwimmbad, das demnächst abgerissen werden soll. Vor einem Jahr erst, also 2006, ist das Haus umfassend renoviert worden, in dem Fritz Inkrets Mutter bis zu ihrem Tod im Jahr 1971 gelebt hat.

In den ersten Jahren muss es recht eng gewesen sein in der Zimmer-Küche-Wohnung. Antonia Inkret wohnte dort mit dem ältesten Sohn Alfred, ihr Sohn Fritz zog nach der Entlassung aus dem Kerker ein und blieb ein Dutzend Jahre, und dann hatten sie auch noch Edith dabei, die Tochter von Fritz' Schwester Toni.

Es ist ein seltsames Erlebnis, diesen 92 Jahre alten Mann über seine Kindheit erzählen zu hören. Aus den paar wenigen Sätzen, die er dazu von sich gibt, ist überdeutlich zu erkennen, wie schlimm seine frühen Jahre gewesen sind. Und es ließe sich daraus eine Menge ableiten und auch eine Menge hinein interpretieren, etwa in dieser Richtung: Was die Umstände waren, welche aus einem unterdrückten Proletarierkind einen Aktivisten machten, einen Kämpfer, einen Freiheitskämpfer. Was den Sohn einer Ausgesteuerten und Ausgebeuteten zum Gewehr greifen ließ. Oder so ähnlich.

Inkret selbst meidet derartige Spekulationen und er geht auch nicht darauf ein, wenn andere sie anstellen. Die Dinge waren ihm, so wie sie waren, eine Selbstverständlichkeit, eben weil sie so waren. „Eh ganz normal", wie er ständig zu sagen pflegt. Wie war deine Kindheit, das war meine erste Frage bei der ersten Begegnung vor dem Mikrofon gewesen, und eines ist mir aufgefallen: Er spricht darüber kurz und lapidar, fast in Hochdeutsch, wie wenn er einen eingelernten Text aufsagen würde, und er erzählt im Präteritum, der Mitvergangenheit, was eine von mündlichen Erzählern kaum verwendete Form ist. Aber das hält er nur ein paar Sätze lang durch, dann fällt er in die Vergangenheitsform des Perfekt und in einen milden Dialekt.

Doch ehe ich beginne, beim Abhören des Bandes aus dieser Beobachtung darauf zu schließen, die Erzählung über seine Kindheit könnte dem Erzähler doch weniger gleichgültig sein als seine Erzählweise vermuten lässt, widerlegt seine Stimme auf dem Band diese Vermutung schon, bevor sie noch halbwegs Gestalt angenommen hat. Denn wichtiger als das Berichten über eine armselige Kindheit ist Fritz Inkret etwas ganz anderes. Nur ein paar Minuten lang spricht er vom Delogieren und vom Turnsaal und den Acht-Mann-Zimmern im Kinderheim, dann wechselt er unvermittelt und ungefragt das Thema. „Ja, und ich bin dann mit drei Mann gerufen worden zur Gösser Murbrücke", sagt er und steigt ein in die Geschichte von der Nacht am Brückenkopf, ohne sich durch Fragen unterbrechen zu lassen.

6

Wo soll man sie suchen, die Ursprünge für den Bruch, der Österreich in zwei Lager spaltete, der 1934 zum Bürgerkrieg führte, der dann, nach 1945, zugedeckt wurde vom Koalitionskonzept jener Männer, die gemeinsam in Hitlers KZs gesessen hatten, zugedeckt für eine lange Zeit? Der Bruch, der immer noch wirksam ist, trotz des Handschlags von SPÖ-Vizekanzler Bruno Pittermann und ÖVP-Kanzler Alfons Gorbach über den Gräbern der Toten im Februar 1964 – man denke allein an die Verbissenheit, mit der nach Wolfgang Schüssels Tabubruch vom Februar 2000 die Linken und die Rechten aufeinander los gingen und gehen, und man denke an die Offensichtlichkeit der uralten Ressentiments und Animositäten und unerledigten Rechnungen, die durch die Oberfläche des aktuellen großkoalitionären Zusammenarbeitens schimmern.

Wo hat das seinen Anfang? Ist er zu suchen im Jahr 1918, als die Monarchie unterging und die Sozialdemokraten eine republikanische Staatsform durchsetzten, mit den Konservativen einig in der dezidierten Absicht, die Gestaltung der Zukunft Österreichs nicht „der Straße" zu überlassen, sprich: das Erbe der Habsburger nicht in die Hände von Räte-Regierungen wie in Bayern oder in Ungarn zu legen? Oder muss man im Jahr 1919 suchen, als sich die von den Wählern (erstmals durften da auch Frauen an die Wahlurnen) mit einer Mehrheit ausgestatteten Sozialdemokraten und die Christlichsozialen zu einer von beiden Seiten ungeliebten Koalition zusammen taten? War es das Scheitern dieser Zwangsgemeinschaft im Oktober 1920, ausgelöst vom Wehrgesetz für Soldatenräte, ein Scheitern, das von beiden Seiten als Erleichterung aufgefasst wurde? War es die Schaffung von Privatarmeen durch die verfeindeten Lager, Heimwehren im Kern ab 1918, Schutzbund ab 1923, mehr oder weniger gut bewaffnete Wehrverbände, die ein Jahrzehnt später tatsächlich aufeinander schossen?

War es der massive Verlust des Einflusses der Sozialdemokratie auf das Bundesheer, wie die einstige Volkswehr nun hieß? War es die gnadenlose Säuberung der Armee von allen linken Offizieren durch den christlichsozialen Heeresminister Carl Vaugoin und die konsequente Einsetzung möglichst konservativer Offiziere und Mannschaften, was das Militär und parallel dazu auch Gendarmerie und Polizei immer weiter weg führte von einer grundsätzlich republikanischen Haltung? Und was die Illusion zerbrach, die österreichischen Sicherheitskräfte oder zumindest Teile davon würden sich im Falle einer Bedrohung der Republik von innen auf die Seite der verfassungstreuen Kräfte schlagen – welche Illusion die Republikaner bis zum Beginn des Bürgerkriegs hegten. War es die Nichtbeteiligung der Sozialdemokratie an der Regierung Seipel im Jahr 1932?

Man weiß gar nicht, wo man anfangen soll, wenn man die Wurzeln sucht. Man muss da viel weiter zurück gehen, zu den ökonomischen und sozialen Bedingungen und den Auswirkungen der Industrialisierung Europas, zur Entstehung eines Proletariats und dessen Verelendung. Und zum daraus resultierenden Aufblühen einer Arbeiterbewegung, zu deren Unterdrückung durch die Machthabenden und auch zu deren recht rasch einsetzender Spaltung in mehr oder weniger radikale Strömungen.

In einer Geschichte über den sozialdemokratischen Schutzbundkämpfer Fritz Inkret ist naturgemäß die Sozialdemokratie von Interesse. Eine Partei, welche diese Bezeichnung im Namen trug, entstand bereits 1874 in Neudörfl bei Wiener Neustadt, doch die zerrieb sich unter dem Druck von außen gleichermaßen wie unter den inneren Spannungen zwischen jenen, die auf Reformen setzten, und jenen, die Revolution im Sinn hatten. Zum Jahreswechsel von 1888 auf 1889 gelang Victor Adler auf dem Hainburger Parteitag die Einigung, die Sozialdemokratische Arbeiterpartei (SDAP) entstand. „Das Proletariat politisch zu organisieren, es mit dem Bewusstsein seiner Lage und seiner Aufgaben zu erfüllen, es geistig und physisch kampffähig zu machen und zu erhalten", dies war Adlers Bestreben, niedergeschrieben in der berühmten Prinzipienerklärung.

Die SDAP stieg rasch zu einer Massenbewegung auf, nicht zuletzt durch den Wirtschaftsaufschwung des ausgehenden 19. Jahrhunderts. Die starke „Nachfrage" nach arbeitenden Menschen ließ deren Selbstbewusstsein wachsen und machte es für die Gegenseite zumindest ein wenig schwerer, ihre Anliegen zu ignorieren. Die junge Sozialdemokratie steckte ihre Energie in zwei Schwerpunkte: den Kampf um kürzere Arbeitszeiten und gerechtere Entlohnung sowie in den Kampf um Teilnahme am politischen Leben. Sprich: den Kampf gegen die Tatsache, dass Arbeiter von allen Wahlen ausgeschlossen waren.

1890 durfte die SDAP erstmals bei einer Wahl antreten, der Gemeinderatswahl in Wien. Sie kam auf 56.000 Stimmen. „Gerecht" waren damals jedoch die Politverhältnisse noch lange nicht: Die Christlichsozialen, von 77.000 Wienern gewählt, erhielten 18 Mandate im Gemeinderat, die Sozialdemokraten lediglich deren zwei. Victor Adler 1893: „... die Verzweiflung wird befördert durch eine Klassengesetzgebung im einseitigen Interesse der Besitzenden. Sie wird verbittert dadurch, dass sie nicht jenen Ausdruck finden kann, den die heutige Auffassung vom ‚Rechtsstaat' jedem Staatsbürger als heiliges, unantastbares und unveräußerliches Recht zugesteht: die Teilnahme an Gesetzgebung und Verwaltung durch die Wahl von Volksvertretern."

Im November 1905 kam es, im weitesten Sinne initiiert durch den Ausbruch der ersten russischen Revolution, in Wien zu massiven Protesten gegen den Ausschluss der Arbeiter vom Wahlrecht. Es gab einen 24-stündigen Generalstreik, 250.000 Demonstranten zogen vor das Parlament. 1907 war das allgemeine Wahlrecht errungen – allerdings nur für Männer. Bei der Wahl im Mai dieses Jahres wurden die Sozialdemokraten zweitstärkste Fraktion.

Es folgten der Erste Weltkrieg, ab dessen Hälfte das Drängen der Arbeiterschaft auf dessen Beendigung, 1918 Streiks gegen den Krieg, Kriegsende, Ausrufung der Republik Deutsch-Österreich auf Antrag des sozialdemokratischen Kanzlers Karl Renner. Es folgt der Aufstieg der SDAP zur stärksten Partei. Es folgen das Ende der Koalitionsregierung 1920, die Gründung von Heimwehr und Schutzbund, es folgen Schattendorf, der Justizpalastbrand, der „Korneuburger Eid" der Heimwehren, mit dem diese sich dezidiert von der Demokratie lossagen. Es folgt der 4. März 1933, die Ausschaltung des Parlaments.

Noch einmal also die Frage: Wo hat er begonnen, der Bruch? Gibt es eine einfache Erklärung, etwa in dieser Art: Die einen hatten viel, die anderen hatten wenig bis gar nichts. Diejenigen, die nichts hatten, begannen sich zu fragen, warum dem so ist. Und sie begannen Teilhabe einzufordern. Sie wollten Anteil haben an dem, was sie geschaffen hatten. Diejenigen, die den größeren Teil für sich beanspruchten, wollten nichts abgeben. Ist es so einfach? Und, ins Heute herein gedacht: Ist es nicht schon wieder so – oder noch immer so, mehr denn je?

Fritz Inkret zerbricht und zerbrach sich über solche Fragen den Kopf nicht viel. Damals, mit 15, bei Beginn der Tischlerlehre, war er der Gewerkschaftsjugend beigetreten und dann auch der Partei. Die Sozialdemokratische Arbeiterpartei Österreichs meint er damit, aber das muss er nicht extra sagen, so selbstverständlich, so normal ist es für ihn gewesen, dass man als junger Arbeiter zu den Roten geht.

7

1930 hatte Fritz Inkret seine Pflichtschulzeit absolviert. Noch nach der alten Form: fünf Klassen Volksschule, drei Klassen Bürgerschule. An die Schulzeit in Donawitz hat er keine guten Erinnerungen. Im Schulgebäude, im Erdgeschoss, befand sich eine große Küche, betrieben von der Wirtschaftsschule. Inkret: „Dort haben sie eine sogenannte Suppe gekocht. Da sind dann zu Mittag die Arbeitslosen oder Ausgesteuerten gekommen, die sind hingegangen mit einem Häferl oder einer Schüssel und haben eine Suppe bekommen."

Er selbst war auch regelmäßiger Gast dieser Armenausspeisung. „Ich weiß noch, ich hab ein Häferl gehabt, ein ganz gewöhnliches rotes Häferl mit einem Henkel, das hab ich hinten am Schulerpack angehängt gehabt, und wenn wir heim gegangen sind –". Er bricht ab, denkt kurz nach, erzählt dann, wie er jeden Tag nach dem Unterricht hinein geschaut hat in die Armenküche. Und wie es dort „eventuell", also nur an manchen Tagen, einen Kakao gegeben hat und ein Stück Brot oder eine Semmel für ihn. Er hört auf mit dieser Erinnerung, sagt nur noch: „Und heute wenn du es anschaust, es wird mehr weg geschmissen als verbraucht."

Das ist schon alles, was er über seine Schulzeit erzählt. Das „Aufschreiben" fällt ihm noch ein aus dieser Phase seines Lebens: „Das war damals sowieso üblich, das Aufschreiben. Beim Greißler ist aufgeschrieben worden, ich weiß, meine Mutter, in Donawitz oben, da haben wir in einem Geschäft eingekauft, dann ist das aufkommen, in einem Büchl, da hat er in einem Büchl aufgeschrieben, und am ersten oder wann, wenn man das Geld gekriegt hat, hat man das gezahlt, dann ist es im Büchl bestätigt worden, Betrag bezahlt, dann hast wieder das ganze Monat eingekauft, nicht wahr." Es ist dies ein System, das zu Abhängigkeit führt. Inkret: „Am Schluss ist die Mutter dann schon mehr schuldig gewesen, als sie Geld verdient hat. Hat sie gesagt: So, und jetzt hör ich auf. Schluss! Und ist zum Konsum gegangen, nicht wahr, das war damals das einzige Geschäft, wo du hast bar zahlen müssen, im Konsum hast du nichts können aufschreiben. Dann waren wir schuldenfrei. Und gut war es."

Gleich nach der Schule begann Fritz Inkret eine Tischlerlehre, bei der Firma Stoppel in Leoben. Das war ein relativ großer Betrieb, mit 40 Beschäftigten und acht Lehrlingen. Einer seiner Ausbildner war ein gewisser Tischlermeister Freishager. Der hatte später ein eigenes Tischlereiunternehmen und spielte im Leben Inkrets noch eine Rolle. Warum er nicht in die Stahlwerke der Alpine gegangen ist, wo schon sein Vater gearbeitet hatte, sagt Fritz nicht. Wahrscheinlich war es wegen der üblen Erfahrungen seiner Mutter. Und wahrscheinlich spürte das Unternehmen, das damals im Besitz der „Vereinigten Stahlwerke AG" Düsseldorf stand, bereits die Auswirkungen der Weltwirtschaftskrise und hatte wenig Bedarf an Lehrlingen.

Die Heimat von Fritz Inkret war und ist Eisen- und Stahl-Land seit Jahrhunderten. Eine frühe Form von Industrialisierung gab es in Donawitz bereits 1436, da wurden erstmals zwei Eisenhämmer urkundlich erwähnt. Die Stahlerzeugung in großem Stil begann Anfang des 19. Jahrhunderts, es entstand in Jahrzehnten ein industrieller Komplex im Besitz des ob seines Unternehmertums in den Adelsstand erhobenen Freiherrn Mayr von Melnhof. Der verkaufte die Anlagen 1872 an die „k.k.privileg. Aktien-Gesellschaft der Innerberger Hauptgewerkschaft", nicht ganz zehn Jahre später gingen alle Anlagen an die neu gegründete „Österreichische Alpine Montangesellschaft" über. Der Bau der Bahnstrecke nach Eisenerz, die Errichtung leistungsstarker Hochöfen und die geschickte Zusammenlegung und optimale Nutzung mehrerer Standorte brachten Donawitz den Status als Zentrum der Erz-Verhüttung in der gesamten Monarchie.

1897 erwarb Karl Wittgenstein die Aktienmehrheit an der Alpine Montan und baute die Werke weiter aus. Im Jahr 1912 galt Donawitz als die größte einheitliche Stahlwerksanlage auf dem europäischen Kontinent. Im Ersten Weltkrieg unterstand das Unternehmen als „militarisierter Betrieb" dem Kriegsministerium, vier Jahre nach Kriegsende übernahmen die Düsseldorfer das Kommando. Die Weltwirtschaftskrise setzte dem Werk stark zu, 1932 musste sogar der letzte aktive Hochofen vorübergehend stillgelegt werden. Erst 1937 belebte sich der Stahlmarkt wieder, und mit dem „Anschluss" kam die mit den Linzer Hermann-Göring-Werken (der späteren VOEST) fusionierte Alpine in die Hände des Nazi-Staates.

Wenn Fritz Inkret von der Alpine Montan der frühen Dreißigerjahre spricht, dann erwähnt er nur den enormen konservativen Druck, den dieses Unternehmen damals auf die Arbeiterschaft ausübte: „Ja, Donawitz war berühmt als Hochburg der Heimatschützler. Eh Linz auch, aber damals war am berühmtesten Donawitz und Kapfenberg. Da waren so viel. War eigentlich watscheneinfach. Wenn du nicht zum Heimatschutz gegangen bist, haben sie dich abgebaut. Da waren viele eh keine echten Heimatschützler, unter Umständen, aber man ist dazu gegangen und hat seine Arbeit behalten. Aber es waren auch viele, die haben gesagt, nein, ich geh nicht dazu. Die waren arbeitslos. Arbeitslos, dann ausgesteuert. Hast müssen in der Woche zweimal stempeln gehen, und alle vierzehn Tage hast ein Geld gekriegt. Dann hat es den Notstand gegeben, und dann bist ausgesteuert worden. Aus. Nix mehr."

Er hatte einen anderen Weg eingeschlagen: „Ich habe mit 15 die Tischlerlehre begonnen und bin zur Sozialistischen Jugend gekommen." Zwei Jahre später wurde er Mitglied der Sozialdemokratischen Arbeiterpartei, gleichzeitig trat er dem Schutzbund bei. „Als junger Wehrturner und so", sagt er. Es ist eine „eh ganz normale" Laufbahn der Politisierung gewesen: „Zu meiner Zeit bist als Kind zu den Kinderfreunden gekommen, bis 12, 13 Jahre, dann als Kind zu den Roten Falken, von dort in die Sozialistische Jugend oder in die Gewerkschaftsjugend, wenn du in der Lehre warst, von dort bist automatisch in die Partei hinein gewachsen. Dabei noch nebenbei einige andere Sachen. Ich hab es einmal zusammen gezählt: Arbeiterturnverein, Naturfreunde, ja was weiß ich, Freidenker, Turner, ja mein Gott."

An dieser Stelle schweift er ab zu einem langen Monolog über die Verhältnisse und Chancen, die junge Menschen heutzutage vorfinden. Sein Resümee ist eher pessimistisch: „Das größte Malheur, das uns passieren kann, ist das mit der Jugend, mit der Jugendarbeitslosigkeit, das ist das scheußlichste, was uns passiert." Er philosophiert ein wenig über moderne Arbeitswelten, die Auswirkungen der Automatisierung und über das rapide Verschwinden des von Kunden wahrnehmbaren Personals bei der Bundesbahn.

Ich frage ihn, ob auch sein Elternhaus sozialdemokratisch war. Er bejaht. Er steht auf, geht im kleinen Wohnzimmer umher, sucht in allen Schubladen. Sein Vater soll roter Gemeinderat in Donawitz gewesen sein, dazu habe er aber keine detaillierten Belege. Anders bei seiner Mutter Antonia. Endlich findet er, was er gesucht hat. Das SDAP-Mitgliedsbuch seiner Mutter.

Antonia Ingret steht da auf der ersten Aufschlagseite. Der Name ist falsch geschrieben, Inkret ist richtig. Laut diesem Papier war Fritz' Mutter seit 1912 Mitglied der „Deutschen Sozialdemokratischen Arbeiterpartei in Österreich". Das Büchlein ist voll geklebt mit bunten Marken, auf die kein Geldwert aufgestempelt ist. War die Bestätigung, dass die Beiträge bezahlt wurden, sagt Inkret. Die Einträge im Mitgliedsbuch gehen bis 1925. „Dann haben sie neue Büchl gekriegt", erklärt Inkret. Bei einem späteren Besuch zeigt er mir noch ein Parteibuch seiner Mutter. Am 16. Juli 1945 war sie in die neu gegründete SPÖ eingetreten und bis an ihr Lebensende Mitglied geblieben. Hermi Inkret legt zwei weitere rote Büchlein vor mir auf den Tisch. Die Mitgliedsbücher von ihr und Fritz. In ihrem steht: Mitglied seit 1. August 1945, in jenem von Fritz: seit 7. Juli 1945.

Unvermittelt beginnt Fritz Inkret eine Episode aus seiner Lehrzeit zu erzählen. Mit der Parteijugend hatte er damals eine Reise gemacht, zuerst von Leoben und Donawitz nach Eisenerz, von dort wanderte die Gruppe zu Fuß durch das Gesäuse, stieg dann in den Zug nach Linz. In der oberösterreichischen Landeshauptstadt brachten die jungen Sozialisten ein paar Tage zu, dann ging es mit dem Schiff nach Wien.

In Linz waren sie in einer Art Jugendherberge zusammen untergebracht gewesen. In Wien wurden sie auf Privatquartiere aufgeteilt. Fritz kam zu einer Familie am Margarethener Gürtel, an die Adresse kann er sich nach fast 80 Jahren noch erinnern. Die Parteijugend machte Stadtrundgänge, schaute sich Wien an. Der Ausflug dauerte 14 Tage, er hat Fritz sehr gut gefallen.

Die Pointe der Geschichte hat sich Fritz Inkret für den Schluss aufgehoben. Er, der Tischlerlehrbub, hätte eigentlich gar nicht mitfahren sollen, denn er hatte nicht frei bekommen. „Also bin ich hergegangen", sagt er und legt die linke Hand flach auf den Tisch, spreizt den Daumen, drückt mit der anderen Hand gegen den Hautlappen zwischen Daumen und Zeigefinger. „Bin ich hergegangen, hab das Hobeleisen da angesetzt und hab mich geschnitten. Und bin gleich zum Doktor hinüber gerannt, mit einem Fetzen um die Wunde."

Der Arzt: „Was ist denn, Inkret, was ist denn los?!"

Der Lehrling: „Beim Hobeleisen Schärfen bin ich da hinein gefahren."

Der Arzt begann die Wunde zu vernähen, kam damit aber nicht zurande, also schickte er den 15-Jährigen in das Spital, dort versorgten und vernähten sie die Verletzung. Fritz Inkret grinst breit an seinem Wohnzimmertisch: „Und ich bin in Krankenstand gegangen und habe den Ausflug gemacht." Es fällt ihm noch etwas ein dazu, er muss lachen, als er es erzählt: „In Wien sind wir einmal baden gegangen, da hab ich mir Gummihandschuhe kaufen müssen, damit ich ins Wasser kann."

8

Hermine Inkret unterbricht ihren Mann. „Das war in den Dreißigerjahren, oder", fragt sie ihn, er bejaht. Beide schweigen. Ich frage sie, wo sie eigentlich her kommt. Sie, die gerne redet und über alles Mögliche sehr ausführlich sprechen kann, wird bei diesem Thema irgendwie kurz angebunden. Dass sie aus Trofaiach stammt, geboren ist im Jahr 1923, dass ihr Mädchenname Leipold war, sagt sie. Es muss eine ärmliche Kindheit gewesen sein, offensichtlich hatten ihre Eltern nicht genug Platz oder Kost oder beides für die Tochter; Hermine verbrachte jedenfalls den Großteil ihrer Kindheit und Jugend bei Onkel und Tante.

Auch dort war es alles andere als rosig. „Der Onkel war ausgesteuert", erinnert sich Hermine Inkret, die Familie hat er allem Anschein nach mit einer Kleinstlandwirtschaft durchgebracht. In ihren Worten: „Mit Schweindeln und Hühnern über Wasser gehalten." Sie erinnert sich, dass der Onkel einmal in der Woche mit einem Korb voller Eier mit dem Fahrrad nach Donawitz gefahren ist, die hat er dort verkauft. „Von Trofaiach nach Donawitz, mit dem Radl, das sind 20 Kilometer."

Ich frage sie, wie sie die Februarkämpfe erlebt hat. „Gar nicht", sagt sie. Zum einen, weil sie da ein Kind gewesen war, elf Jahre alt, und zum anderen, weil man bei der Tante in Trofaiach „nicht so politisch" gewesen sei: „Bei uns ist nicht politisiert worden, da kann ich mich an überhaupt nichts erinnern."

Nur ein politisches Ereignis hat sie im Gedächtnis behalten: Wie der Schuschnigg nach Trofaiach gekommen ist und ihre Schule besucht hat. Sie kann sich nicht daran erinnern, ob das der Unterrichts- und Justizminister Schuschnigg war, oder der nach Dollfuß' Tod zum Bundeskanzler aufgestiegene Schuschnigg. Ihre mit diesem Besuch zusammenhängende Erinnerung an das „Seid einig"-Abzeichen weist darauf hin, dass Kurt Schuschnigg als Kanzler die Schulen in der Obersteiermark besucht hat. Denn dieses für die Schülerinnen und Schüler verpflichtende Abzeichen wurde im April 1934 eingeführt, nach der Etablierung des Ständestaates und dem Ergreifen des politischen Alleinvertretungsanspruchs durch die Vaterländische Front.

Hermine Inkret: „Da haben wir alle ein Abzeichen kaufen müssen, wo drauf gestanden ist: Seid einig. Das ist ein dreieckiges Abzeichen gewesen, in der Mitte ein weißer Streifen, wo ‚Seid einig' gestanden ist, auf der Seite waren rote Felder, da

Ein Foto aus Trofaiach: Hermi als putziges Mäderl. Von der Armseligkeit jener Jahre zeigt das Bild nichts.

war lauter Eichenlaub drinnen." Das hat sie sich sehr genau gemerkt. Sie bildet mit Daumen und Zeigefinger einen Kreis, nicht größer als eine Zehn-Cent-Münze, und sagt: „Das war nicht größer als so."

Jetzt regt sie sich auf, ihre Stimme wird lauter, mit einem verächtlichen Unterton: „Das haben wir kaufen müssen. Das hat 30 Groschen gekostet. Mein Onkel war auch ausgesteuert! Ich kann mich erinnern, dass die Leute geredet haben: Ein Kilo Brot kostet 36 Groschen, und das kostet 30 Groschen, da hätte man beinahe ein Kilo Brot bekommen dafür!"

Fritz Inkret übernimmt die Gesprächsführung wieder. Schließlich geht es um seine Dreißigerjahre. „Wie gesagt", sagt er, „im 32-er Jahr bin ich zur Partei gekommen und dem Schutzbund beigetreten. Zum Wehrturnen. Die Juso-Burschen haben wir geheißen." Die Jungsozialisten waren sie. Er spricht die Abkürzung Juso seltsam aus, mit ganz hartem S, es hört sich an wie: Jusso.

9

1923 ist der Republikanische Schutzbund gegründet worden. Die Gegenseite hatte da schon lange paramilitärische Formationen im Einsatz. Die Gründungsgeschichte der Heimwehren ist wesentlich komplizierter als jene des Schutzbundes, und die Heimwehren waren politisch und ideologisch nie eine einheitliche Organisation. Von nationalsozialistisch bis christlichsozial und monarchistisch reichte das Spektrum. Zurückführen lässt sich der ständestaatliche Heimatschutz auf die Bildung rechtsgerichteter Milizverbände auf dem Land unmittelbar nach dem Ende des Ersten Weltkrieges, gedacht als eine Art Gegengewicht zu den roten Milizen in den Städten und gegründet auch aus Angst vor etwaigen revolutionären Aktivitäten heimkehrender Soldaten und Kriegsgefangener.

Einigende Triebkräfte dieser schwarzen Verbände waren Antimarxismus und Antisemitismus, der Hass auf das „rote Wien" und eindeutige Aversionen gegen die Zentralregierung und die Demokratie überhaupt. In der Obersteiermark waren von Anfang an die Heimwehren ein starker Faktor, und zwar zu einem Gutteil in einer deutsch-nationalen und faschistischen Variante. Der Judenburger Rechtsanwalt Walther Pfrimer war ein Mann der ersten Stunde; später wurde er Bundesführer der Heimwehren und Rädelsführer wie Namensgeber eines Putsches des deutsch-nationalen Flügels des Heimatschutzes gegen den christlichsozialen Flügel und gegen die schwarze Regierung des Jahres 1931. Pfrimer und sein Stabschef Hanns Albin Rauter (später hoher SS- und Polizei-Führer im besetzten Holland) ließen keine Zweifel an ihrer Gesinnung: Die Standarten ihrer Verbände trugen das Hakenkreuz und die Farben Schwarz-Weiß-Rot.

Die Heimwehren gewannen zwischen 1918 und 1920 enorm an Bedeutung und Einfluss wegen ihrer Beteiligung am Kärntner Abwehrkampf gegen die Truppen des SHS-Staates, des späteren Jugoslawien. Zugleich erfasste alle Heimwehrverbände ein Schub der Radikalisierung, als die Sozialdemokraten im Februar 1919 die Wahlen gewannen. In ganz Österreich wuchs die Bewegung, und die Regierung reagierte wegen der Rüstungsbeschränkungen mit Wegschauen auf das Anwachsen einer bewaffneten Kraft parallel zum Staat. In der Steiermark wurde die Heimwehrbewegung durch Landeshauptmann Anton Rintelen besonders gefördert. Jener christlichsoziale Nationalratsabgeordnete Rintelen, der während des Nazi-Putsches von 1934 von den Nazis zum Bundeskanzler ausgerufen wurde. Nach dem Scheitern des Putsches hatte er erfolglos versucht, sich umzubringen, er wurde vom Ständestaat zu lebenslanger Haft verurteilt und 1938 von den neuen braunen Machthabern amnestiert.

Im Jahr 1920 spaltete sich die Heimwehr in einen radikalen großdeutschen und einen gemäßigten christlichsozialen Flügel. Die Spannungen zwischen diesen Richtungen bestanden de facto bis zum Ende des Ständestaates, sie waren letzten Endes die Ursache für den Umstand, dass die Heimwehren nie jenen Einfluss auf die christlichsoziale Politik hatten, den sie sich gewünscht und auch immer wieder eingefordert hatten. Die steirische Heimwehr ging konsequent ihren deutschen Weg: 1927 schloss Pfrimer ein Kooperationsabkommen mit Adolf Hitler. Österreichweit ging das interne Kräftemessen im Heimatschutz und jenes zwischen Heimatschutz und rechter Regierung beständig hin und her und es äußerte sich in verwirrenden Konstellationen, etwa der Revolte von 172 nationalsozialistischen Heimwehreinheiten gegen deren Bundesführung im Jahr 1932, die von Bundesführer Ernst Rüdiger Starhemberg niedergeschlagen wurde – indem der eher deutschnationale Starhemberg ein Bündnis einging mit Mussolini, was seiner Bewegung Geld und Waffen brachte.

Trotz aller inneren Differenzen lag der Heimwehrbewegung eine grundsätzliche Ausrichtung zugrunde: Im Kern handelte es sich um eine bewaffnete Kraft, welche die Interessen der autoritären Politik und vor allem jene der Wirtschaft gegenüber der Arbeiterschaft schützen und durchsetzen sollte. Im Wesentlichen finanzierten Industrie und Finanzwirtschaft die Heimwehren, und vor allem Erstere nutzte die rechten Milizen als Streikbrecher-Organisation – bis hin zur Bildung von wirtschaftshörigen Heimwehr-Gewerkschaften.

Von der Demokratie sagten sich die Heimwehren im Mai 1930 sozusagen formell los, im berühmt-berüchtigten „Korneuburger Eid". In diesem Text, der sich als „Richtung und Gesetz des Heimatschutzes" deklariert und als solcher einen „Volksstaat" und ein „von Grund aus erneuertes Österreich" als Sinn und Ziel alles Strebens angibt, heißt es wörtlich: „Wir verwerfen den westlichen demokratischen Parlamentarismus und den Parteienstaat!"

Die Intrigenspiele und Machtkämpfe hörten auch nicht auf, als die Heimwehr im Herbst 1933 geschlossen in die ständestaatliche Einheitspartei, die Vaterländische Front, eintrat – und dabei ihre eigenen Organisationsstrukturen beibehielt. Deutschnational gegen klerikal, so hieß die Frontlinie, bis Schuschnigg im Oktober 1936 alle Wehrverbände auflöste und die Frontmiliz der Vaterländischen Front als einzige bewaffnete Kraft neben dem Bundesheer zuließ. Reste der Heimwehren schlossen sich im Verband Alt-Heimatschutz zusammen, große Teile der ehemaligen Heimwehrmänner gingen zu den Nationalsozialisten. Der Ständestaat hatte sich selbst seines wehrhaften Arms entledigt – was sich 1938 rächen sollte.

Der Republikanische Schutzbund wurde formal im Februar 1923 aus den Ordner-Formationen der SDAP gegründet. De facto fiel die Entscheidung zur Schaffung einer bewaffneten Kraft bereits beim Parteitag im Jahr davor: Nach dem Ausscheiden aus der Regierung wurde den Sozialdemokraten sehr rasch das Schwinden des Einflusses auf Polizei und Bundesheer bewusst und auch die Notwendigkeit, einen eigenen Schutz zu organisieren. Zum Teil kann man auch die Volkswehr, die Vorläufer-Gruppierung des Bundesheeres, als Quelle bezeichnen, aus der sich der Schutzbund speiste.

Diese Volkswehr war eine Freiwilligen-Armee, aufgestellt im November 1918 von der Provisorischen Staatsregierung. Dominiert wurde dieses Heer, das seine Offiziere auch aus den Mannschaftsrängen rekrutierte, von den Sozialdemokraten, die den Großteil der gewählten Soldatenräte stellten. Ein provisorisches Wehrgesetz von Anfang 1919 sah die Einführung einer Wehrpflicht vor; die Überleitung zu einem Milizsystem scheiterte an der Ablehnung der Soldatenräte.

Der Unterstaatssekretär und dann Staatssekretär für Heereswesen war der Sozialdemokrat Julius Deutsch. Er war es, der Aufstellung und Betrieb der Volkswehr organisierte. Diesem Militärkörper, der in der Phase seines Höchststandes 46.000 Mann zählte, war jedoch keine lange Existenz beschieden. Im Vertrag von St. Germain im September 1919 wurde dem neu entstehenden Staat Österreich ein Berufsheer mit einem maximalen Mannschaftsstand von 30.000 Mann vorgeschrieben, was mit dem Wehrgesetz vom März 1920 umgesetzt wurde.

Der Burgenländer Julius Deutsch, mittlerweile sozialdemokratischer Nationalratsabgeordneter, stellte vom Februar 1923 an überwiegend mit Volkswehr-Männern den Schutzbund auf. Diese Formation der „proletarischen Wehrhaftigkeit" war einheitlich uniformiert, gegliedert in Kompanien, Bataillone und Regimenter. Die Zentralleitung hatte ihren Sitz in Wien und lag in den Händen von Deutsch, in jedem Bundesland wurde eine Landesleitung eingerichtet. Die Schutzbundmänner waren gut bewaffnet, vor allem mit Infanteriewaffen. Die größte Stärke erreichte der Bund 1928 mit 80.000 Mann, in jenem Jahr fand auch der größte Aufmarsch statt, und zwar in Wiener Neustadt.

Die Hochburgen des Schutzbundes waren Wien und die Industrieregionen in Niederösterreich, Oberösterreich, der Steiermark und Kärnten. In den ersten Jahren bestanden die Einsätze des Schutzbundes vor allem in Auftritten bei Parteiveranstaltungen, es ging dabei um das Demonstrieren von Präsenz und Stärke. Bald schon kam es vermehrt zu Zusammenstößen mit rechten Milizen, anfangs vor allem mit jenen der monarchistischen Frontkämpfervereinigung. Der folgenreichste Zwischenfall geschah 1927 in Schattendorf, doch dazu später mehr.

Der Republikanische Schutzbund wurde in den letzten Märztagen des Jahres 1933 von der Regierung Dollfuß aufgelöst. Er blieb in der Illegalität bestehen, bis zu den Ereignissen des Februar 1934, von denen noch ausführlich die Rede sein wird. Nach der Niederlage im Bürgerkrieg flüchteten viele Schutzbündler in die Tschechoslowakei und weiter in die UdSSR, andere kämpften mit den Internationalen Brigaden im Spanischen Bürgerkrieg. Es gab auch Versuche, in Österreich neben den Revolutionären Sozialisten, wie sich die Sozialdemokraten in der Illegalität von 1934 bis 1938 nannten, einen „Autonomen Schutzbund" zu begründen, was aber nicht gelang. Und was man auch sagen muss: Etliche der frustrierten Proletarier schlugen sich auf die Seite der Nazis.

Der Obmann des Schutzbundes war von der Gründung bis zum Februar 1934 Julius Deutsch. Dann floh er nach Brünn. In Spanien nahm er von 1936 bis 1939 als General der republikanischen Truppen am Bürgerkrieg teil, danach ging er nach Frankreich und 1940 in die USA. Deutsch kehrte 1946 nach Österreich zurück und leitete bis 1951 die Sozialistischen Verlagsanstalten. Gestorben ist er im Jänner 1968, eine Rückkehr in das politische Leben der Zweiten Republik ist ihm nicht gelungen.

10

Fritz Inkret hat als 17-jähriger Bursch beim Schutzbund den Umgang mit Waffen gelernt. Er ist ihm ein Dreivierteljahrhundert lang geläufig geblieben, das demonstriert er mir bei einem meiner Besuche. Immer wieder steht er auf während seines Erzählens und sucht in den Kästen und Schubladen nach Dokumenten. Einmal, da sticht ihm eine kleine hölzerne Box aus einem Schrank unter dem Großbildschirm-Fernseher ins Auge. Er weiß, was da drin ist. Nicht das Gesuchte, aber etwas, das er mir unbedingt zeigen will.

Die Holzschachtel hat er selbst gemacht, sagt er stolz, in jungen Jahren, wie er noch als Tischler gearbeitet hat. Er öffnet den Deckel langsam, um Spannung zu erzeugen. Obenauf, auf einem Stapel von Papieren und Ausweisen, liegen silbrig glänzende Handschellen. Inkret legt sie auf den Tisch, „von der Gestapo", sagt er. „Deutsche Polizei" ist in den Stahl der Handschellen gestanzt, gleich über dem Schlüsselloch und den beiden Richtungspfeilen mit der Angabe „Auf" und

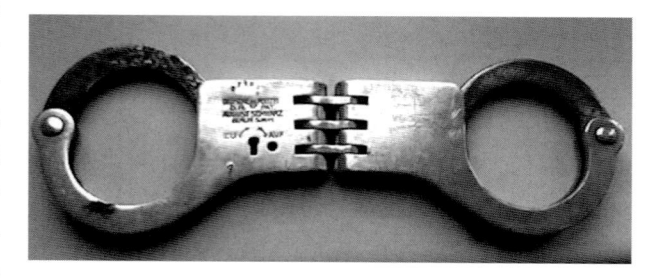

Das sind die Handschellen, mit denen die Gestapo 1944 Fritz Inkret aus der Wohnung seiner Mutter schleppte.

„Zu". Darunter steht: August Schwarz, Berlin, S.W.11. Und darüber die Ziffern 728. Keinerlei NS-Abbildung.

„Die waren wahrscheinlich schon in der Zeit vor den Nazis in Einsatz", sagt Fritz Inkret und lässt mich das Ding anfassen. Es ist schwer, die Fesseln sind sehr eng eingestellt, fast zu klein für die Handgelenke eines Mannes. Es sind die Handschellen, die er 1944 tragen musste, als ihn die Leobener Gestapo verhaftet hatte. Er schiebt die Dokumente in der Box zur Seite und holt ein Lederfutteral heraus, öffnet es.

Es ist eine Pistole, Mauser FN, Modell HSc, Kaliber 7,65 mm. HSc, das heißt Hahn-Selbstspanner-Pistole c. Bei Kriegsbeginn 1939 war der Waffenproduzent Mauser mit seinen Pistolen gegenüber dem Konkurrenten Walther ins Hintertreffen geraten, der Spann-Abzug der Walther-Modelle kam bei zivilen wie öffentlichen Nutzern so gut an, dass sich Mauser gezwungen sah, ein ebenbürtiges Modell zu entwickeln, eben die HSc. Von 1940 bis 1945 wurde fast eine Viertelmillion Exemplare der Waffe produziert, die meisten gingen an das Heer und die Marine. Und auch Gestapo-Männer trugen die Pistole gern: Mauser hatte die Waffe mit einem nur wenig hervorragenden Hahn und durchgehend abgerundeten Ecken und Kanten gezielt für ein verdecktes Tragen ausgelegt.

Fritz nimmt die Pistole in die Hand, reicht sie mir, ich nehme sie nur ganz kurz, lege sie neben die Handschellen. Er deutet auf die eingestanzten Ziffern 728 auf der Handfessel. „Ich habe mir diese Nummer gemerkt, wie sie mich 1944 geholt haben", sagt er, „und dann hab ich sie mir von der Gestapo in Leoben organisiert. Und die Spritz'n da auch." Zufrieden schaut er auf die Waffe und die Fessel hinab. Im Sommer 1945, gleich nach dem Krieg, hatte er sich die Handschellen besorgt aus den verlassenen Amtsstuben der Nazis, und dabei auch gleich eine Pistole mitgenommen, die möglicherweise jene Gestapo-Männer getragen hatten, die ihn aus der Wohnung seiner Mutter geschleppt hatten.

Wie genau er zu dieser Waffe gekommen ist, dazu sagt mir Inkret vorerst wenig. Er deutet bloß an, dass es was zu tun hat mit den paar Monaten nach dem Krieg, wo er als Helfer der britischen Besatzungspolizei gearbeitet hatte. Er ist sichtlich stolz auf die beiden Stücke, aber wortkarg, wenn man nach deren Herkunft fragt. Hermi Inkret deutet an, dass er die Waffe gelegentlich benutzt hat, weder er noch sie sagen aber, wann und wo. Erst später rückt er damit heraus, dass er ein paar Mal in Silvesternächten in die Luft geschossen hat, gleichsam um Krach zu machen, wie die anderen es tun mit Böllern und Silvesterraketen. Das sei aber schon Jahrzehnte her, sagt er, und kramt hastig zwei Dokumente aus der Eigenbau-Schachtel.

Es sind ein Waffenführerschein und ein gültiger Waffenpass. Hermi macht einen Scherz, den ich nicht richtig verstehe, dass sie froh sei, dass er nie versucht habe, auf sie zu schießen, heißt es wohl. Fritz schüttelt den Kopf und brummt mit einer Mischung aus Ungehaltenheit und Zärtlichkeit, was sie denn da daherrede, so was solle man nicht einmal im Scherz sagen. Er räumt die Pistole und die Handschellen und die Ausweise weg und stellt die Box wieder in den Schrank. Wie er zu den Sachen gekommen ist, wird er mir später dann doch ein wenig ausführlicher schildern. Jetzt aber redet er von den Jahren vor dem Bürgerkrieg.

11

Über seine frühe Berufslaufbahn spricht Inkret nur ganz kurz, es hört sich an wie eine Auflistung in einem Lebenslauf: Volksschule, Bürgerschule und Berufsschule in Leoben, von 1930 bis 1933 Tischlerlehrling, Gesellenprüfung 1933. Von 1933 bis 1941 Geselle in verschiedenen Meisterbetrieben. Was dies wirklich heißt, sagt er nicht, nur seine Frau deutet es bei einem späteren Gespräch kurz an: Der junge Tischler Fritz Inkret war nach dem Ende seiner Lehrzeit immer wieder arbeitslos, musste sich über mehr oder weniger lange Perioden mit Gelegenheitsarbeiten über Wasser halten.

Er selbst spricht nur einmal von sich selbst als arbeitslos: „Wir Arbeitslose haben die Steine herunter geschleppt", sagt er, als er von der Errichtung des Donawitzer Mahnmals gegen den Krieg durch Fritz Wotruba und dessen Frau erzählt.

Das Wotruba-Denkmal. Der Künstler hatte sich zu Beginn der Dreißigerjahre gerade von seinen frühen Einflüssen abgewandt und befand sich auf der Suche nach einer „neuen Einfachheit". Das Bildnis „Der Stehende" von 1930 ist eines der ersten Ergebnisse dieser Neuausrichtung, und dann natürlich das Mahnmal „Mensch verdamme den Krieg". 1933 entstand das Werk für den Donawitzer Friedhof, Kritiker rühmen bis heute die an die Skulpturen der Osterinsel erinnernde Archaik. In der Erinnerung Inkrets hatte nicht nur Wotruba alleine daran gearbeitet, sondern auch dessen Frau Marian hatte mitgewirkt.

Zur Zeit der Abfassung dieses Textes stand das Wotruba-Denkmal beim Oberen Belvedere in Wien, es war vorgesehen, es in naher Zukunft wieder in die Obersteiermark zurück zu bringen. 1933 hatte der sozialdemokratisch dominierte Gemeinderat von Donawitz den aufstrebenden Künstler beauftragt, ein Zeichen zu setzen gegen die Schrecknisse des Krieges. Wotruba schuf ein einfaches Standbild: Fünf kubische Steine stehen übereinander, wie absichtslos unregelmäßig und nicht plan ineinander übergehend, darauf ein riesiger Kopf, der tatsächlich ein wenig aussieht wie eines der Moai-Gesichter der Osterinsel, darüber zwei weitere Steinquader. Aus den oberen beiden Steinen sind die Worte „Mensch verdamme" herausgemeißelt, aus dem Block unterhalb des Gesichtes die Worte „den Krieg". Die Sockelsteine tragen die Inschrift „Den Opfern 1914 – 1918"

„Wir, die Arbeitslosen, haben die Steine von Vordernberg herunter geschleppt", sagt Fritz Inkret, „und haben das dort hergerichtet. Dann haben wir ein Zelt aufgestellt, und dort hat der Wotruba gearbeitet mit seiner Frau." Er erzählt, dass „der Kameradschaftsbund" massiv gegen so ein Denkmal protestiert habe. Er meint damit einen lokalen Veteranenverein oder Frontkämpferverband, denn eine bundesweite einheitliche Organisation unter dem Namen Kameradschaftsbund entstand erst 1953.

Inkret: „Die Veteranen, die wollten das alles vom Wotruba zusammenpacken und abfahren damit." Er klingt heute noch hoch zufrieden, und er sagt es mit erkennbarem Stolz: „Aber der Frömel hat gesagt, das geht euch einen Schmarren an!"

Der gelernte Dreher Emmerich Frömel, Betriebsrat im Hüttenwerk, war von 1932 bis 1934 sozialdemokratischer Bürgermeister von Donawitz. Nach den Februarereignissen wurde er abgesetzt und eine Zeitlang in den Anhaltelagern Messendorf und Waltendorf bei Graz eingesperrt. Nach dem Krieg saß er bis 1956 für die SPÖ im Nationalrat. Im Jahr 1933 ließ er sich als Bürgermeister von den rechten Frontkämpfern nichts drein reden: „Das bleibt da bei uns, das wird aufgestellt am Donawitzer Friedhof!" Fritz Inkret knurrt mit Vergnügen: „Und der Fall war erledigt."

„Ich war beim Bau dabei. Über das Wotruba-Denkmal habe ich alle Daten beisammen", sagt Fritz Inkret und räumt einen dicken Packen Zeitungsausschnitte hervor. „Siehst, da bin ich sogar drauf", sagt er und zeigt auf ein Bild von der Aufstellung des Denkmals, ausgerissen aus einer Zeitung. Es ist kein Artikel von 1933, dem Jahr des Entstehens von Wotrubas Antikriegs-Stele, das Foto findet sich in einer undatierten Publikation der Stadt Leoben, aller Wahrscheinlichkeit nach aus dem Jahr 1988, zumindest kann man dem Text zum Bild entnehmen, dass die Wiederaufstellung kurz bevorsteht.

Das Denkmal ist auf der Abbildung kaum zu erkennen, weil das Foto überbelichtet ist. Die Steinsäule scheint fertig zu sein, sie steht an dem Platz, den sie von 1933 bis 1938 inne hatte. Sie ist noch eingerüstet, das Zeltdach ist jedoch bereits entfernt. Ganz links in der zweiten Reihe steht an einen Träger des Gerüsts gelehnt ein braungebrannter junger Mann mit weißem Hemd und dunklem Sakko. Daneben hat jemand in Druckbuchstaben „Inkret" in einen Weißraum geschrieben und einen Pfeil zu dem braungebrannten Burschen gezeichnet.

„Das bin ich", sagt Fritz Inkret. Der Bildtext unter dem Foto ist ein wenig schwammig, er spricht davon, das jenes „steinerne Mahnmal an die Toten des 1. Weltkrieges" den „totalitären Machthabern aus ideologischen Gründen nicht ins Konzept gepasst" habe und deshalb beseitigt wurde. Die vollständige Information lässt der ungenannte Autor unter den Tisch fallen: Die austrofaschistischen totalitären Machthaber ließen das Wotruba-Werk unangetastet, erst die nationalsozialistischen beseitigten es.

Marian und Fritz Wotruba waren relativ bald nach ihrem Wirken in Donawitz, also noch im Jahr 1933, vorübergehend in die Schweiz emigriert. 1937 verließ das Künstlerpaar Österreich endgültig und kehrte erst 1945 zurück. Das Mahnmal gegen den Krieg war den Christlichsozialen zwar ein Dorn im Auge, sie ließen es aber unbehelligt stehen auf dem Friedhof der Stahlstadt. Die Nationalsozialisten dagegen entfernten das Kunstwerk umgehend aus dem öffentlichen Raum. Unmittelbar nach dem Anschluss 1938 wurden die Donawitzer Gemeindearbeiter beauftragt, die Stele abzureißen.

Inkret: „Beim Fuhrhof waren ja lauter Sozi beschäftigt, unsere Leute, und die haben die Steine behutsam auseinander genommen und haben sie versteckt." Gut verpackt und zugedeckt mit alten Brettern verschwanden die Quader und der Kopf in einem Winkel des Fuhrhofs. Und tauchten erst 50 Jahre später wieder auf, wobei Fritz Inkret eine entscheidende Rolle zukam. Mit anderen Denkmalen, die den Nazis ein Dorn im Auge waren, gingen die roten Gemeindearbeiter nicht so glimpflich um. Die beiden Dollfuß-Denkmäler, jenes beim Werkshotel und jenes bei der Evangelischen Kirche, zerschlugen sie und warfen die Trümmer weg.

12

Eigentlich hat der Bürgerkrieg bereits im Juli 1927 begonnen. Das ist eine weit verbreitete Ansicht unter den Interpreten der Zeitgeschichte. Schattendorf und der Justizpalastbrand, diese Ereignisse waren in jener Sichtweise ein erstes Aufbrechen der Revolte der Arbeiterklasse gegen die konservative Regierung. Schattendorf und die Folgen wiederum sind nur zu verstehen aus dem 17. Oktober 1920. Da gewannen die Christlichsozialen die Wahlen mit 79 Mandaten, die Sozialdemokraten kamen auf 62 Mandate. Die von beiden Seiten ungeliebte Koalition der zwei großen Lager, die de facto seit Monaten nur noch mit einem Proporzkabinett ohne eigenen Kanzler funktioniert hatte, ging damit auch formal zu Ende. Die Sozialdemokratie, von Otto Bauer auf austromarxistischen Kurs gebracht, wollte mit den Schwarzen nicht mehr koalieren. Die Christlichsozialen bildeten mit der Großdeutschen Partei und dem Landbund eine konservative Koalition.

Das Ende der sozialdemokratischen Regierungsbeteiligung war ein wesentlicher Grund für die stete Verschärfung der politischen Gegensätze. Je nach Position variieren die Schuldzuweisungen. Aus konservativer Sicht habe sich die SDAP, vor allem mit ihrem Linzer Programm, so weit links positioniert, dass sie sich damit selbst von der Zusammenarbeit mit konservativen Kräften ausgeschlossen habe. Umgekehrt wird aus linker Sicht vehement bezweifelt, ob sich die Christlichsozialen angesichts ihres Wahlsieges überhaupt auf eine weitere Koalition mit den Sozialdemokraten eingelassen hätten.

Unbestritten ist, dass es in der SDAP intensive Diskussionen über den einzuschlagenden Kurs gab. Der gemäßigte Flügel um Karl Renner, in der Regierung zwischen 1918 und 1920 mehrfach Staatssekretär (Inneres, Äußeres), trat für eine Konsenspolitik ein, setzte sich aber gegen die radikalere Strömung rund um Otto Bauer nicht durch. Renner kommentierte Jahre später die Vorgänge mit der Bemerkung, dass die „starre Haltung" Bauers und „das Gewicht seiner Persönlichkeit" der Sozialdemokratie den Eintritt in eine Koalition verunmöglicht habe, „außer um den Preis einer Parteispaltung." Unbestritten ist auch, dass der Weg, den die Sozialdemokratie in den Jahren nach 1920 ging, aus heutiger Perspektive als ein eher schizoider bezeichnet werden muss.

Die Arbeitslosen von Donawitz mit dem Denkmal Wotrubas, für das sie die Steine herbeigeschafft haben. Links im Kreis Fritz Inkret.

Die SDAP befand sich aus eigener Entscheidung in Opposition. Sie betrieb diese rhetorisch radikal, eben austromarxistisch. In der Praxis aber agierte sie als Verteidigerin der bürgerlichen Republik und ihrer Einrichtungen, die sie ja selbst 1918 geschaffen hatte. Dies führte zum einen zu einer Entfremdung von Parteiführung und Basis. Zum anderen wird bis heute der Sozialdemokratie der Zwischenkriegszeit vorgeworfen, sie trüge mit ihrem Rückzug aus der Regierungsverantwortung entscheidend Verantwortung für das Entstehen eines extremen Lagerdenkens in der österreichischen Bevölkerung. Und in Folge für das Entstehen einer Front-Mentalität, bei der sich hoch motivierte und dicht organisierte Bevölkerungsgruppen gegenüber standen, nur bereit zum Kampf, aber nicht fähig zu Dialog, Ausgleich und Kompromiss.

Tatsächlich gab es bei aller Konfrontation über Jahre hinweg etwas, das man mit der Sozialpartnerschaft vergleichen könnte. Etliche Probleme gingen die regierenden Konservativen gemeinsam mit den Sozialdemokraten an. Im Bereich der sozialpolitischen Gesetzgebung etwa wurden in den von der Verfassung vorgegebenen parlamentarischen Ausschüssen proporzmäßig gemeinsame Lösungen gefunden, die man als tragbare gesellschaftliche Kompromisse bezeichnen kann. Die Sozialdemokratie hatte aus der Position einer starken Opposition relativ großen Einfluss und sie nutzte ihn auch.

Im berühmten „Linzer Programm" liest sich einiges anders, radikaler, fundamental-oppositionell. Verfasst hatte das Programm, das im Jahr 1926 beschlossen wurde, Otto Bauer. Das Programm schrieb die radikale Phraseologie fest, mit der die Propaganda der SDAP argumentierte. Und dieser „revolutionäre Worte-Popanz", wie es der steirische Historiker Werner Anzenberger nennt, verschreckte mit seiner Radikalität Anhänger wie Gegner. Vor allem jener Passus des Programms, wo einer Bourgeoisie, welche sich der Einführung einer „Demokratie im Dienste der Arbeiterklasse" widersetzen sollte, angedroht wird, ihren Widerstand „mit den Mitteln der Diktatur zu brechen", lieferte und liefert den politischen Gegnern der Sozialdemokratie starke Argumente. Wer wollte, und das taten und tun viele, konnte das Linzer Programm nicht sehen als im Kern überzeugendes Bekenntnis einer linken Partei zur Demokratie, sondern konnte es missverstehen als mehr oder weniger deutliche Zielvorgabe in Richtung „Diktatur des Proletariats".

Letzten Endes ist das „Linzer Programm" Ausdruck jenes Dilemmas, in das sich die Sozialdemokratie jener Jahre manövriert hatte: Die sozialdemokratische Arbeiterschaft war die eigentliche Begründerin der parlamentarischen Demokratie gewesen, doch schon nach zwei Jahren hatte sie diese großartige Schöpfung in die Hände der konservativen, reaktionären Kräfte abgegeben, deren Bestreben mehr oder weniger unverhohlen die Abschaffung der Demokratie war.

Denn ebenso unbestritten wie das unglückselige Lavieren der SDAP-Spitze zwischen Realpolitik und verbaler Radikalität ist die Tatsache, dass die Christlichsozialen sehr bald versuchten, die sozialen und politischen Rechte der Arbeiterklasse, welche diese sich gerade erst erkämpft hatte, auszuhöhlen und wieder abzuschaffen. Was parallel lief mit konservativen Bestrebungen, Parlamentarismus und Demokratie auszuhebeln. Die Christlichsoziale Partei und ihre großdeutschen Koalitionspartner ließen immer mehr berufsständische und auch faschistische Elemente in die Regierungspolitik einfließen, was die Politik immer antidemokratischer werden ließ. Vorkämpfer der Christlichsozialen in Sachen Zurückdrängung und Abschaffung der Demokratie waren die Heimwehren, die sich im berüchtigten „Korneuburger Eid" klar von der Demokratie lossagten.

Den theoretischen Unterbau des Ständestaates legte bereits im Jahr 1920 der Soziologe und Nationalökonom Othmar Spann vor. Im Sommersemester jenes Jahres hielt er an der Universität Wien eine Vorlesungsreihe zum Thema „Abbruch und Neubau der Gesellschaft", die ein Jahr später unter dem Titel „Der wahre Staat" als Buchausgabe im Verlag Quelle & Meyer in Leipzig erschien. Darin skizziert Spann eine neue Gesellschaft unter der Führung eines starken Mannes, in der jeder Einzelne nicht Individuum, sondern in erster Linie „Glied der Ganzheit" sein sollte. Geordnet sollte dieser neue wahre Staat nach einer Gesellschaftsordnung sein, die sich an mittelalterlichen Zünften orientiert. Der Gegensatz von Kapital und Arbeit soll nach Spanns Vorstellungen dadurch aufgehoben werden, dass Arbeitgeber und Arbeitnehmer der einzelnen Branchen und Wirtschaftsbereiche in gemeinsame Institutionen eingebunden werden und hier ihre Interessen abhandeln und zum Ausgleich bringen. Im Falle von Nichteinigung auf Standesebene habe der Staat das Recht, autoritär zu entscheiden. Wenig mehr als ein Jahrzehnt später setzte die bürgerliche Hälfte Österreichs diesen „wahren Staat" als autoritären Ständestaat in die Wirklichkeit um.

Die Spannungen zwischen den beiden großen Lagern verschärften sich von Jahr zu Jahr und sie gewannen zunehmend Konfliktpotential aus dem Wachsen der bewaffneten Kräfte, die beiden Seiten zur Verfügung standen. Allerdings kam es bis zum Jänner 1927 nur gelegentlich zu tätlichen Auseinandersetzungen. Die Eskalation erfolgte im Burgenland, wo die Balance der Kräfte eine besonders diffizile und komplexe war. Im östlichsten Bundesland war die Vereinigung der Frontkämpfer stärker als überall sonst in Österreich. Diese rechtsradikale und monarchistisch ausgerichtete Gruppe liebäugelte mit einem Anschluss an das offiziell noch immer bestehende Königreich Ungarn.

In Abwehr dieser Tendenzen arbeiteten Christlichsoziale und Sozialdemokraten in der Landesregierung in einer Koalition zusammen. Man versuchte, Heimwehr und Schutzbund vom Burgenland eher fern zu halten. Die SDAP verfolgte eine Politik der Deeskalation: Wenn die Frontkämpfer irgendwo eine Veranstaltung von der Bezirkshauptmannschaft bewilligen ließen, meldete die SDAP am gleichen Ort eine Gegenveranstaltung des Schutzbundes an. In aller Regel verweigerten die Behörden dann aus Angst vor Kampfhandlungen beiden Veranstaltungen die Bewilligung.

45

Dies unterblieb jedoch am 30. Jänner 1927 in Schattendorf. Die lokalen Frontkämpfer wollten an diesem Sonntag im Gasthaus Tscharmann eine Veranstaltung abhalten, bei dem eines ihrer Idole auftreten sollte, der ehemalige k.u.k.-Oberst Hiltl, der bei den Arbeitern als Soldatenschinder verschrien war. Im Ort marschierten dagegen protestierende Arbeiter auf. Die roten Demonstranten zogen zum Bahnhof und trieben Hiltl und seinen Anhang zurück in einen abfahrenden Zug. Danach marschierten sie triumphierend und singend durch den Ort. Im Gasthaus Tscharmann hatten der Wirt, ein fanatischer Frontkämpfer, seine Söhne und einige Freunde schon vor Stunden Jagdgewehre bereit gelegt. Als Steine gegen das Wirtshaus geflogen sein sollen – was nach neuesten Forschungsergebnissen gar nicht geschehen war –, feuerten die Rechtsradikalen aus zwei Fenstern in die Menge.

Zwei Tote blieben liegen. Matthias Csarmits, 34-jähriger Bauarbeiter aus Klingenbach, Kriegsinvalide, auf einem Auge blind, hatte versucht, sich hinter einem Baum zu verstecken. Eine Schrotsalve traf ihn von hinten, die obduzierenden Ärzte stellten fünf Einschusslöcher im Kopf und 23 weitere an seinem Körper fest. Der siebenjährige Pepi Grössing, einziges Kind einer Eisenbahnerfamilie, stand abseits des Demonstrationszuges und wurde von Schrotkugeln ins Herz getroffen. Ein weiteres sechsjähriges Kind und vier Schutzbündler wurden durch Schüsse verletzt.

Ein paar der Frontkämpfer flohen, nachdem sie merkten, was sie angerichtet hatten. Die Gendarmerie besetzte das Haus und verhaftete einige Männer. Einer der Schützen, ein Sohn des Wirtes, stellte sich am folgenden Tag. Als Todesschützen wurden Josef und Hieronymus Tscharmann, zwei Söhne des Wirtes, und deren Schwager Johann Pinter angeklagt. Dass sie unschuldig waren, davon waren ihre Familien bis in die Gegenwart herauf überzeugt. In Schattendorf kursiert heute noch ein Rundbrief, verfasst von einer der Ehefrauen des Trios, unter dem Titel: „Die Wahrheit über Schattendorf". Darin heißt es etwa: „Der Smarits (sic!), der erschossen wurde, lief knapp unter unser Fenster und schoß auf das Fenstersims. Und seine Genossen haben ihn von hinten erschossen." Und zum Tod des siebenjährigen Pepi behauptet dieses Rechtfertigungspamphlet: „Der Unglücksfall des Kindes stammte von keinem Schuß, sondern war ein Geller, da die Schrotkörner von einem Stein abprallten und unglücklicherweise das Herz des Kindes trafen." Die Frontkämpfer im Wirtshaus Tscharmann hätten nur Warnschüsse abgegeben, heißt es schließlich, denn: „Wenn sie hätten Menschen treffen wollen, wäre ihnen dies leicht gewesen."

13

„Von Schattendorf, hast du da etwas mitbekommen", frage ich Fritz Inkret. Er schüttelt den Kopf und lächelt milde. „Da war ich zwölf", sagt er. Nächste Frage: „Und der Justizpalastbrand?" Jetzt lächelt er nicht mehr. Das habe er damals mitgekriegt, wenn auch nicht in seiner Bedeutung verstanden. „Ja", sagt er, „das war eine Demonstration. Der Justizpalast ist angezündet worden, und die Polizei hat die Demonstration mit allen Mitteln niedergeschlagen."

Am Abend des 14. Juli 1927 sprach ein Wiener Geschworenengericht Josef Tscharmann, Hieronymus Tscharmann und Johann Pinter frei. Die Laienrichter glaubten den drei Rechtsradikalen aus Schattendorf, dass sie in Notwehr aus den Wirtshausfenstern in die Demonstranten geschossen hätten. Ein glattes Fehlurteil. Es müssen nicht unbedingt politische Gründe dieser Entscheidung zugrunde gelegen haben, auch linke Historiker konzedieren, dass die Laienrichter zu jener Zeit auch in unpolitischen Prozessen mehrfach außergewöhnlich milde Urteile fällten.

Allen Quellen zufolge war die sozialdemokratische Führung von den Ereignissen überfordert, die dieser Urteilsspruch auslöste. Sie schaffte es nicht, die – berechtigte – Empörung der proletarischen Bewegung zu steuern oder nur zu kanalisieren. Die Situation war auch schizophren: Friedrich Austerlitz, Chefredakteur der „Arbeiter-Zeitung", griff in seinem Kommentar zum Urteil die Geschworenen scharf an – während doch die Sozialdemokratie so hart gekämpft hatte um die Beteiligung von Laien an der Gerichtsbarkeit. Austerlitz' Kommentar ist eine flammende Attacke gegen das Unrecht, zugleich aber warnte er eindeutig vor einem Bürgerkrieg.

Noch in der Nacht vom 14. auf den 15. Juli waren Betriebsräte der Wiener Elektrizitätswerke in die Redaktion der „Arbeiter-Zeitung" gekommen, in der sich auch Otto Bauer aufhielt. Sie wollten klare Anweisungen von der Partei, wie man auf das Skandalurteil reagieren sollte. Bauer ließ sich verleugnen, Austerlitz las den Betriebsräten seinen Protestkommentar vor. Die Betriebsräte wollten einen Aufruf zum Generalstreik in die Zeitung gesetzt sehen und den Aufruf zu Protestdemonstrationen im Zentrum Wiens. Der Chefredakteur, Mitglied des Parteivorstandes, konnte und wollte dies nicht tun – dazu bedürfe es eines Beschlusses des gesamten Vorstandes.

Ungesteuert und unkontrolliert strömten am Morgen des 15. Juli die empörten Massen in die Innenstadt. Etliche Schutzbündler versuchten, so etwas wie eine geordnete Demonstration aus dem Menschenauflauf zu machen, was ihnen nicht gelang. Am Justizpalast, dem Symbol ungerechter Rechtsprechung, entzündete sich der Volkszorn, Fensterscheiben wurden eingeschlagen, Leute drangen gegen Mittag in das Gebäude und begannen, Akten und das Mobiliar zu zerstören. Eines der Ziele war das Grundbuch – dieser Aktenbestand über die Besitzverhältnisse erregte die Wut der Besitzlosen besonders.

Noch immer versuchten Schutzbündler, die Lage zu beruhigen. Es ist überliefert, dass etliche Schutzbündler, unter ihnen Theodor Körner, damals Berater des Schutzbundes, Wachen und Beamte des Justizpalastes vor der aufgebrachten Menge retteten, indem sie ihnen Schutzbund-Jacken gaben oder sie als scheinbar Verletzte auf Bahren ins Freie brachten.

Schließlich legte ein Unbekannter im Gebäude Feuer.

Der Justizpalast brannte.

Der sozialdemokratische Parteivorstand, der zu dieser Zeit im Parlament tagte, hatte keine Kontrolle mehr über das Geschehen. Ebenso erging es anfangs der Polizei, die begann bereits Schusswaffen einzusetzen, die Einheiten wurden aber von den tobenden Demonstranten zurückgeschlagen, etliche Polizisten verprügelt. Polizeipräsident Johann Schober verlangte vom Wiener Bürgermeister Karl Seitz, das Bundesheer einzusetzen, was dieser ablehnte, ebenso wie Heeresminister Carl Vaugoin.

Schober ließ Verstärkung mit Gewehren aus Bundesheerbeständen ausrüsten. Als Munition fassten die Polizisten Übungspatronen aus, mit weichen Bleikugeln ohne Mantel, die in menschlichen Körpern verheerende Wunden hinterließen. Schober kündigte an, er werde den Platz vor dem Justizpalast mit Waffengewalt räumen, wenn man keine Feuerwehrfahrzeuge durch ließe. Bürgermeister Seitz versuchte, die Menge zu beruhigen, er stellte sich auf den vordersten Löschwagen, um die Durchfahrt zu ermöglichen. Ohne Erfolg – Randalierer zerschnitten die Feuerwehrschläuche.

Polizeipräsident Schober gab den Befehl zur Räumung des Platzes. Die Polizei erhielt Schießbefehl. Berittene Polizei zog auf. Steine und Wurfgeschosse flogen. Die Polizisten eröffneten das Salvenfeuer in die Menge, zuerst mit Pistolen, dann aus den Bundesheergewehren mit den Dumdum-Geschossen. Die Folgen waren verheerend.

89 Tote, bis auf vier alle auf Seite der Demonstranten, und um die 1000 Verletzte.

Der Untergang der Ersten Republik hatte begonnen. „Das Gefürchtete ist eingetreten", schrieb die „Neue Freie Presse" in ihrer Montagsausgabe nach den Ereignissen, und: „Die Saat der Agitation ist aufgegangen. Nicht der Geist des Verzeihens ist durch das Schattendorfer Urteil geweckt worden, nicht der Wunsch, das Unselige zu vergessen. Ein Aufschrei von einem verwundeten Riesen war die Antwort, ein Aufschrei, menschlich erklärbar, aber doch unerwartet in seiner Durchschlagskraft."

Die christlichsoziale „Reichspost" der Regierung Seipel, deren Redaktionsgebäude ebenfalls Ziel der Zerstörungswut der Demonstranten gewesen war, triumphierte unter dem Aufmacher-Titel „Die Revolte in Wien abgewehrt" unverhohlen: „Man hat versucht, uns niederzutreten – wir stehen aufrecht." Die Toten, die Schicksale der zahllosen Verwundeten sind diesem „Tagblatt für das christliche Volk" offensichtlich egal, wichtig ist die Meldung: „Die Ordnungsgewalt des Bundes beherrscht die Situation."

Die Titelgeschichte des „Mitteilungs-Blattes der Sozialdemokratie Österreichs" spiegelt Wut und hilflose Empörung wider. Alle Verantwortlichen an diesem durch nichts zu rechtfertigendem Blutvergießen, von der Regierung bis zum letzten Polizeiorgan, müssten zur Verantwortung gezogen werden, heißt es. Und dann, fett gesetzt, eine Drohung, die mehr wie eine Klage, eine unendlich traurige Klage klingt: „Die Wiener Arbeiterschaft und die ganze österreichische Arbeiterschaft mit ihr können und werden es nicht dulden, daß die Wiener Arbeiter auf der Straße wie die Hasen abgeschossen werden!"

Für die sozialdemokratische Bewegung und vor allem für die Partei hatte der 15. Juli 1927 fatale Folgen. Zum einen war die Sozialdemokratie von diesem Datum an noch viel stärker von der politischen Willensbildung ausgeschlossen. Zum anderen war bei den Ereignissen in Wien sichtbar geworden, dass Basis und Parteispitze sich auseinander bewegten. An der Basis kochte es vor Wut und Zorn, die Reaktion der Partei auf die ungeheuerlichen Vorfälle fiel eher zahnlos aus, mehr als kurze Streiks und geharnischten Protest gab es nicht.

Die Ereignisse in der Steiermark, in Bruck an der Mur, zeigen exemplarisch, in welch heikler Situation die sozialdemokratischen Politiker steckten. Koloman Wallisch, damals Abgeordneter im steirischen Landtag und später, im Februar 1934, eine der zentralen Persönlichkeiten in der Geschichte, hatte alle Hände voll zu tun, um die aufgebrachte Arbeiterschaft unter Kontrolle zu halten. Für den 16. Juli berief Wallisch eine Vertrauensmännerversammlung und eine Volksversammlung in Bruck ein. Der Generalstreik wurde ausgerufen, zugleich setzten Wallisch und der Brucker Bürgermeister Franz Gruber alles daran, die Situation nicht eskalieren zu lassen.

Wallisch persönlich soll ein Alkoholverbot erwirkt haben, er und Gruber setzten eine Regelung der Öffnungszeiten gewerblicher Betriebe während des Generalstreiks durch. Und sie sorgten für die Kasernierung der Gendarmerie; die Ordnung in der Stadt hielten die Gemeindepolizei und der Schutzbund gemeinsam aufrecht.

Die berühmte revolutionäre Geste Wallischs an diesem Tag erklärt sich wahrscheinlich aus den auseinanderstrebenden Bemühungen sozialdemokratischer Politiker in diesen Tagen: Die Gewalt nicht weiter ausufern zu lassen, zugleich aber Flagge zu zeigen, sich nicht dem von der Regierung ausgehenden Terror zu beugen. Wallisch hisste bei der Volksversammlung am 16. Juli auf dem Balkon des Brucker Rathauses eine rote Fahne. Mit Pathos erklärte er: „Wenn in Bruck Arbeiterblut fließt, wird auch Bürgerblut fließen!"

Wegen dieser „aufwiegelnden Handlung" ging der steirische Landtag gegen Wallisch vor, man wollte ihn vor Gericht sehen. Die Staatsanwaltschaft Leoben hob jedoch die Abgeordnetenimmunität nicht auf. Wallisch hatte bei den staatsanwaltschaftlichen Voruntersuchungen in dieser Sache derart argumentiert: Mit dem Hissen der Fahne und den radikalen Worten habe er versucht, die empörte Menge im Griff zu behalten; letztendlich habe er Ausschreitungen verhindert, indem er scheinbar auf die radikalen Forderungen eingegangen sei.

„Zu der Zeit, wo das in Bruck war, war ich zu jung", sagt Fritz Inkret und blättert in alten Zeitungsausschnitten. Er murmelt ein geknurrtes „So war das". Damit kommentiert er lapidar das, was von heute aus gesehen ganz klar zu erkennen ist, was damals aber die wenigsten sehen wollten: Mit den Schüssen auf die Arbeiter hatte die christlichsoziale Regierung das Ende der Ersten Republik eingeläutet. Von diesem heißen Julitag an begannen die tätlichen Auseinandersetzungen zwischen Schutzbund und Heimwehren häufiger und heftiger zu werden. Die bürgerkriegsartigen Szenen in der Wiener Innenstadt setzten sich fort in einem leise schwelenden latenten Bürgerkrieg, der sieben Jahre später kurz und mit brutaler Heftigkeit ausbrach.

14

Aufgeheizt und bewaltbereit, so war die Stimmung im Land, als der blutjunge Fritz Inkret ein Schutzbundkämpfer wurde. „Im 32-er Jahr bin ich dem Republikanischen Schutzbund beigetreten und war dort eben als Wehrturner und junger Sozialist tätig. Wie soll ich sagen?" Er hört zu reden auf, zeigt mir viele Bilder und Dokumente, einiges über seine Zugehörigkeit zur bewaffneten Formation der Sozialdemokratie. Einfacher Schutzbundmann war er, anfangs beim Bataillon Hans Resel, benannt nach dem steirischen Landesrat und Journalisten, der mehrfach für seine Überzeugung eingesperrt worden war; später wurde das Bataillon neu benannt nach Giacomo Matteoti, dem Generalsekretär der Sozialistischen Partei Italiens, der 1924 von faschistischen Killern im Auftrag Mussolinis ermordet worden war.

Inkret ist heute noch stolz auf seine Schutzbund-Jahre. „Bekannt und berühmt waren wir, in Bruck und Leoben und in Kapfenberg hat es uns gegeben, und in Knittelfeld und Mürzzuschlag, da waren wir ziemlich bekannt. Der junge Schutzbund!" Wofür sie bekannt waren, frage ich ihn, er weicht aus, grinst ein wenig, sagt dann: „Na ja, wir waren so die Wehrformation der Partei."

„Wie war das organisiert beim Schutzbund", frage ich.

„Ja, wie bei einem Verein. Eigentlich war es ein ganz ein – äh – ein förmlicher Übergang von der Sozialistischen Jugend zu den Wehrturnern und zum Schutzbund. Ganz normal, also."

Die nächste Frage: „Wie war der Alltag beim Schutzbund? Und was bedeutet Wehrturnen?"

Inkret: „Ja, normale Übungen hat man abgehalten, im Turnsaal haben wir geturnt. War normales Turnen, halt am Abend immer." 1933 ist er dann zu einer Ausbildung nach Wien berufen worden, nach Margarethen, in den Reumann-Hof. Inkret: „Da bin ich ausgebildet worden, am Maschinengewehr, mit Gewehr, mit Handgranaten, mit der so genannten Schmierbüchse."

Über seine Anfangszeit beim Schutzbund und über die Ausbildung erzählt Inkret auf eine seltsame Art. Irgendwie wirkt er sehr vorsichtig und zurückhaltend, wie wenn er heute noch, nach mehr als 70 Jahren, aufpassen müsste, dass er nicht zuviel verrät von den Vorgängen damals. Erst allmählich taut er auf, und dann auch nur, wenn es um Details geht. Etwa um die Schmierbüchsen. Als ich erkläre, so etwas nicht zu kennen, beschreibt er es eifrig und ausführlich und wird dabei ein wenig aufgeregt, wie ein Kind.

„Das war eine ganz gewöhnliche – so ein Eisenbecher, der war gefüllt mit Sprengstoff." Er zeichnet mit den Händen in der Luft, lässt sich nicht unterbrechen von seiner Frau, die Kaffee bringt. „Da hat oben eine Lunte herausgeschaut, mit einem Feuerzeug hat man es angezündet, dann hat man bis acht Uhr –". Er merkt, dass er sich versprochen hat, lächelt kurz, fährt fort: „Also bis acht hat man zählen müssen, eins, zwei, drei, vier, fünf, sechs, sieben, acht", sehr schnell zählt er, „und dann hat man sie müssen weg schmeißen. Das war recht verlässlich. Man hat gesagt dazu: Das ist die Ottakringer Schmierbüchse; die hat man selber hergestellt."

Wieso dieses Ding „Ottakringer" hieß, kann er nicht sagen. Nur: „Das war so die Bewaffnung, die man gehabt hat. Ich habe ein Gewehr gehabt und einen Trommelrevolver, das war meine Bewaffnung." Das ist alles, was Fritz Inkret über seine Ausbildung zum Schutzbundmann von sich gibt. Erst Wochen später, bei einem Gespräch, in dem es um ganz andere Themen geht, da erwähnt er wie nebenbei, dass er damals, 1933, in Wien eine Sonderausbildung bekommen hat beim Schutzbund, es hat etwas zu tun gehabt mit dem Schießen, Details nennt er nicht, auch nicht auf Nachfrage.

Er schildert nur allgemein, wie er das Schießen gelernt hat: „Das war im Reumann-Hof. Da war im Keller unten was hergerichtet, ein Schießstand eingerichtet. Da sind wir unterwiesen worden."

„Habt ihr da auf Scheiben geschossen oder Pappfiguren?"

„Figuren. Ganz gewöhnliche Figuren. Es war so ein langer Keller, und die Figuren waren nur so Umrisse von Gestalten. Ein Keller, am Ende ist das aufgestellt worden, und auch Bretter, damit es keine Preller, keine Abpraller gibt, es war so eine Holzwand, oder was weiß ich, damit die Kugeln stecken bleiben."

Dort haben sie ihm beigebracht, wie man mit Pistolen und Revolvern umgeht und mit Gewehren. Was der Siebzehnjährige da lernt bei der Sonderausbildung im Wohnblockkeller, ist offensichtlich von hoher Qualität, es macht ihn ein Jahr später zum Schützen mit der meisten Erfahrung an der Murbrücke, zu jenem, der den anderen zeigt, wie Infanteriefeuer in finsterer Nacht effizient sein kann.

Daheim in Leoben steht er nun den jungen Männern von der anderen Seite, vom Heimatschutz, gegenüber. Ich kann mir nicht recht vorstellen, wie das ist, in einer Ortschaft zu leben, wo man die Hälfte der Gleichaltrigen als Gegner wahrnimmt, die man notfalls mit Waffengewalt zu bekriegen bereit ist. Das sei halt so gewesen, meint Inkret darauf. Ich frage ihn, ob er die Heimwehrleute nicht alle persönlich gekannt hat, ob er mit denen nie irgendwelchen privaten Umgang gehabt hatte. „Nein, gar nicht", antwortet er, „die Namen von denen habe ich schon gekannt, aber da hat es keinerlei Kontakte gegeben. Höchstens dass wir zum Raufen gekommen sind. Alle Augenblicke haben sie einen Aufmarsch gemacht, und da ist es zum Raufen gekommen."

Einmal wurde in Inkrets Heimatregion der Ernstfall geübt. Im Jahr 1932 fand eine große Übung statt, bei der die Schutzbündler von Bruck an der Mur einen Angriff auf Leoben simulierten. Die Schutzbündler von Leoben, unter ihnen der 17-jährige Inkret, hatten auf den Bergen links und rechts der Mur Stellung bezogen und versuchten, die Angreifer abzuwehren. Inkret redet über die eigentliche Übung wenig. Ich frage ihn, ob man sich das vorstellen muss wie ein Militärmanöver, mit Waffen und echten Schüssen.

„Ah ja, eher ohne Waffen", sagt er kurz angebunden. „Es waren wohl einige Gewehre mit, und Dings, aber blinde Patronen und so. Es ist nicht scharf geschossen worden."

Ich frage ihn, was die Obrigkeit dazu gesagt hat. Er antwortet unwirsch: „Es ist nichts geschehen, es ist friedlich herunter gegangen, wir waren unter uns, kann man sagen, es ist nichts passiert, lauter Schutzbündler unter sich. Nach dem Aufmarsch in Leoben hat sich das wieder verlaufen und der Fall war erledigt."

Offensichtlich war das ein richtiges Manöver, mit Gewehren und Pistolen, und es ist geschossen worden bei den fingierten Angriffen und Auseinandersetzungen auf den Bergen und in den Wäldern oberhalb der Mur, wenn auch nur mit Platzpatronen. Inkret will dazu nicht viel erzählen, ja, ja, sagt er auf Nachfragen nur, und: „Das hat sich dann ja schnell verlaufen. Da war nix."

Seine Frau unterbricht ihn, sie fragt, ob es ihm gut geht, ja, ja, brummt er. Sie erzählt, dass er heute bis sieben Uhr geschlafen habe, das sei für ihn extrem lang. Hermi Inkret: „Er war immer ein Frühaufsteher. Er ist früher oft um zwei Uhr früh aufgestanden, zum Zeitungslesen. Aber jetzt kommt die Zeitung erst um sechs. Ins Bett geht er aber nicht vor zwölf. Heute geht er um zwölf schlafen und steht um fünf oder sechs auf."

Fritz Inkret will von Koloman Wallisch erzählen. Zweimal hat er ihn getroffen in seinem Leben. Das erste Mal, das war bei jener großen Übung der Schutzbündler aus Leoben und Bruck. Inkret: „Ich hab ihn gekannt. Bei der Schutzbundübung zwischen Bruck und Leoben sind wir zusammen gekommen. Der Defilierungsmarsch am Schluss war am Hauptplatz in Leoben, da die Brucker Schutzbündler, da die Leobener Schutzbündler, das waren ja ein paar tausend Mann, die da teilgenommen haben, also von Göss bis Judendorf, bis hinunter nach Niklasdorf. Auf dem Hauptplatz sind wir so aufmarschiert, und da sind wir gegenüber von den Bruckern zum Stehen gekommen. Ich bin nicht zum Reden gekommen mit ihm, aber gegenüber gestanden sind wir uns."

15

An dieser Stelle ist ein Einschub zur Person Koloman Wallisch notwendig. Denn Wallisch spielt eine große Rolle in der Geschichte der Februarkämpfe in der Steiermark. Und er spielt eine Rolle im Leben des Fritz Inkret, obwohl sie einander nur zweimal begegnet sind. Der eine, Wallisch, hat dem anderen, Inkret, beim ersten Mal, 1932, auf dem Hauptplatz von Leoben, ins Gesicht geschaut. Sie haben einander wahrgenommen als Genossen in Uniform. Bei der zweiten Begegnung, zwei Jahre später, im Februar 1934, da hat der eine den anderen nicht wahrgenommen. Wallisch wusste nicht, dass Inkret an der anderen Seite der Tür stand, an der er vorbei geführt wurde. Aber Fritz Inkret hat Wallisch gesehen, durch das Guckloch einer Zelle, wenige Minuten vor dem Tod des Politikers.

Koloman Wallisch wurde 1889 in Lugoj im heutigen Rumänien geboren, als zehntes und letztes Kind einer aus dem Schwäbischen stammenden Familie. Der Vater Matthias war Gastwirt, sein Betrieb brannte ab und die Familie geriet in Armut, als Koloman vier war. Als er elf war, starb sein Vater, der Bub musste die Schule verlassen und arbeiten, um zur Versorgung der Familie beizutragen. Wallisch erlernte den Maurerberuf und ging, wie damals üblich, auf Walz. Er kam nach Wien und Triest, in Dresden lernte er Karl Liebknecht persönlich kennen. 1905 begann im weitesten Sinne das politische Leben des Koloman Wallisch, in Triest engagierte er sich bei der Bauarbeitergewerkschaft.

Wallisch absolvierte den Militärdienst von 1910 bis 1913 in Szeged, im heutigen Ungarn. Nach dem Dienst, abends und nachts, war er politisch aktiv. In Szeged lernte er seine Frau Paula kennen. Am 5. August 1914 sollte die Hochzeit mit Paula stattfinden, doch daraus wurde nichts – der Erste Weltkrieg hatte Ende Juli begonnen, und Wallisch musste sofort einrücken. Vorerst musste er nicht an die Front, sondern machte als Standesführer in Szeged Dienst. Am 3. Jänner 1915 fand die Hochzeit mit Paula statt. Koloman arbeitete weiter im Parteisekretariat, weshalb er im Mai 1917 verhaftet und im August strafweise an die russische, dann an die italienische Front versetzt wurde. Auch dort blieb er ein politischer Mensch. Von Paula ist ein Bericht über die Rückkehr Wallischs aus dem Krieg überliefert, der recht deutlich zeigt, wie sehr sein Leben von der Politik dominiert war: „Kaum hatte er sich gewaschen und umgekleidet, als er auch schon fortging – ins Arbeiterheim."

Von März bis August 1919 war der Sozialdemokrat Wallisch Mitglied des Direktoriums der Stadt Szeged in der Räterepublik des Bela Kun. Die ungarische Räterepublik hatte eigentlich nie eine Chance gehabt. Auf der einen Seite belastet vom Zerfall des Staatsgebietes aufgrund des Friedensvertrags von Trianon und auch vom Aktionismus der Kommunisten, hatte sie auf der anderen Seite übermächtige Gegner: Die „weißen Garden" ungarischer Adeliger wurden unterstützt von tschechischen, rumänischen und vor allem französischen Truppen.

Nach dem Rücktritt der Räteregierung am 1. August 1919 wütete der „weiße Terror", an die 5.000 Kommunisten, Sozialdemokraten und Anarchisten wurden ermordet, mehr als 70.000 verschwanden zum Teil jahrelang hinter Gefängnismauern. Koloman Wallisch und seine Frau flüchteten zu den Eltern Paulas nach Maribor, damals Teil des SHS-Staates, der sich aus Serbien, Kroatien und Slowenien zusammensetzte. Maribor war in jener Zeit ein wichtiger Eisenbahnknotenpunkt der Südbahn, die Eisenbahner waren in großer Mehrheit Sozialdemokraten. Wallisch nahm seine politische Arbeit sofort wieder auf. Nach einem gescheiterten Streik musste das Ehepaar erneut flüchten.

Sie landeten in der Steiermark, in Fürstenfeld, wo Wallisch Mitte 1920 Bezirkssekretär der Sozialdemokratischen Partei wurde. Ein halbes Jahr später wechselte er in die selbe Funktion nach Bruck an der Mur. Anfangs konnte er nur schwer in der SDAP Fuß fassen, wegen seiner Zugehörigkeit zur einstigen Räteregierung waren auch viele Genossen misstrauisch. Bald aber setzte sich der Sozialdemokrat Wallisch durch und er stieg auf in der Partei: Im Dezember 1930 zog er für die Arbeiterregion Obersteiermark in den Nationalrat ein, 1933 wurde er Landesparteisekretär der Sozialdemokratischen Partei der Steiermark.

Wallischs Zeit in der Räterepublik schlachteten vor allem die bürgerlichen Politiker und Zeitungen weidlich aus, je populärer der Politiker wurde: Man stellte Wallisch genüsslich und permanent als Bolschewiken und roten Terroristen hin. Mehrfach gab es Attentatsversuche und tätliche Angriffe gegen ihn. Am 19. November 1930 etwa lauerten ihm gegen ein Uhr nachts drei junge Burschen vor seiner Wohnung auf, als er aus Graz heimkehrte, und griffen ihn an. Als er durch die Haustür flüchten konnte, schossen sie drei Mal mit Pistolen auf ihn, ohne ihn zu treffen. Mit feiner Ironie schildert Paula Wallisch in ihren Lebenserinnerungen die Überraschung unter den Sozialdemokraten über den Umstand, dass die Täter nicht nur ausgeforscht, sondern auch zu mehrmonatigen Haftstrafen verurteilt wurden.

Die Angaben zur Person von Koloman Wallisch auf der aktuellen Homepage des österreichischen Nationalrates, auf der alle jemals ihm angehörenden PolitikerInnen porträtiert werden, sind seltsam dürr und kurz: „Arbeitersekretär, Sekretär der SdP Fürstenfeld 1920, Landesparteisekretär der SdP Steiermark 1933. Mitglied der SdP Ungarn 1905. Flucht vor dem Horthy-Regime nach Marburg, dort an der Organisierung eines Streiks beteiligt – Ausweisung, kam dann in die Steiermark, nach den Ereignissen des Februar 1934 hingerichtet." Das ist alles, was auf der Homepage des österreichischen Parlaments im Jahr 2007 zu finden ist. Der Eintrag seines damaligen politischen Gegners Kurt Schuschnigg, der in der Nacht der Hinrichtung als Justizminister das Gnadengesuch abgelehnt hatte, ist übrigens dreimal so lang als jener Wallischs.

16

Der Bürgerkrieg rückte der Heimat von Fritz Inkret näher und näher. Anfang August 1929 überfielen Heimwehr-Trupps Arbeiterheime in Wien, und zwar in Purkersdorf und Hadersdorf-Weidlingau. Kurz danach kam es zu einem dramatischen Zwischenfall in St. Lorenzen im Mürztal. Die Sozialdemokraten hatten eine Festveranstaltung bei der Bezirkshauptmannschaft angemeldet, bei der Koloman Wallisch als Hauptredner und Ehrengast auftreten sollte. Die Heimwehr meldete für denselben Tag in St. Lorenzen eine „öffentliche Werbeversammlung" an. Auch diese wurde bewilligt.

Die Behörden achteten zwar darauf, dass die Veranstaltungen der beiden verfeindeten Lager an weit auseinander liegenden Orten und zu unterschiedlichen Zeiten stattfinden sollten. Allerdings begingen sie einen schweren Fehler: Sie sorgten nicht für genügend Sicherheitskräfte, in Summe standen nur 23 Gendarmen in St. Lorenzen im Einsatz. Es gilt als gesichert, dass dies kein Zufall war – die eher konservative Beamtenschaft wollte dem lokalen Heimwehr-Führer Konstantin Kammerhofer, der auf bewaffnete Konfrontation mit dem Schutzbund aus war, keine Steine in den Weg legen. Dieser steirische Heimwehrführer Kammerhofer tat sich später übrigens als SS-Gruppenführer hervor, er war an „Polizei-Einsätzen" in Holland und Kroatien beteiligt.

Als die Sozialdemokraten an jenem Sonntagnachmittag zur Festwiese marschierten, wo ihre Kundgebung stattfinden sollte, fanden sie diese verwüstet vor. Heimwehrleute hatten die Tribüne demoliert, am ganzen Gelände waren die roten durch grün-weiße Fahnen ersetzt worden. Koloman Wallisch wollte die Situation entschärfen, er führte die Festteilnehmer auf den Kirchplatz. Das Fest fiel aus, aber es sollte zumindest eine Kundgebung abgehalten werden, bewacht von einer Schutzbund-Gruppe. Örtliche Heimwehrfunktionäre alarmierten die Bezirkshauptmannschaft, welche diese Kundgebung als „ungesetzlich" verbot.

Die Sozialdemokraten verließen den Platz nicht umgehend. Wallisch hatte bereits mit seiner Ansprache begonnen und die wollte er zu Ende bringen. Die Auflösung der Versammlung begann – allerdings nicht durch die 23 Gendarmen. Aus einer schmalen Gasse stürmten Heimwehrleute gegen die Schutzbündler. Ganz kurz wurde verhandelt, bald aber ging das Reden in Beschimpfen über und dann in körperliche Gewalt.

Zuerst gingen die Kontrahenten mit Stahlruten, Zaunlatten, Gummiknüppeln und Lederriemen aufeinander los. Dann wurde geschossen. Welche Seite als erste zu den Waffen griff, lässt sich nicht mehr eruieren. Gesichert ist, dass die Schutzbündler nur Pistolen einsetzten, die Heimwehrmänner hauptsächlich Gewehre und angeblich auch ein Maschinengewehr. Auf dem Kirchplatz blieben 200 Verletzte und drei Tote liegen – die drei Schutzbundkämpfer Karl Hauer, Franz Hübl und Johann Schifkovits.

Die Ereignisse von St. Lorenzen hatten weit reichende politische Konsequenzen. Sie lösten eine Diskussion über die Verfassung der Ersten Republik aus, die am Ende in eine Verfassungsänderung mündete. In dieser wurde die Macht des Präsidenten gestärkt, manche Historiker sprechen von einem ersten Schritt in Richtung Diktatur. Nach der neuen Verfassung von 1929 wurde die Regierung nicht mehr vom Nationalrat gewählt, sondern vom Bundespräsidenten ernannt. Allerdings konnte der Nationalrat die Regierung mit einem Misstrauensantrag absetzen. Der Präsident bekam auch den Oberbefehl über das Bundesheer.

Zwei Jahre später, am 13. September 1931, erhob sich der faschistische Flügel der Heimwehren gegen die konservative Regierung unter Bundeskanzler Karl Buresch. Der so genannte Pfrimer-Putsch nahm von der Steiermark aus seinen Anfang. Der Judenburger Rechtsanwalt Walther Pfrimer und sein Kamerad Hanns Albin Rauter putschten gegen die verhasste Republik. Ob Heimwehrführer Starhemberg informiert oder gar in die Vorbereitungen involviert war, ist unklar. Mit 14.000 Mann wollte Pfrimer die Regierung stürzen.

Seine Ziele gehen klar hervor aus einem „Provisorischen Verfassungspatent", das er während seines Putschversuches plakatieren ließ. Darin heißt es, dass gesetzgebende Gewalt, Leitungs- und Vollziehungsgewalt des Bundes und der Länder an den „Staatsführer" übergehen. Dieser soll außerdem oberster und alleiniger Befehlshaber des Bundesheeres sein. Und die Geschworenengerichte sollen abgeschafft werden.

Der Großteil der österreichischen Heimwehr-Formationen folgte Pfrimer nicht. Sie bekämpften ihn allerdings auch nicht wirklich, ebenso wenig wie Polizei und Bundesheer. Nennenswerten Widerstand gegen den Pfrimer-Putsch leisteten eigentlich nur die Sozialdemokraten. In Wartberg im Mürztal etwa und im benachbarten Mitterdorf waren 200 Putschisten aufmarschiert, sie kontrollierten Straßen- und Eisenbahnverbindungen. Der einzige Widerstand dagegen kam von den Arbeitern der Schöller-Bleckmann-Werke. In Kapfenberg eröffneten die Pfrimer-Garden das Feuer auf das Arbeiterheim. Dabei kamen die zwei sozialdemokratischen Ordner Konrad Kainz und Franz Geisler ums Leben.

Der Pfrimer-Putsch blieb auf die Obersteiermark beschränkt. Da die übrigen Heimwehr-Landesverbände am „Operettenputsch" nicht teilnahmen, brach er noch am selben Tag zusammen. Pfrimer flüchtete nach Jugoslawien, zuvor hatte er Waffen und Uniformen seiner Truppen mit Billigung der Polizei in Sicherheit bringen können. Der Rechtsanwalt kehrte bald wieder zurück, im Oktober etwa gab es in Graz eine gemeinsame Großveranstaltung von Pfrimer-Heimwehr und NSDAP. Am 18. Dezember 1931 machte ihm die Republik den Prozess wegen Hochverrats – mit voraussehbarem Ausgang: Pfrimer und seine Mitverschwörer wurden freigesprochen. Zum Ende des Prozesses erhoben sich Angeklagte und Schöffenrichter zum gemeinsamen „Römischen Gruß" der italienischen Faschisten …

Der Pfrimer-Putsch hatte keine rechtlichen Konsequenzen für seine Akteure und auch keine politischen: Das Regime ließ die Beteiligten in Amt und Würden. Eine Folge hatte der steiermärkische Aufstand der Rechten gegen die Rechten doch: Österreichweit gewann die konservative legitimistische Fraktion innerhalb der Heimwehrbewegung die Oberhand gegenüber den deutschnationalen und faschistischen Flügeln. Und die Sozialdemokratie verabschiedete auf einem Parteitag nach dem Pfrimer-Putsch eine Resolution, derzufolge die Arbeiterschaft ihre Organisations-, Kampfes- und Bewegungsfreiheit mit allen ihren Kampfesmitteln zu verteidigen habe.

17

Fritz Inkret war 18 Jahre alt, als er eine Geste des Widerstands setzte, und zwar sowohl gegen den Nationalsozialismus in Deutschland als auch gegen den sich zu jener Zeit noch als Demokratie tarnenden Faschismus in Österreich. Eine Geste nur, eine ganz und gar nicht in all ihren möglichen Konsequenzen bedachte Aktion eines Halbwüchsigen. Aber gleichzeitig eine Handlung, die zu seinem Tod hätte führen können. Und eine Tat, die einen frühen Beleg darstellt für die Geisteshaltung dieses Mannes.

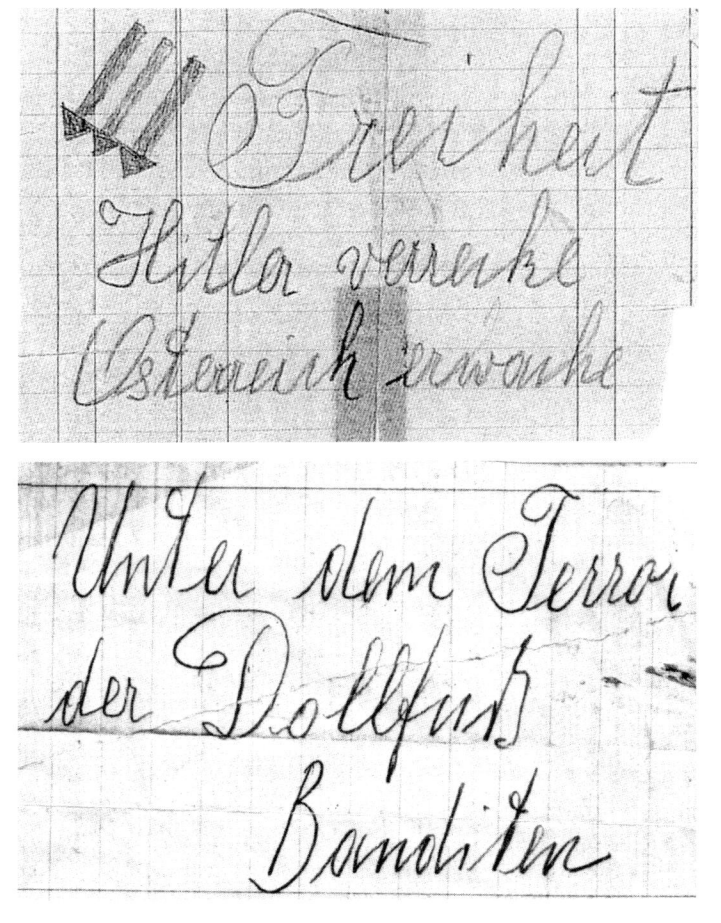

Im Jahr 1933 arbeitete Inkret als Tischlergeselle bei der Firma Stoppel in Leoben. Kurz vor Weihnachten fertigte er so genannte Vollbaumöbel an. Dabei wird ein Rahmen aus Vollholz aufgebaut, darauf kommen beidseitig Sperrholzplatten, und diese Rahmen werden zusammengefügt zu Sitzbänken, Betten oder Einbauschränken. Innen sind diese Platten hohl.

Inkret: „Und während der Lehrbub die Platten mit Leim angestrichen hat, hab ich geschrieben. Zettel geschrieben. Rache für die ermordeten deutschen Proletarier. Fritz Inkret, Leoben. Steht eh alles oben. Im 33-er Jahr." Er schlägt eine Broschüre auf, in der einige dieser Zettel in Faksimile abgebildet sind. Fein säuberlich und sehr exakt sind da auf einem der unregelmäßig linierten Blätter die drei schräg nach unten gerichteten Pfeile hingezeichnet, das erst im November 1932 eingeführte Kampfabzeichen der österreichischen Sozialdemokratie. Daneben steht in einer sehr exakten und gut leserlichen Handschrift: „Freiheit, Hitler verrecke, Österreich erwache".

> Wer diese Zeilen auch immer in die Hand bekommt möge trachten mit mir zusammenzukommen. Wäre in meinen älteren Jahren neugierig, ob und wie sich die Verhältnisse geändert haben, ob mein Ideal der Sozialismus durchführbar ist oder nicht.
>
> Freiheit
>
> Kurte Inkret im 18 Lebensjahr
>
> Zu Leoben 9. XII 1933
> Donawitz

Seite 57 und nebenan: Das sind einige der Zettel, die Inkret zwischen 1933 und 1938 in Möbeln oder hinter Wandverbauten einklebte. Eigentlich ein Irrwitz, dass er dazu auch Name und Adresse schrieb.

Auf einem anderen, offenbar aus dem Zusammenhang gerissenen Blatt steht, in derselben akkuraten Handschrift: „Unter dem Terror der Dollfuß Banditen". Der Text „Rache für die ermordeten deutschen Proletarier" findet sich auf einem Blatt, das von Inkret unterschrieben und mit dem Datum 9. XII. 1933 versehen ist, und auf einem ebenfalls signierten und datierten Zettel steht: „Freiheit Es lebe die Sozialistische Weltrevolution". Ich frage ihn, warum er da „deutsche Proletarier" auf den Zettel geschrieben hatte. Inkret: „Ja, draußen in Deutschland waren ja schon die Nazi an der Macht, im 33-er Jahr. Die haben Proletarier ermordet."

Das Blatt mit der erstaunlichsten Beschriftung verrät die Motive des 18-jährigen Tischlergesellen. Da steht drauf:

„Wer diese Zeilen auch immer in die Hand bekommt möge trachten mit mir zusammen zu kommen.

Wäre in meinen älteren Jahren neugierig, ob und wie sich unsere Verhältnisse geändert haben, ob mein Ideal, der Sozialismus durchführbar oder nicht."

Darunter, in der Mitte der Zeile, ein Wort: „Freiheit"

Und dann die Identität des Zettelschreibers:

„Fritz Inkret, im 18. Lebensjahr

Zu Leoben 9. XII 1933

Donawitz"

Eine wahnwitzige Aktion. Denn schon während der Dollfuß-Diktatur hätte Inkret Probleme bekommen, wenn man durch irgendeinen Zufall diese Zettel im Innern eines Möbelstückes gefunden hätte. Und wären sie zwischen 1938 und 1945 aufgetaucht, in der Nazi-Zeit, da wäre dem Verfasser das KZ sicher gewesen, insbesondere bei einem Mann mit dieser Vorgeschichte. Inkret nimmt es locker, er erzählt diese Geschichte wie eine heitere nebensächliche Episode: „Das haben wir dort hinein gepickt, Sperrplatte drauf und zu."

Diese Art von Subversion setzte Inkret jahrelang fort. „Also da haben wir einmal auf dem Hauptplatz in Leoben eine Lamperie aufgestellt, so 1938", erzählt er, unterbricht sich, erklärt mir, dass eine Lamperie eine Wandverkleidung aus Holz ist. Und fährt fort: „Bei solchen Gelegenheiten haben wir immer auf die Wände alles mögliche geschrieben, die wir dann nachher zugebaut haben, oder haben eine Zeitung hinein gegeben, unsere Zeitungen."

Er lacht, erzählt eine weitere Geschichte aus dem Jahr 1938: „Da haben wir in Leoben drinnen eine Wandverkleidung gemacht, beim Gasthaus Schwarzer Adler, da haben wir die Tischlerarbeiten gehabt. Heute ist nichts mehr davon da, die Mauern stehen nicht mehr. Und bevor wir die Lamperie dort hinein gestellt haben, hab ich an die Wand geschrieben, mit einer schwarzen Farbe oder was, es lebe die Weltrevolution, und alles Mögliche gegen die Schwarzen halt."

Dann montierten sie die Bretter darüber, Inkret und ein Kollege namens Michael Bach. Kurze Zeit später ereignete sich genau in dieser Wand ein Wasserrohrbruch, der Wirt rief die Tischler erneut, die rissen die Verkleidung heraus. Inkret: „Der Wirt hat das gesehen, was wir da geschrieben gehabt haben, gegen die Faschisten. Da hat er sich aufgeregt, hat den Stoppel, unseren Chef, aufgeläutet, was da los ist, was für eine Schweinerei sie da gemacht haben."

Michael Bach, der aus Jugoslawien stammte und ein „fester Sozi" war, ging hinein zum Wirt und stellte ihn zur Rede: „Was du sagen? Das bleibt da oben! Wer kommt denn zu dir herein da, wer tut denn bei dir essen und trinken? Der Arbeiter! Und bist du etwa gegen uns!" Fritz Inkret lacht laut auf, wenn er sich daran erinnert: „Damit war der Fall erledigt! Der hat keine Anzeige gemacht und nichts."

Bei einem späteren Besuch zeigt mir Inkret ein paar dieser Zettel im Original. Denn einige von ihnen sind tatsächlich wieder aufgetaucht, wenn auch Jahrzehnte später. Inkret: „Das ist schon etliche Jahre her, da hat mich die Polizei auf einmal aufgeläutet. Der Polizist war eh ein Bekannter. Der hat gesagt: Du Fritz, da sind einige Zettel aufgetaucht, was ist denn mit dir los! Und ich hab gesagt: Ja Maria, was hab ich denn getan? Sagt der, ja, komm her. Und zeigt mir das."

Inkret fuhr zum Posten, da zeigten sie ihm ein paar der vergilbten Blätter, die er 1933 in eine Vollbauholz-Eckbank hinein geklebt hatte. Ein Tischler hatte sie zur Polizei gebracht, der für eine Arbeitslosen-Initiative arbeitete, die Wohnungsentrümplungen durchführt. Inkret: „Die haben eine Wohnung ausgeräumt, und weil es ein altes Klump war, haben sie es zusammen geschnitten, und bei der Gelegenheit sind die Zettel heraus gefallen, und der gute Mann hat das hinüber getragen zur Polizei, und der hat mich aufgeklärt." Tage später fuhr Inkret zur Entrümpelungs-Initiative nach Judendorf, um sich mit einem Flascherl Wein zu bedanken. Da gaben ihm die Leute gleich noch ein paar Zettel mit seiner Handschrift, die sie zwischenzeitlich beim Zerschlagen der alten Möbel gefunden hatten.

Dass er sich mit diesen Zettel-Aktionen selbst eine Bedrohung geschaffen hatte, die mehr als ein Jahrzehnt lang über ihm schwebte und die ihm zwischen 1938 und 1945 KZ-Haft und den Tod hätte bringen können, wenn in jenen Jahren schon einer dieser Zettel aufgetaucht wäre, das war dem blutjungen Inkret damals nicht wirklich bewusst. Und auch heute noch nimmt er es auf die leichte Schulter. Es war nichts Besonderes, es war eh ganz normal.

18

Im Jahr 1933 machten die Christlichsozialen dann endgültig Schluss mit der Demokratie. Die Fakten sind bekannt, sollte man meinen. Das Ende der parlamentarischen Demokratie durch die Auflösung des Nationalrates zu Wien am 4. März 1933 zeigt sich jedoch bei Betrachtung aus einem Abstand von einem Dreivierteljahrhundert immer noch in einem seltsam diffusen Licht, was die Einschätzung und Bewertung und auch die Terminologie der jeweiligen Betrachtenden betrifft.

Unter heutigen Historikern dominiert zwar die Sichtweise, dass die Vorgehensweisen Dollfuß' in jener legendären Nationalratssitzung und in der Folgezeit klar verfassungswidrig gewesen waren. Aber immer noch und immer wieder hört und liest man die konservative Version, dass Parlament habe „sich selbst ausgeschaltet". Und nach wie vor kolportiert wird die Rechtfertigung der (sich selbst als legal bezeichnenden) austrofaschistischen Machtergreifung mit dem bekannten Argument: Das Land sei in höchster Gefahr gewesen, bedroht von den rapide an Wählerzulauf gewinnenden Nationalsozialisten auf der rechten und von den austromarxistischen Sozialdemokraten auf der linken Seite – daher habe der Kanzler entschlossen und autoritär handeln müssen.

Tradiert wird hier eine Argumentation, die ein Zeitgenosse aus den Dreißigerjahren, der CVer und letzte Obmann der Wiener Christlichsozialen Partei, Robert Krasser, schon damals auf den Punkt brachte: „Mit den bisherigen demokratischen Methoden wäre die Situation nicht zu meistern gewesen. (...) Die Regierung Dollfuß ging rasch und entschlossen daran, unter eigener Verantwortung die als notwendig erkannte völlige Neugestaltung des staatlichen und gesellschaftlichen Lebens in unserem Vaterlande einzuleiten. Die Situation richtig erfasst und sofort mit starker Hand zugegriffen zu haben, wird das unvergängliche Verdienst des CVers Dr. Dollfuß bleiben."

Wie auch immer. Zu Beginn der Dreißigerjahre wuchs die Not in der Bevölkerung nach einem kurzen Wirtschaftsaufschwung erneut. Der New Yorker Börsenkrach von 1929 griff auf Österreich über, Banken gingen pleite, 1931 etwa das größte österreichische Institut, die „Creditanstalt für Handel und Gewerbe". Die Sanierung der Bank vergrößerte das staatliche Defizit. Die Regierung griff zum Sparstift, als erstes waren die Staatsangestellten dran, deren Gehälter gekürzt wurden. Für die Eisenbahner war neben einer Gehaltsreduzierung auch vorgesehen, die Gehälter (entgegen kollektivvertraglichen Vereinbarungen) nur noch in Raten auszuzahlen. Das führte im Frühjahr 1933 zu einem Eisenbahnerstreik, den die Regierung Dollfuß als illegal erklärte. Mit Entlassungen, drastischen Lohnkürzungen und Polizeieinsätzen wurde der Streik gebrochen.

Engelbert Dollfuß war seit 1932 Kanzler. Die Christlichsozialen hatten turbulente Zeiten hinter sich. Im November 1930 hatten sie die Nationalratswahl verloren, sie kamen auf 66 Mandate, während auf die Sozialdemokraten 72 entfielen. Mit dem Nationalen Wirtschaftsblock, dem Landbund und der Heimwehr-Liste Heimatblock gab es eine bürgerliche Mehrheit. Es folgten einige konservative Koalitionsregierungen, die nicht lange hielten. Dabei gab es zweimal auch mehr oder weniger vage Angebote an die Sozialdemokratie zu schwarz-roten Koalitionen. Alle diese Angebote wurden abgelehnt, weil auch die konsensbereiten Kreise in der Sozialdemokratie annahmen, es handle sich bei diesen Lockungen um Danaergeschenke: Man befürchtete, die Schwarzen würden die Hilfe der Roten nutzen zur Bewältigung der Wirtschaftskrise und diese dann umgehend wieder aus der Regierung werfen.

Die Christlichsozialen hatten in jenen Jahren mit den auseinanderstrebenden Kräften in der Heimwehrbewegung zu kämpfen. Und sie mussten wahrnehmen, dass ihnen ein neuer politischer Gegner erwuchs: Bei den Landtagswahlen des Jahres 1932 in Wien, Niederösterreich und Salzburg gab es enorme Stimmenzuwächse für die Nazis. Im Nationalrat regierte eine Koalition von Christlichsozialen, Landbund und Heimatblock mit 83 Mandaten, die Opposition aus Sozialdemokraten und Großdeutschen verfügte über 82 Abgeordnete. Und im Bundesrat mit seinem aufschiebenden Vetorecht hatte die Regierung nach den Nazi-Erfolgen in den Landtagen keine Mehrheit mehr. Die Machtübernahme der Nazis im benachbarten Deutschland setzte die österreichische Regierung zusätzlich unter Druck.

Bei der berühmten Parlamentssitzung vom 4. März 1933 entzündete sich der Streit an der Frage von Sanktionen gegen die streikenden Eisenbahner. Die Regierung drohte ihnen mit Geldstrafen, Disziplinarverfahren und Arrest. Um dies abzuwenden, verlangten die Sozialdemokraten eine dringliche Sitzung des Nationalrats. Sie fand am 4. März statt.

Zur Debatte standen drei Resolutionen. Die Sozialdemokraten und die Großdeutschen verlangten das völlige Abrücken von Sanktionen gegen die Streikenden. Die dritte Resolution, jene der Christlichsozialen, beharrte auf (wenn auch abgemilderter) Bestrafung. Die sozialdemokratische Resolution wurde von den Abgeordneten abgelehnt. Die großdeutsche, die fast identischen Inhalts war, wurde dagegen mit 81 zu 80 Stimmen angenommen.

Über die Frage, ob die christlichsoziale Resolution überhaupt noch abgestimmt werden sollte, und über eine wahrscheinlich auf Verwechslungen basierende Verwirrung über das Stimmverhalten zweier sozialdemokratischer Abgeordneter kam es zu einem Tumult im Plenum, der rapide eskalierte. Schließlich trat der sozialdemokratische Nationalratspräsident Karl Renner zurück, und in der Folge auch die beiden Vizepräsidenten, der christlichsoziale Rudolf Ramek und der großdeutsche Sepp Straffner. Die Abgeordneten verließen ohne einen Beschluss auf Fortsetzung der Debatte den Nationalrat.

Das Ende der parlamentarischen Demokratie war da. Straffner berief zwar für den 15. März eine Sitzung des Nationalrates ein, zu der kam es aber nicht: Die Regierung Dollfuß bezeichnete das Zusammentreten des Parlaments als „unerlaubte Versammlung" und ließ die Abgeordneten von Sicherheitskräften am Betreten des Parlaments hindern. Dollfuß erklärte, der Nationalrat habe sich selbst ausgeschaltet, und er regierte fortan mithilfe einer Verordnung aus dem Ersten Weltkrieg, dem zu zweifelhafter Berühmtheit gelangten KWEG; RGBl 307 (Kriegswirtschaftliches Ermächtigungsgesetz, Reichsgesetzblatt 307) vom 24. Juli 1917. Dieses Gesetz ermächtigte die Regierung, „aus Anlaß der durch den Kriegszustand verursachten außerordentlichen Verhältnisse die notwendigen Verfügungen auf wirtschaftlichem Gebiet zu treffen".

Von da an regierte Dollfuß mit Notverordnungen. In rascher Folge entledigte er sich etlicher Hemmnisse, welche eine Demokratie einem autoritären Führungsstil entgegensetzt. Noch im März wurde die Vorzensur für Zeitungen eingeführt und der Schutzbund verboten. Beamte wurden nicht mehr auf die Republik, sondern auf die Regierung vereidigt. Im Juni wurden die NSDAP und die deutschnationale Heimwehrbewegung der Steiermark verboten. Im September wurde die Errichtung von Anhaltelagern für politische Gegner verordnet und im November wurde die Todesstrafe wieder eingeführt. Der fundamentale Verfassungsbruch bestand darin, dass die Regierung Dollfuß die Gewaltentrennung allmählich aufhob.

All dies geschah in der Diktion der Christlichsozialen legal, eben auf Basis des Ermächtigungsgesetzes. Man muss weder Historiker noch Verfassungsrechtler sein, um zu erkennen, wie hohl diese Argumentation ist: Dem Wortlaut und Sinne dieses Gesetzes nach konnten Notverordnungen nur für wirtschaftliche Belange erlassen werden, was auf einen Großteil der ergangenen Verordnungen nicht zutrifft. Und das Ermächtigungsgesetz galt für den Kriegsfall – welcher im Jahr 1933 definitiv nicht herrschte.

Mit eben diesen Argumenten fochten die Wiener Landesregierung und etliche Gerichte mehr als hundert Verordnungen der Dollfuß-Regierung beim Verfassungsgerichtshof an. Bevor ein einziger Fall entschieden werden konnte, traten vier christlichsoziale Mitglieder des Verfassungsgerichtshofes zurück. Gleichzeitig verbat die Regierung mittels KWEG-Verordnung die Aufnahme neuer Mitglieder. Und sie setzte mit einer weiteren Verordnung fest, dass der Verfassungsgerichtshof nur dann zusammentreten dürfe, wenn ihm sämtliche Mitglieder angehören. Also konnte der Gerichtshof nicht mehr zusammentreten. Keine sonderlich elegante Lösung war das – vielmehr ein ziemlich grobes Tricksen. Das überdies auch deutlich macht, dass sich die Regierung Dollfuß sehr wohl dessen bewusst war, dass sie verfassungswidrig agierte – sonst hätte sie den Verfassungsgerichtshof nicht so derb ausbremsen müssen.

Anstelle von Parteien wurde im Mai 1933 die Vaterländische Front ins Leben gerufen. Ihr Bundesführer war Dollfuß, er allein ernannte seinen Stellvertreter und den Führerrat. Die lokalen Gruppierungen sollten von je einem Vertreter des Gewerbes, der Bauern und der Arbeiter geleitet werden. Im September trat die Heimwehr kollektiv in die Vaterländische Front ein, löste ihre eigenen Organisationsstrukturen jedoch nicht auf.

Zum Katholikentag am 11. September 1933 hielt Dollfuß die viel zitierte Trabrennplatz-Rede. Er kündigte die Errichtung eines „sozialen, christlichen, deutschen Staates Österreich auf ständischer Grundlage, unter starker autoritärer Führung" an. Die Aufklärung und die Folgen der Französischen Revolution müssten ebenso überwunden werden wie die Irrwege von Industrialisierung und Wirtschaftsliberalismus. Dollfuß sprach von einem „höheren Auftrag" und der Aufgabe, „die Fehler der letzten 150 Jahre unserer Geistesgeschichte gutzumachen und auf neuen Wegen unserer Heimat ein neues Haus zu bauen", und davon, „dass jeder einzelne die Pflicht hat, an diesem Neubau mitzuarbeiten."

Das neue Haus sollte ein Bauernhaus sein. Dieses Bild benutzte Dollfuß bei seiner Rede, und es wurde von der austrofaschistischen Propaganda exzessiv verwendet: Herr und Knecht sollten nach gemeinsamer Arbeit gemeinsam an einem Tisch sitzen und aus einer Schüssel essen. Der „Treue des Dieners" sollte die „Fürsorge des Herrn" gegenüberstehen, denn dies sei „berufsständische Zusammengehörigkeit und berufsständische Auffassung". Und über all dem sollte ein gütiger Gott wachen – in Dollfuß' Vision des Ständestaates sah das endgültige Idyll so aus: „Herr und Knecht (sollen) noch nach Feierabend zum Rosenkranz sich niederknien und so ihr Verhältnis noch verschönern." Der bittere Spott von Karikaturisten in sozialdemokratischen Zeitungen war damals schon eine sehr klare Analyse dessen, worauf dieses Bauernhof-Geschwafel vom gemeinsamen Tisch in Wahrheit hinauslief: „Ein Tisch, eine Schüssel, aber große, kleine und – gar keine Löffel!"

19

Dies also war die Befindlichkeit des Staates Österreich in den Monaten vor jener Nacht, in der Fritz Inkret, 18 Jahre und sieben Monate alt, zwei Stunden vor Mitternacht an der Stahlpfeilerkonstruktion der Murbrücke in Göss lag und sich wunderte, warum die Gegenseite nicht mehr herüber schoss. Die Regierung Dollfuß hatte zwischen 1933 und 1934 an die 300 Notverordnungen erlassen, die de facto Demokratie und Parlamentarismus nachhaltig aushöhlten. Das Regime drangsalierte seine Gegner gnadenlos, angefangen vom Verbot des Zeigens roter Fahnen bis zur Wiedereinführung der Todesstrafe. Der Republikanische Schutzbund agierte im Untergrund weiter. Die Nazis überzogen das Land mit Terroranschlägen. Auf konservativer Seite arbeiteten christlich-klerikale und deutschnational-faschistische Kräfte gegeneinander, Regierung und die unterschiedlichen Heimwehr-Strömungen standen in einem steten Intrigenspiel um die Macht.

Während mir der alte Fritz Inkret seine Geschichte erzählt, blättert er immer wieder in den Zetteln und Fotoalben auf dem Tisch, hebt manchmal etwas hoch, schweift ab. „Das sind meine Zettele", sagt er, „wie wir in der Wandau waren, kannst dich erinnern?" Ich kann mich erinnern, es war eine Ausflugsfahrt gewesen von Leoben nach Eisenerz und zum Denkmal auf dem Präbichl-Pass. Wir hatten Halt gemacht an der Straße nahe von Hieflau und waren in den Wald hinein gegangen, zu dem wegen seiner Schlichtheit imposanten Soldatenfriedhof auf einer kleinen Lichtung. Im April und Mai 1945, also in den letzten Kriegstagen, waren hier Dutzende versprengte Wehrmachtssoldaten als angebliche Deserteure von SS-Trupps erschossen worden.

Jetzt, in seiner Wohnung, hat Inkret einen Bogen Papier in der Hand, auf den Ausrisse aus der Kleinen Zeitung des Jahres 1987 geklebt sind. Damals hatte er sich fürchterlich aufgeregt über einen Leserbrief eines Diplomingenieur G. zu diesem Waldfriedhof. Er liest laut vor, was Herr G. von sich gegeben hatte: „Kein Erbarmen!", heißt es da, und es ist die Rede von einer „Legende über den Soldatenfriedhof Waldau in Hieflau". Inkrets Stimme wird lauter, als er zum Ende dieses Leserbriefes kommt: „Da schreibt dann der blöde Hund: In jeder ernstzunehmenden Armee der Welt hat der Deserteur mit der Todesstrafe zu rechnen. In der deutschen Wehrmacht soll es anders gewesen sein?" Er macht eine Pause, sagt dann leise: „A so ein Hundling!"

Er knurrt zornig und lässt mich den Leserbrief ansehen, den er selbst damals an die Kleine Zeitung geschickt und den diese auch abgedruckt hatte: „Dazu ... kann man nur sagen, dass dieser Herr Diplomingenieur G. sich nicht einmal die Mühe gemacht hat, den Ort richtig zu benennen! Er war wohl niemals selbst dort. Der heutige Soldatenfriedhof liegt in einem Waldstück in der Wandau, nicht wie der Herr G. schreibt Waldau. Die Ermordung junger Soldaten kurz vor Kriegsschluss ist auch keine Legende, sondern traurige Wahrheit darüber, wie Durchhalte-SSler ihre eigenen blutjungen Kameraden durch Mpi-Salven niedergemetzelt haben."

Beim Besuch auf diesem Friedhof im Wald stapft Inkret zwischen den Steinen herum, wie wenn er wütend wäre, dass er sich nicht mehr schneller bewegen kann. Er zeigt mir den verwitternden Baumstumpf, an dem noch Dutzende Einschusslöcher zu sehen sind. Er redet nicht viel. Er ist zornig. Aber an seiner Haltung ist nichts von Verklärung der Opfer. Das waren arme Buben gewesen, denen himmelschreiendes Unrecht getan worden ist. Was wahr ist und was falsch, das liegt ja auf der Hand. Das ist ja offensichtlich.

Am Zorn des Fritz Inkret über die Anschauungen eines dummen alten Militärschädels erkenne ich, was die Besonderheit dieses Februarkämpfers ausmacht. Ihm sind Theorien oder akademische Diskussionen fern. Die Frage, ob und warum die Ausschaltung des österreichischen Nationalrates im März 1933, über die heute noch auf verschiedensten Ebenen und mit unterschiedlicher Intensität debattiert wird, ein Verfassungsbruch war oder nicht, war für ihn immer schon eindeutig beantwortet. Gleichzeitig ist ihm aber auch das Pathos fern und das irgendwie diffuse Schweben in großen Gefühlen, wenn der Februar 1934 auf der Ebene eines Mythos abgehandelt wird.

In der „mythologischen Dimension" der Februarkämpfe ist Inkret ein Held. Doch er selbst legt darauf keinen Wert. Warum nimmt einer Gewehr und Pistole und stellt sich hin und kämpft für das, was er für richtig hält? Fritz Inkret tat es, weil es ihm angemessen erschien in den Zusammenhängen, in die er hinein geraten war. Da muss man kein Aufhebens drum machen. Ja, er genießt es, wenn er bei Treffen und Gedenkfeiern und bei Begegnungen vor allem mit jungen Sozialdemokratinnen und

Sozialdemokraten im Mittelpunkt steht, wenn die Genossinnen und Genossen seine Nähe suchen, wenn sich sozialdemokratische Politikerinnen und Politiker bis hinauf zum Bundespräsidenten oft und gerne mit ihm zusammen fotografieren lassen.

Aber er bricht jede Art von Heldenverehrung immer umgehend. Er beschreibt die Nacht, die ihn zum Helden gemacht hat, und die darauf folgenden Monate und Jahre ohne Brimborium und auch ohne Wertungen und Zuteilungen von Schuld und Verdienst. Es war „eh ganz normal", was er getan hat. Ein junger Mensch aus ärmlichsten Verhältnissen, Sohn einer Arbeiterfamilie, ging eben zur Sozialdemokratie. Zu den Wehrturnern. Zum Schutzbund. Das ist keine Leistung, das ist für Inkret das Selbstverständliche.

Das Sympathischste an Inkret ist die Art und Weise, wie er jedes Getue um seine Person radikal auf den Boden zurück bringt mit Scherzen und Witzeleien. Es gehört zu seinem Wesen, dass er mit allen Menschen, auch mit wildfremden, umgeht, als wären sie ihm schon lange bekannt. Er redet mit jeder und jedem auf gleicher Augenhöhe. Er behandelt sie nicht in irgendeine Richtung besonders. Dafür müssen sie auch ihn nicht wie irgendetwas Besonderes behandeln. Und wenn jemand nicht und nicht aufhören will, ihn zu bewundern, und nicht ablassen will vom Februarkämpfer-Mythos, dann erzählt Inkret Witze, je derber umso besser, um sein Gegenüber herunter zu holen. Auf die menschliche Ebene.

In Inkrets Erregung über den Leserbrief zum Soldatenfriedhof in der Wandau platzt seine Frau Hermi mit drei Gläsern und einer Flasche Rotwein auf einem Tablett. Fritz wechselt den Tonfall, er beginnt mit seiner Frau einen kleinen Streit über die Frage, ob der Wein kühl genug sei, was aber nicht aussieht wie ein Streit, sondern eher wie ein kleines parodistisches Ritual, das sie für mich, den Besucher, aufführen. Beim Zuprosten ruft er: „Prostata!"

Mit bedeutungsvoller Stimme sagt er: „Den Wein haben wir von Jerusalem!" Ich nicke ehrfurchtsvoll, proste den beiden zu, trinke einen Schluck. Lange kriege ich nicht mit, dass er mich aufzieht, er lässt mich darüber reden, dass ich bislang noch nie israelischen Wein getrunken habe und wie erstaunlich gut dessen Qualität sei. Mit einem Grinsen klärt er mich schließlich auf. Der Wein ist aus dem jugoslawischen Jerusalem, einem kleinen Ort in der Nähe von Split, Freunde haben ihn mitgebracht.

Das ist das Muster: Inkret lässt sich gerne bestaunen. Doch dann macht er einen Schwenk ins Heitere, er bricht jeder Ehrfurcht und Bewunderung für seine Person die Spitze mit einem eleganten Schlenker voll trockenem Humor. Und zwingt einen damit, ihn als das zu sehen, was er ist: ein einfacher bodenständiger Mann mit Hausverstand, der seine Entscheidungen aus natürlicher Intelligenz heraus trifft.

In diesem Sinne ist Fritz Inkret eigentlich eine Beschämung für alle Mitläufer und Relativierer und jene, die dauernd die – rhetorische – Frage stellen, was man denn als kleiner einzelner hätte tun sollen und können gegen die Mächtigen und gegen die Mächte der Zeitläufe. Denn sein Handeln ist der Beleg, dass man nichts und niemand Besonderer sein muss, um das Richtige zu tun.

20

„Montag den 12. Februar, morgens, brach der Sturm los". Mit diesem Satz beginnt der knapp 30 Seiten lange Text von Otto Bauer, in dem er sozusagen ganz unmittelbar, ganz im Banne der Ereignisse, noch in der ersten Hälfte des Jahres 1934 im tschechischen Exil seinen Bericht über die Ereignisse in Österreich niedergeschrieben hat.

Genau genommen hatte der Sturm schon einige Wochen früher begonnen. Nach außen sah es aus, als ob das ständestaatliche Regime mit sich selbst beschäftigt gewesen wäre. Die Heimwehren, in unterschiedliche Richtungen strebend und eigentlich nur einig in ihrem Hass auf Dollfuß, drängten auf Reformen in Richtung mehr autoritärem Regieren. Ihre Ansatzpunkte waren die Bundesländer, Ende Jänner etwa gab es einen großen bewaffneten Aufmarsch in Innsbruck. Dabei forderten die Heimatschutz-Führer Starhemberg, Steidle, Fey und Konsorten eine Säuberung des Verwaltungs- und Beamtenapparats bis hinunter zum Einflussbereich der Bezirke und Städte; auf allen Ebene sollten Heimwehrmänner verpflichtend an maßgebliche Positionen gesetzt werden.

Die Aufmärsche der Heimwehren unter Waffen fanden auch in anderen Landeshauptstädten statt, überall wurden die Landesregierungen unter Druck gesetzt. Auflösung der Sozialdemokratischen Partei, Selbstauflösung der Christlichsozialen Partei, Absetzung der Landesregierungen und deren Ersetzung durch Landesausschüsse, das waren die Heimwehr-Forderungen. Am 10. Februar 1934 war die oberösterreichische Landeshauptstadt Linz an der Reihe.

Gleichzeitig setzten die Heimwehren den Schutzbund unter Druck. Emil Fey, Wiener Heimwehrführer und Vizekanzler, ließ in seiner weiteren Funktion als Innenminister ab der vorletzten Jännerwoche systematisch sozialdemokratische Parteiheime und auch Privatwohnungen durchsuchen. Die Bezirks- und Kreisführer des Schutzbundes wurden verhaftet, zahlreiche Waffen beschlagnahmt. Am 10. Februar waren an die 200 Sozialdemokraten in Haft. De facto hatte der Schutzbund seine Köpfe verloren.

Am 11. Februar trat Fey als Redner bei einer Gedenkveranstaltung für die Opfer des Ersten Weltkrieges in Langenzersdorf auf. Er sprach von einem angeblich bewiesenen „Komplott marxistisch-bolschewistischer Verbrecher" und brachte den berühmten Satz: „Wir werden morgen an die Arbeit gehen, und wir werden ganze Arbeit leisten!" Was klingt wie eine sehr präzise Ankündigung der Ereignisse des folgenden Tages, wird von der überwiegenden Mehrzahl der Historiker als Indiz interpretiert. Als Indiz und Beleg dafür, dass es sich bei den Aktionen Feys und des Regimes im Vorfeld des 12. Februar um eine gezielte und bewusste Provokation handelte. Man wollte die einzig verbliebene ernsthafte Opposition, die Sozialdemokratie, und vor allem ihre bewaffnete Macht reizen, bis diese sich zur Wehr setzen würde. Um sie dann endgültig zerschlagen zu können.

Das Kalkül Feys ging auf. Der Funke zündete, und zwar in Linz. In den Morgenstunden des 12. Februar drang Polizei in die Zentrale der SDAP ein, das Hotel Schiff an der Landstraße. Die Linzer Schutzbündler unter ihrem Führer Richard Bernaschek wehrten sich. Die Kampfhandlungen begannen. Heimwehrverbände und das Bundesheer griffen ein. Auch in Wien und etlichen anderen Industrieregionen Österreichs brach der Bürgerkrieg aus.

Die Parteileitung der Sozialdemokraten sprach sich mit einer Stimme Mehrheit für die Ausrufung des Generalstreiks aus – was allerdings kaum befolgt wurde. Und wenn, dann war es kontraproduktiv: In Wien schalteten Arbeiter des Elektrizitätswerkes den Strom ab, was das vereinbarte Alarmzeichen für den Schutzbund war. Damit beraubte man sich aber auch der eigenen Kommunikationsmittel. Die Eisenbahner dagegen streikten nicht, was eher dem Regime zugute kam. Ebenso wie die Nicht-Bestreikung der Zeitungsdruckereien, was den Christlichsozialen von Anfang an die Deutungs- und Interpretationshoheit über die Ereignisse in die Hand gab.

Aus heutiger – übereinstimmender – Sicht war der 12. Februar kein geplanter „Aufstand der österreichischen Arbeiter" gewesen, wie Otto Bauer seine im Exil entstandene Broschüre betitelt hatte. Es war auch kein Kampf um die Macht im Staat, vielmehr versuchte der Schutzbund, eine bestehende Demokratie zu beschützen und zu erhalten. Die Christlichsozialen reagierten darauf mit einer perfiden Begriffsfindung: Sie nannten den Kampf der Schutzbündler einen „Aufruhr". Das punzierte die Ereignisse als eine durch nichts zu rechtfertigende illegale Aktion. In Wahrheit aber wollten Schutzbund und Sozialdemokratie nicht eine vorhandene staatliche Ordnung durch eine neue ersetzen, was die Definition eines „Aufstandes" wäre. Vielmehr verteidigten sie eine gültige Verfassung gegen eine Bedrohung von oben.

Letzten Endes handelte es sich beim konkreten Ausbruch der Kämpfe in Linz um einen Verzweiflungsakt. Und um das mehr oder weniger spontane Aufflackern eines Brandherdes, der dann rasch, aber nicht flächendeckend um sich griff. Am ehesten kommt man der Sache wohl nahe, wenn man die Reaktion des Linzer Schutzbundes um den „Hardliner" Bernaschek auf die Polizeiaktion als mitmotiviert von Stolz und Selbstachtung sieht. Was bei jenen Schutzbund-Formationen, die noch über Führungskräfte und Zugang zu Waffen verfügten, von Solidarität getragenes Handeln auslöste.

Die Führung der Sozialdemokratie befand sich schon lange vor dem Februar 1934 in einem Dilemma, das heute noch diskutiert wird. Verbal gab man sich radikal. Faktisch setzte man darauf, im Verhandlungsweg gegen die Aushöhlung der Demokratie vorzugehen. Was von den einfachen Mitgliedern und Schutzbündlern immer weniger goutiert wurde. Roman Straßmair etwa, im Jahr 2007 verstorbener Linzer

Februarkämpfer, nannte die Spitze der Sozialdemokratie der Ersten Republik zeit seines Lebens nur „Revolutionsphraseure".

Otto Bauer war sich der Unausweichlichkeit eines Bürgerkrieges wohl bewusst, zumindest lässt sich dies aus der Argumentation in seiner Prager Broschüre schließen. Schon im September 1933 hatten SDAP und die Freien Gewerkschaften ein Vier-Punkte-Programm beschlossen, das im Oktober bei einem Parteitag angenommen wurde. In folgenden vier Fällen werde die Sozialdemokratie bewaffneten Widerstand gegen die Regierung leisten, heißt es darin: bei Oktroyierung einer faschistischen Verfassung; bei Ablösung der Gemeinde- und Landesverwaltung des roten Wien durch einen Regierungskommissär; bei Auflösung der SDAP; und bei Auflösung der Gewerkschaften.

All diese vier Fälle waren vor dem 12. Februar nicht eingetreten, also gab es keinen Grund zum Losschlagen. Doch immer mehr Genossen fürchteten angesichts der wachsenden Repression der Staatsmacht, dass die Arbeiterschaft gar nicht mehr werde zuschlagen können, wenn einer der vier Punkte verletzt werde. So standen die Dinge am Morgen des 12. Februar. Die Schutzbündler griffen zu den Waffen. Die Parteispitzen Otto Bauer und Julius Deutsch begaben sich zum Sitz der „Zentralen Kampfleitung" im Ahornhof, von wo aus sie aber kaum eine funktionierende Kommunikationsstruktur zu den kämpfenden Kräften des Schutzbundes herstellen konnten. Und das Regime fuhr Kanonen auf gegen Arbeiterwohnblocks.

21

Neben Wien, Niederösterreich, Linz, Steyr und Graz war vor allem die Industrieregion in der Obersteiermark einer der Hauptschauplätze der Februarkämpfe. Am späten Vormittag, in manchen Orten auch erst nach Mittag, erreichten die Informationen über die Kämpfe in Linz die Steiermark. Wie überall herrschte große Aufregung und Empörung, doch zu geschlossenen Arbeitsniederlegungen kam es nicht.

In Graz wurde vor allem in den Industrievororten Eggenberg und Gösting gekämpft. Im Zentrum von Graz besetzte der Schutzbund eine Polizeiwachstube und eine Schule und hielt sie eine Zeit lang, ehe Militär eintraf und die Sozialdemokraten zum Rückzug zwang. Im Vorort Gösting blieb es am 12. Februar ruhig, erst am 13. begannen teils heftige bewaffnete Auseinandersetzungen, nachdem die Gendarmerie den sozialdemokratischen Bürgermeister verhaftet hatte. In Eggenberg fand so etwas wie eine geplante und geschlossene Aktion des Schutzbundes statt. Um die Glasfabrik, die bestreikt wurde, brachen schwere Kämpfe aus; der Schutzbund erstürmte den Gendarmerieposten und nahm die Beamten gefangen. Erst der massive Einsatz des Bundesheeres mit Maschinengewehren und zwei Feldhaubitzen brach in der Nacht auf den 13. Februar den Widerstand. Die Kämpfe in Eggenberg forderten auf beiden Seiten viele Tote.

Eine der heftigsten Auseinandersetzungen des gesamten Bürgerkrieges fand in Bruck an der Mur statt. Hier funktionierte der viel zitierte „Eifler-Plan" noch am besten. Major Alexander Eifler, Stabschef des Republikanischen Schutzbundes, hatte ein Strategiepapier ausgearbeitet, mit Aktions- und Aufmarschplänen für den Fall eines Bürgerkrieges. De facto kam dieser Plan kaum zum Einsatz, da die Februarereignisse eher spontan und unkoordiniert begannen und abliefen. Die konservative Seite stilisierte den Eifler-Plan zu einem Konspirations-Dokument hoch. Die Medien betonten etwa nach dem Fund eines Zettels beim Leobener Schutzbundmann Paul Link, auf dem die Namen und Wohnungen führender Kämpfer aufgelistet waren, dies sei der berüchtigte Eifler-Plan. Eifler selbst konnte übrigens an den Februarkämpfen nicht teilnehmen: Er war bereits Tage davor in Wien in Haft genommen worden.

Der Aufruf zum Generalstreik erreichte Bruck kurz vor Mittag. Die Schutzbündler versammelten sich am vereinbarten Alarmplatz, dem Sägewerk der Stadtbetriebe. Der Sturm auf den Gendarmerieposten scheiterte zwar, dabei fiel als erster Schutzbündler Sepp Linhart im Maschinengewehrfeuer. Der Schutzbund hatte jedoch die gesamte Stadt unter Kontrolle. Die Gendarmeriekaserne war ebenso eingeschlossen wie ein großer Trupp von Gendarmen in einem Fabriksgebäude, der dort den Streik beenden wollte.

Koloman Wallisch war am frühen Nachmittag in Bruck eingetroffen. Im Herbst 1933 hatte er die Stadt verlassen und die Funktion des Landesparteisekretärs in Graz angetreten. Damals hatte er versprochen, dass er „in der Stunde der Gefahr" wieder bei den Genossinnen und Genossen in Bruck sein werde. Dass er dieses Versprechen gehalten hat, macht einen Gutteil des Nimbus von Wallisch aus – insbesondere da die austrofaschistische Presse schon während des Bürgerkrieges heftig die Mär von den sozialdemokratischen Führern trommelte, die ihre kämpfenden Genossen in Stich gelassen hätten. Diese noble Haltung Wallischs war wahrscheinlich auch ein Grund, warum ihn das Regime unbedingt tot sehen wollte.

Formell hatte Wallisch keinerlei Kommandogewalt. Er war aber hoch aktiv. Den ganzen Nachmittag über war er mit einem Motorrad unterwegs, um den Kämpfern in Pernegg, Kapfenberg, Oberdorf und anderen Orten Mitteilungen zu bringen und Abläufe zu koordinieren. Die Frage, ob er an den Kämpfen in der Stadt Bruck in irgendeiner Form beteiligt war, lässt sich aus dem Quellenmaterial heraus nicht beantworten, auch während seines Standgerichtsprozesses blieb sie offen. Dass allein seine Anwesenheit eine enorme Wirkung hatte, ist klar – auch wenn Wallisch selbst nach den Erinnerungen seiner Frau Paula um die Vergeblichkeit des Kampfes wusste: „Ich bin überzeugt, dass es organisierter Selbstmord ist, jetzt, wo die Regierung so stark ist", hat er ihr am 12. Februar, während der Fahrt nach Bruck, gesagt. Paula selbst war in der Stadt im Einsatz, gemeinsam mit anderen Frauen versorgte sie unter Lebensgefahr die Kämpfenden mit Essen und Trinken.

Einen Tag lang war jedenfalls Bruck an der Mur fest in der Hand der republikanischen Kämpfer. Sie hatten alle strategisch wichtigen Punkte besetzt, und sie sicherten ihre Stellungen durch Abteilungen auf den Bergen rund um Bruck. Die Heimatschützer, die schon einige Zeit davor ihre Kräfte in der Höheren Forstlehranstalt konzentriert hatten, waren ebenso eingeschlossen wie die Gendarmen, trotz heftigster Gefechte konnten die Heimwehrmänner nicht ausrücken. Erst in der Nacht auf den 13. Februar rückten starke Bundesheerkräfte gegen Bruck vor, was die Situation bald umdrehte.

In Kapfenberg scheiterte der Generalstreik wie fast überall im Lande. Die Schutzbündler fassten am frühen Nachmittag ihre Waffen aus und besetzten die Höhen rund um die Stadt. Im Ort selbst gelang es zwar nicht, den Gendarmerieposten einzunehmen, doch wurden die Exekutivkräfte einen Tag und eine Nacht lang durch ständige Schusswechsel festgenagelt. Der hauptsächliche Beitrag der Kapfenberger bestand darin, dass sie zumindest eine Zeit lang den Nachschub an Personal und Waffen für Bruck aufrecht erhielten.

In St. Michael waren schon Wochen vor den Kämpfen starke Gruppierungen des Heimatschutzes stationiert worden. Man hatte zum einen Angst vor dem Schutzbund, der sich zwar völlig zurückgezogen hatte, was man aber als besonders perfide Taktik interpretierte. Zum anderen waren in St. Michael die Nazis sehr aktiv mit Schmieraktionen und Papierböller-Anschlägen. Als die Nachrichten aus Linz und Wien eintrafen, wurde ein Großteil der Schutzbundführer sofort verhaftet. Die anderen trafen sich gegen Abend auf nahen Höhen, erhielten Waffen und warteten auf den Morgen. In fünf Gruppen aufgeteilt, stürmten sie Positionen der Gegner, mit Toten und Verletzten auf beiden Seiten. Anrückendes Militär wendete auch hier das Blatt.

In St. Peter-Freienstein stießen am 12. Februar mehrfach Schutzbündler und Gendarmen aufeinander, ohne dass es zu Tätlichkeiten kam. Am 13. Februar aber wurde geschossen, ein Gendarm und ein Heimwehrmann starben, auf der Schutzbund-Seite fiel ein Kämpfer. Aus St. Peter ist ein Fall von Übergriffen auf Kinder überliefert. Aus einer Gruppe von Schülern, die sich um die Leiche des toten Schutzbundmannes vor dem Gemeindehaus versammelt hatten, griffen sich Gendarmen und Heimwehrleute zwei 14-jährige Buben heraus und brachten sie auf den Posten. Die zwei Kinder sollten die Verstecke ihrer Brüder verraten, die an den Schießereien beteiligt gewesen waren. Dabei wurden die Buben regelrecht gefoltert, man misshandelte sie mit Gummiknüppeln und Gewehrkolben derart, dass in einem Fall bleibende Schäden eintraten.

In Leoben und den damals noch eigenständigen Gemeinden Göss und Donawitz konzentrierten sich zwar die Schutzbundleute des gesamten Bezirkes, angesichts dessen kam es aber zu vergleichsweise wenigen Kampfhandlungen. Die Pläne des Schutzbundes sahen vor, dass als erstes die Gendarmerieposten der umliegenden Orte Niklasdorf, St. Michael, Göss und Donawitz eingenommen werden sollten. Darauf sollte ein Marsch auf die Stadt aus allen Richtungen erfolgen. Eine weitere, nach manchen Quellen an die 1000 Mann starke Gruppe der Schutzbündler sammelte sich am Massenberg, sie sollte von dort aus den Hauptangriff gegen das Stadtzentrum führen. Der Kampf an der Murbrücke, an dem Fritz Inkret maßgeblich beteiligt war, hatte möglicherweise die Funktion eines Scheingefechts: Es sollte den Großteil der Exekutive nach Göss locken und so den Angriff auf die Gendarmeriekaserne erleichtern.

Am Abend des 12. Februar war die Stadt Leoben jedenfalls völlig von Schutzbundkräften eingeschlossen. Der zentrale Sammelplatz war der Park des Stiftes Göss. Trotz des massiven Aufgebots von Schutzbündlern in und um Leoben gab es nur wenige Schießereien. Der Gendarmerieposten Göss wurde laut Zeitungsberichten „dauernd unter schwachem Feuer gehalten". Und nach Mitternacht, als starke Exekutivkräfte aus ihren Stellungen ausrückten und die Schutzbündler bereits aus dem Stiftspark abgerückt waren, kam es zu vereinzelten Feuergefechten mit kleinen Schutzbund-Grüppchen, die sich der Verhaftung widersetzten.

22

Am späten Vormittag hörte Fritz Inkret das erste Mal davon: „Es ist im Radio gewesen, dass in Linz draußen, im Hotel Schiff, eben – es hätte sollen sein eine Waffensuche, eine Waffenbeschlagnahme, und dagegen hat sich der Bernaschek gewehrt, und es ist dort in Linz zu den ersten Kämpfen gekommen. Und dann ist in Wien der große Krach gewesen. Bei uns war dasselbe."

Die Funktion Inkrets war die eines Melders. Das hieß, er hatte daheim eine Liste von Leuten, die er informieren musste. Als er vom Schutzbundkommando in Leoben angerufen wurde, brach er auf und suchte der Reihe nach alle Männer auf, die auf seiner Liste standen. Die meisten traf er in ihren Wohnungen, entweder, weil sie wegen der vielen Gerüchte und widersprüchlichen Informationen ihre Arbeitsplätze verlassen hatten, oder weil sie ohnehin arbeitslos waren. Inkret war zu Fuß unterwegs, in ganz Leitendorf. Die Männer sollten alle hinüber kommen in den Gösser Stiftshof, da war die Zusammenkunft. Diese Mitteilung zu verbreiten war Inkrets Auftrag.

„Na ja", sagt er, „dann sind wir hinüber gegangen zum Stift. Und ich hab gedacht, für mich ist der Fall erledigt, weil ich die ja verständigt habe." Es kam aber gleich der nächste Einsatz. Fritz Inkret wurde eingeteilt, beim Ausheben der Waffen aus den Verstecken mitzumachen. Das war so um fünf Uhr nachmittags.

Ich frage ihn während dieser Schilderungen ein paar Mal, wer genau ihm die Befehle gegeben hat, dass er die Männer alarmiert, dass er die Waffen holt, dass er am Abend dann zur Brücke marschiert. Er antwortet darauf nicht, sagt höchstens, die Kommandantur in Leoben war es. Namen nennt er keine, als ob er die Genossen noch heute schützen müsste. Auf Nachfragen reagiert er einfach nicht.

Hier, genau hier, lag Inkret in jener kalten Februarnacht des Jahres 1934 mit seinen Kameraden.

Die Schutzbündler requirierten damals Busse, gewöhnliche Linienbusse, mit denen schafften sie Männer aus der Umgebung zur zentralen Sammelstelle im Stiftspark oder auf den Massenberg, und sie holten damit auch die Waffen. Inkret: „Dann sind wir mit einem Autobus der Gemeinde Donawitz hinein gefahren nach Schladnitz, dort war unser Waffenlager, dort wurden die Waffen ausgegraben und in den Stiftshof gebracht und die Männer bewaffnet." Inkret meint hier den Schladnitzgraben in der Ortschaft Schladnitzdorf, dort befand sich eines von zwei großen Leobener Waffenverstecken – im Garten des Schutzbundkämpfers Ignaz Leis, direkt unter dem Küchenfenster. Inkret und seine Genossen gruben zwei Maschinengewehre, rund 100 Infanteriegewehre, einen riesigen Sack voll Munition und zwei große Kisten mit Schmierbüchsen aus und schafften sie nach Göss.

Die Waffen wurden verteilt. Dann stand Inkret unter den Männern im Stiftspark und harrte der Dinge, die kommen sollten. Für ihn kamen sie rasch: „Auf einmal ist der Befehl gewesen: Die Gösser Brücke muss besetzt werden!" Wieder sagt er nicht, wer diesen Befehl erteilt hat. Es ist ihm deutlich anzumerken, dass er den Namen sehr wohl wüsste, ihn aber nicht angeben will. Wahrscheinlich war es der Leobener Schutzbundführer Ignaz Brandner gewesen, der gemeinsam mit den Schutzbündlern Paul Link und Josef Müller sowie dem Nationalratsabgeordneten Josef Hartmann ab dem frühen Nachmittag begonnen hatte, die Abläufe zu koordinieren und die Kämpfer zu organisieren.

Ich frage ihn, ob er als einfacher Schutzbundmann eigentlich informiert war, was seine Kommandanten vorhatten, und wie die Aktionen ablaufen sollten. „Da war ja der so genannte Eifler-Plan", antwortet er, „der General Eifler in Wien hat den gemacht, der ist aber nicht zur Durchführung gekommen, weil alles so schnell gegangen ist."

„Ich habe das Gewehr bekommen", erzählt er, „und bin mit drei Mann gerufen worden zur Gösser Murbrücke. Dort waren wir vier Mann hinbestellt worden. Um acht Uhr etwa sind wir angekommen, acht Uhr am Abend und haben dort Posten bezogen. Wir haben die Brücke auf unserer Seite besetzt."

23

Die Nacht an der Murbrücke. Es ist jetzt fast halb elf. Nur kurz hat die Feuerpause gedauert, vielleicht eine halbe Stunde. Im ersten Teil des Gefechts hatten es die Schutzbündler Franz Haas, Walter Lenger, Johann Bräuhaupt und Fritz Inkret mit nur vier Gegnern zu tun gehabt, vier Gendarmen auf der anderen Seite des Flusses. Jetzt kam eine gewaltige Übermacht angerückt.

Zuvor passierte noch etwas, das Inkret als „interessant" bezeichnet: Zwei Männer in Feuerwehruniformen kamen von Göss aus zur Stellung der Schutzbündler am rechten Brückenkopf, passierten sie, gingen auf die Brücke. Inkret: „Der Tischlermeister Halluschan und noch ein zweiter Mann aus Leoben waren das, die wollten nach Leitendorf. Die wollten nachschauen, was los ist." Da könnten sie nicht hinüber gehen, riefen ihnen die Schutzbündler zu, wenn sie auf die Brücke gingen, dann würden sie von denen drüben sicherlich erschossen werden.

Und noch was riefen sie: „Ihr verratet ja die Stellung, ihr sagt denen, dass wir nur vier sind!" Die Männer drehten um und verschwanden. Der zweite Feuerwehrmann auf der Brücke war der Leobener Rechtsanwalt Dr. Erwin Moser, mit dem Inkret nur wenige Tage später und dann wieder im Juli des Jahres 1934 zu tun haben sollte.

Laut Angaben in Gendarmerieberichten traf die Verstärkung kurz vor halb elf Uhr nachts an der Gösser Brücke ein. Sie bestand aus Revierinspektor Karl Lukas und Rayonsinspektor Johann Lampert als Kommandeuren und einem großen Haufen von Heimatschutzmännern. Der Gerichtsakt spricht von 21 Mann, was stimmen dürfte, denn die mündliche Überlieferung – und auch Inkret – erzählt von 30 Gegnern, was zusammen mit den bereits seit der frühen Nacht verschanzten vier Gendarmen in etwa hinkommt. Der Kampf hob erneut an.

Fritz Inkret schildert es recht lapidar: „Dann haben die neue Munition gekriegt und haben weiter geschossen." Und die Schutzbündler haben ebenfalls geschossen. Inkret lag an den Stahlträgern und zielte in die Dunkelheit, unter dem eine Spur zu kleinen Stahlhelm auf seinem Kopf. Dass der Schutzbundkämpfer neben Gewehr und Revolver auch einen Bundesheerhelm besaß, hat seine Gegner offensichtlich besonders irritiert. In den Gendarmerieprotokollen und der Anklageschrift wird darauf immer wieder hingewiesen. Ich frage ihn ein zweites Mal, wie er zu diesem Helm gekommen ist.

Diesmal erzählt er es. Er selbst hatte den Helm irgendwann einmal gefunden und zum Waffenversteck des Schutzbundes gebracht. Inkret: „Wie wir dann in Schladnitz die Waffen ausgegraben haben, da ist dort der Helm auch gewesen. Ich hab ihn halt aufgesetzt, nicht. Der war dort in dem Versteck. Ich weiß gar nicht, was für ein Helm das war, einer vom damaligen Bundesheer, irgend so ein Ding halt."

Diesmal war das Gefecht heftiger. Es gab Opfer. Der Gendarm Karl Lukas und der Heimwehrmann Adolf Lotter wurden schwer verwundet. Inkret: „Die anderen sind auf der drüberen Seite gelegen, links und rechts von der Brücke, nachdem sie so ein Haufen waren." Er macht eine Pause, sagt dann rasch: „Das Feuergefecht war eben. Und da sind dann zwei – der Zugführer vom Heimatschutz, Haslauer, der hat dort drüben neben dem Hittaler gewohnt, der ist dort erschossen worden, und noch einer, und noch zwei Heimatschützer und Gendarmeriebeamte sind schwer verletzt worden."

Jetzt erzählt er auch, was die „Sonderausbildung" war, die er ein halbes Jahr davor, im geheimen Schießkeller des Schutzbundes im Reumann-Hof zu Wien, erhalten hatte. Inkret: „Wir haben die Ausbildung gehabt. Wir haben es dort ja gelernt wie jeder Soldat, wie man in der Nacht schießt. Und ich habe es den Kollegen an der Brücke erklärt: Wenn geschossen wird, musst du das Gewehr aufheben."

Er rückt den Sessel ein wenig zurück vom Couchtisch und macht eine Bewegung, wie wenn er ein Gewehr hielte und es hoch über den Kopf hebt, als ob er in die Luft schießen will, dann lässt er es wieder langsam sinken, schaut dabei scharf über Kimme und Korn. Seltsam sieht das aus, teilweise komisch, teilweise unheimlich und beängstigend, wie der alte Mann in seinem winzigen Wohnzimmer wild entschlossen sein Ziel sucht mit einem imaginierten Karabiner. Inkret wiederholt diese Pantomime vom Hochheben und Absenken eines Gewehrlaufs drei Mal, sagt dazu: „Man muss auf das Mündungsfeuer anlegen, dann noch einmal aufheben, und noch einmal, und beim dritten Mal schießen."

Ganz genau beschreibt er es mir, wie das war in jener Nacht. Wie sie hinüber gestarrt hatten, wie sie ein Mündungsfeuer ins Visier nahmen, warteten, dass der dort drüben noch einmal schoss, und wie sie noch genauer den Punkt im Dunkeln anvisiert hatten, wo gerade noch der Blitz und der Pulverdampf zu sehen gewesen waren, und wie sie weiter warteten. Und wenn dann ein drittes Mal an derselben Stelle ein Mündungsfeuer die Nacht erhellte, dann war der richtige Zeitpunkt gekommen. Inkret: „Beim dritten Mal tust du ihn dann – dass du genau in das Feuer schießt."

Fritz Inkret hat bei unseren Gesprächen mehrfach Episoden erzählt, in denen sein Spitzname „Pulverdampf" vorkam. Warum ihn die Freunde und Schutzbund-Genossen, aber später auch inhaftierte Nazi-Attentäter so nannten, diese Frage hat er nie beantwortet. Ich habe mir etwas ausgedacht: Vielleicht nannten sie ihn so, weil er bei Übungen gerne schoss und so oft, dass es nur so rauchte aus den Läufen der Gewehre und Pistolen. Er gab nie Auskunft, sagte „Ja, ich weiß nicht, woher das kommt."

Nur einmal, bei einer unserer letzten Begegnungen, da erzählt er, wie ihn die Mutter eines im Krieg gefallenen Mannes als „Herr Pulverdampf" begrüßt, und ich frage ihn wieder nach dem Ursprung dieses Namens, da wird Inkret lebhaft: „Weil ich erzählt habe, wie die Schießerei war, auf dem Gösser Brückl, nicht wahr, und da hab ich wohl den Spitznamen gekriegt, ich weiß nicht, wer mich als erster so genannt hat."

Weil er Lenger, Haas und Bräuhaupt im gegnerischen Kugelhagel erklärt und auch vorgemacht hatte, dass man bei Nacht in den Pulverschmauch der feindlichen Schützen zielen und schießen muss, darum nannten sie ihn später „Pulverdampf". Leise und schnell redet er darüber: „Das hat dann auch gewirkt. Das war ja das Zeichen, dass die zwei Toten Kopfschüsse gehabt haben, und die zwei Verletzten Schüsse in die Oberarme oder die Schulter. Wenn du wartest, dass der dreimal schießt, dann weißt du, dass es immer derselbe ist, und du hast ihn genau im Visier."

Ich frage ihn: „Und herüben ist gar keiner getroffen worden?"

Inkret, leise und nachdenklich: „Nein, bei uns gar nichts."

Die zwei Toten auf Seiten von Gendarmerie und Heimatschutz an der Brücke. Für einen Laien sind die Erzählungen und historischen Aussagen dazu widersprüchlich. Manchmal ist von einem Toten die Rede, manchmal von zweien, manchmal von gar keinem. Zeitgenössische Zeitungsberichte halten sich eng an die offiziellen Darstellungen und später an die Erkenntnisse der Gerichtsbarkeit. Die Justiz ihrerseits war seltsam desinteressiert an der Aufklärung der Frage, wer in jener Nacht in Leoben und Göss wen erschossen hatte, und wann und in welchem Zusammenhang. Die Justizakte ist wortkarg und uneindeutig; ein paar Mal ist von ermordeten Beamten die Rede, deren Tod auf die Hochverratshandlungen der angeklagten Schutzbündler zurückzuführen sei. Aber in keinem einzigen Fall nennt der Ankläger Zeit und Ort der Tötung und auch keinen einzigen mutmaßlichen persönlichen Täter. Das Gericht hat sich dann auch nicht dafür interessiert, zumindest nicht in jenen Teilen des Protokolls, die noch vorhanden sind.

Die Aktenstücke sind lückenhaft. Ein Protokoll zum Standgerichtsprozess gegen Inkret existiert überhaupt nicht mehr. Die Anklageschrift des Schwurgerichtsverfahrens basiert offensichtlich zum Teil auf dem, was die verhafteten Schutzbündler ausgesagt hatten, und die waren natürlich daran interessiert, nur das zuzugeben, was sie nicht bestreiten konnten. Zum anderen Teil basiert die Anklage auf Aussagen von Gendarmen und Heimatschützlern, und die waren bestrebt, ihre Gegner in möglichst schlechtem Licht und ihre eigene Rolle in einem strahlenden erscheinen zu lassen.

Als relativ gesichert darf man annehmen, dass insgesamt bei den Kämpfen in Leoben und den Vororten auf Seiten des Regimes drei Männer getötet wurden. Fritz Inkret erzählt, und zwar seit Jahrzehnten, dass allein die Abwehraktion von ihm und seinen drei Genossen an der Brücke auf der Seite des Gegners zwei Tote und zwei Verletzte gefordert habe. Die Verletzten sind aktenkundig, die Toten jedoch nicht.

Im Gendarmerieprotokoll des Postens Göss vom 13. Februar 1934 heißt es, dass die Exekutive „sogleich (nach ihrem Eintreffen) feuerte, doch nach kurzem Feuergefecht zwei Verwundete hatte", eben Lukas und Lotter.

Die Ereignisse rundherum, in Leoben und den Vororten, soweit sie Fritz Inkrets Geschichte betreffen, haben sich grob skizziert so abgespielt: Gegen Ende der Schießerei an der Gösser Brücke, kurz vor Mitternacht, zog ein Trupp von etwa 30 Heimwehrmännern, angeführt vom Zugskommandanten Emil Haslauer und Gendarmerie-Revierinspektor Alexander Mayer (in der Anklageschrift als „Maier" angeführt) von Leoben nach Göss. Zu dieser Zeit war das Gros der Schutzbündler im Gösser Stiftspark bereits auf die nahen Höhen abgezogen. Nach den zugänglichen Quellen sieht es so aus, als habe jene Gruppe von Heimatschützern geplant, den Schutzbündlern um Inkret, also den vier Mann am rechten Brückenkopf, in den Rücken zu fallen. Dazu müssten sie aber nicht von Leitendorf aus gekommen sein, sondern vom selben Ufer, an dem sich Inkret und seine drei Mitkämpfer befanden.

Dies hieße jedoch, dass diese regimetreue Gruppe gar nicht zu der Schießerei an der Brücke gekommen sein kann. Anscheinend hatte das Schutzbund-Kommando das Näherrücken dieses Entsatz-Kommandos beobachtet und die vier an der Brücke zurück kommandiert. Möglicherweise traf das Grüppchen um Inkret beim Rückzug auf die Heimwehrformation um Haslauer und Mayer, und es könnte dabei zu Schusswechseln gekommen sein.

Fritz Inkret beharrt allerdings darauf, dass es die zwei Toten ebenso wie die zwei Verwundeten beim Feuergefecht zwischen linkem und rechtem Murufer gegeben habe. Zum Rückzug seiner Gruppe erzählt er lediglich, dass sie zurückgegangen seien und als sie auf Gendarmen getroffen seien, hätten sie die Waffen weggeworfen und sich ergeben.

In den historischen Quellen gibt es unterschiedliche Angaben zu den Toten von Leoben und Göss. Für Exekutive und Heimwehren ist meist von zwei Toten die Rede, und zwar von den Heimatschutzmännern Emil Haslauer und Walter Reisner. Im Falle Haslauers sieht es jedoch so aus, als sei er nicht an der Gösser Murbrücke auf der Leitendorfer Seite gestorben. In der Anklageschrift zum Schwurgerichtsverfahren gegen die Leobener Schutzbündler heißt es, dass Haslauer beteiligt war an „einzelnen kleinen Zusammenstössen zwischen der Exekutive und den Schutzbündlern", die in Göss stattfanden, und die alle damit endeten, „dass sich die Schutzbündler nach kurzem Kampf zurückzogen oder gefangen wurden." Bei einer dieser „Säuberungsaktionen" habe Emil Haslauer einen Kopfschuss erhalten, und zwar in der Gösser Straße. Dort wurde auch sein Leichnam gefunden, „erst nach dem Rückzug der Schutzbündler", wie es im Prozessakt heißt. Die Gösser Straße liegt nicht am linken Murufer, wo sich die Gegner der Vier-Mann-Gruppe des Schutzbundes befanden, sondern genau gegenüber, rechts der Mur.

Fritz Inkret, der Zeitzeuge, sprach und spricht immer von zwei Toten, die es bei ihren Gegnern auf dem linken Murufer, also in Leitendorf gegeben habe. Diese Diskrepanz erklärt sich vielleicht daraus, dass eines der Opfer auf Seiten der Exekutive, der Revierinspektor Alexander Mayer, erst später an den Folgen schwerer Verletzungen gestorben ist, die er in der Nacht vom 12. auf den 13. Februar erlitten hatte. In den ersten Zeitungsberichten von unmittelbar nach den Geschehnissen wird Mayer als Todesopfer noch nicht geführt.

Wie auch immer: Ich als Laie halte mich an die Darstellung von Fritz Inkret. Er war dabei. Und zwar nicht nur als Zeuge, sondern als Akteur, und das macht ihn zum Zeitzeugen. Letztendlich bleibt die Frage nach der Zahl der Toten an der Gösser Brücke unklar. Es erstaunt einen umso mehr, dass fünf Monate später das Gericht bei der Verhandlung gegen die vier handelnden Personen aus dem sozialdemokratischen Lager ganz offensichtlich keinerlei Anstalten machte, in Erfahrung zu bringen, wer die tatsächlichen Todesschützen auf Seiten des Schutzbundes waren.

Bei einem der Interviewtreffen frage ich Inkret, ob er etwas von den weiteren Kämpfen und Schießereien in jener Nacht mitbekommen hat. Seine Antwort: „In Leoben war nichts. Das einzige war bei der Gösser Brücke. Aber gehört hat man es bis zum Hauptplatz von Leoben, die Gösser Schießerei. Ansonsten ist nur geschossen worden, also gekämpft worden in St. Peter-Freienstein und in St. Michael, da ist es zu bewaffneten Auseinandersetzungen gekommen."

Meine nächste Frage: „Weißt du eigentlich, wer die tödlichen Schüsse abgegeben hat?"

Ohne Nachdenken antwortet er laut und klar: „Nein, nein. Das kann niemand bestimmen. Das weiß ich auch nicht."

„Ist das beim Gericht nie gefragt worden?"

Jetzt wundert er sich selber, er schüttelt den Kopf und sagt: „Ja, es war im Gerichtsverfahren und im Urteil auch kein Thema."

Die mehrfachen kleinen Scharmützel in der zweiten Hälfte jener Nacht, als das Gros der Schutzbündler schon abgezogen war und es zu vereinzelten Zusammenstößen mit Exekutive und Heimatschutz kam, die kleine Gruppen von Schutzbündlern festnehmen wollten, die hat Inkret nicht mehr mitbekommen. Da war er schon in Haft in der Gösser Gendarmeriestube. Auch die Schießerei in der Nähe des Gendarmeriepostens bei der Verhaftung des Schutzbundführers Paul Link hat er nicht wahrgenommen.

Bei seinem Prozess hatte sich Inkret damals verantwortet, dass er nur beim ersten Schusswechsel über die Mur hinüber gefeuert habe, danach habe sein Gewehr nicht mehr funktioniert. Ich frage ihn: „Hast du wirklich nur bis zehn Uhr geschossen oder nachher auch noch?"

Sehr lebhaft antwortet er umgehend: „Ja freilich. Nachher auch. Sowieso. Weil nachher waren ja erst die Toten." Dann denkt er lange nach. Er redet über seine Kontrahenten von damals, ich verstehe ihn nicht gleich. Nach einer Weile merke ich, dass er sie zu verstehen versucht, die Männer, die damals zum Heimatschutz gegangen waren. „Viele waren da ja nicht aus Überzeugung dabei", sagt er, „da waren viele ausgesteuert. Ich weiß, da ist der eine oder andere am Schluss betteln gegangen, ist zur Fürsorge gegangen, dort hat er was zu essen gekriegt, eventuell. War ja grausam. Man hat nix gehabt." Er macht eine Pause, murmelt etwas davon, dass allerdings diejenigen vom Heimatschutz, die mit Waffen gegen die Roten gekämpft hatten, meistens nicht zu jenen gehört hatten, die aus Not der ständestaatlichen Organisation beigetreten waren.

In den ersten Minuten des 13. Februar 1934, kurz nach Mitternacht, ging auf jener Ebene, die man Realität heißt, die Nacht des Fritz Inkret an der Murbrücke zu Ende. Leise sagt er: „Ja, und um 12 Uhr, mitten in der Nacht, ist ein Melder gekommen und hat gesagt: Geht's zurück!" Inkret, Haas, Lenger und Bräuhaupt sammelten Waffen und Munition ein und zogen sich zurück in Richtung Stiftspark in Göss. Dort warteten ja Hunderte ihrer Genossen, glaubten sie.

24

Während Inkret und die drei anderen an der Brücke den Vorstoß von Gendarmerie und Heimatschutz auf Göss verhinderten, war der Großteil der Schutzbündler im Stiftspark jedoch bereits abgezogen. Sie waren zum Massenberg marschiert, wo die Haupttruppe lagerte, die Leoben angreifen sollte. An die 200 Mann belagerten die Gendarmerie in Göss, griffen sie aber nicht an. Kurz vor Mitternacht nahmen die Gendarmen bei einem Ausfall fünf Schutzbündler fest und stellten sie als lebende Schilde in die Fenster. Zur gleichen Zeit waren Entsatz-Kräfte von Exekutive und Heimwehr in Göss eingetroffen, es entwickelten sich mehrere kleine Auseinandersetzungen, und es wurden einige kleine Gruppen von Schutzbündlern festgenommen. Die große Gruppe der Kämpfer auf dem Massenberg erfuhr durch Kundschafter, dass sich die Lage in Leoben und Göss laufend zu Ungunsten des Schutzbundes verschlechterte. Auch verbreitete sich das – falsche – Gerücht, dass einer ihrer Führer, Paul Link, gefallen sei. Man beschloss, vom Angriff auf Leoben Abstand zu nehmen.

Das war die Lage gegen halb ein Uhr nachts, als Inkret, Haas, Bräuhaupt und Lenger zurück marschierten zum Stiftspark. Inkret: „Im guten Glauben, dass im Stiftspark noch ein paar hundert Mann sind, die wir dort verlassen haben – aber die sind dann im Marsch auf die Hügel hinauf gegangen und wollten, was weiß ich, nach Bruck oder wie. Im guten Glauben, dass Göss noch fest in unserer Hand ist, sind wir weiter zurück gegangen, bis zum Gösser Eck."

Gleich bei der ersten Kurve nach der Brücke Richtung stadtauswärts, dort war damals der Gendarmerieposten. Inkret: „Die sind dort schon lange nicht mehr. Die Verhaftung war direkt dort auf dem kleinen Platzerl. Geradeaus geht es heute zur Autobahn, und wenn du nach links abbiegst, da geht es an der Mur entlang nach Leoben.

Auf dem Platz bei dieser Abzweigung war die Verhaftung. Gleich um die Ecke war der Posten. Auf der anderen Seite ist heute eine Gösser-Bierstube."

Auf einmal standen Fritz Inkret und die drei anderen einem Trupp von Heimatschützern gegenüber. Fritz Inkret: „Ja, und die haben uns gleich angeschrieen: Hände hoch, und so weiter, nicht wahr. Das Gewehr haben wir noch angehoben, aber wie wir gesehen haben, ja, da ist es aus, haben wir das Gewehr fallen lassen." Kurz überlegten sie, sich in den Büschen neben der Straße zu verstecken, sahen aber gleich, dass dies sinnlos war: „Nachdem aber im Winter kein Laub ist, war das nur Strauchwerk."

In der Anklageschrift des Leobener Schwurgerichtes wird die Szene dramatischer dargestellt. Der Gendarm Otto Hess und der Heimwehrmann Fritz Scharf hätten Franz Haas verfolgt, als Hess knapp hinter Haas war, habe der Gendarm „Hände hoch!" gerufen, da sei Haas stehen geblieben, habe sein Gewehr entsichert und auf Hess angelegt. Dem sei es gelungen, das Gewehr mit der Hand zu Boden zu schlagen. Inkret kann sich daran nicht erinnern. Und in der Urteilsbegründung des Verfahrens gegen Franz Haas wird die Sache auch ein wenig harmloser dargestellt: Auf die Aufforderung, stehen zu bleiben und die Hände hoch zu heben, „blieb Haas stehen und hielt das Gewehr schussfertig in der Hand."

Fritz Inkret: „Wir haben das Gewehr fallen lassen und wurden von den Gendarmen, den Gendarmeriebeamten geschnappt." Dann ereignete sich etwas, das man nur als unglaublichen Glücksfall bezeichnen kann. Unter den Heimatschützern, die bei der Verhaftung der vier Schutzbündler dabei waren, befand sich auch ein junger Jugoslawe, den Inkret gut kannte. Fritz: „Das war ein jugoslawischer arbeitsloser Bäckergeselle. Der war ausgesteuert, hat gar nichts mehr gehabt. In seiner Not ist er zum Heimatschutz gegangen, da hat er am Tag fünf Schilling gekriegt, und irgendwo ein Quartier auch."

„Wie gut hast du den gekannt?", frage ich.

Inkret sagt sehr laut: „Freilich, wir waren gut. Wir sind ja immer beisammen gewesen. Der war ja so quasi wie – ein jugendlicher Freund, quasi. Im Wirtshaus beinander gewesen. Er war ja zuerst eh bei uns! Er war ja ein Sozialist. Er war halt bei den Jugendlichen dabei, bei der Parteijugend, und ist in seiner Not zum Heimatschutz dazu gegangen und hat so quasi ein Quartier gehabt. Wir haben zu denen gesagt: Ihr seid die Fünf-Schilling-Manderl!"

Dieser Jugendfreund hob in jener Nacht das Gewehr Inkrets auf – und nahm die Patronen heraus, das ganze Magazin. Während die vier Schutzbündler zum Gendarmerieposten eskortiert wurden, beugte sich der Jugoslawe einmal kurz zu seinem Freund und sagte: „Fritz, dein Gewehr ist entladen!" Zwei Tage später sollte dies Fritz Inkret das Leben retten.

„Weißt du den Namen noch von diesem Freund?", frage ich.

Inkret denkt kurz nach, es fällt ihm nicht ein, er schimpft ein wenig: „Mein Gott na! Dass ich das auch noch vergessen hab!"

Fritz Inkret im Jahr 2007.

Das Parteibuch von Inkrets Mutter Antonia aus dem Jahr 1912. Ihr Name ist falsch geschrieben – Ingret.

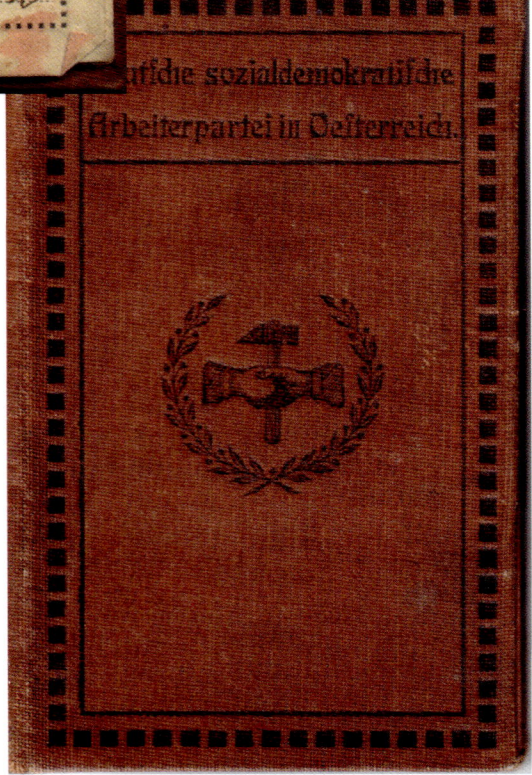

Inkret an der Brücke. Hier hatte er DIE Nacht seines Lebens verbracht, von 12. auf den 13. Februar 1934.

Einzelpreis 10 g

Extraausgabe des

Arbeiterwille

Organ des arbeitenden Volkes für Steiermark und Kärnten

Nummer 41 — Graz, Montag, 12. Februar 1934 — 45. Jahrgang

Alarm! Alles heraus zum Endkampf gegen den Faschismus!

Generalstreik in ganz Oesterreich ausgerufen!

Heute früh sollte im Parteihaus in Linz eine Hausdurchsuchung stattfinden. Die Linzer Arbeiter aber ließen sich nicht wehrlos dem Faschismus ausliefern und verteidigten das Parteiheim mit Waffengewalt. Zum Sturm gegen das Parteiheim wurde Bundesheer eingesetzt, gegen das sich die Linzer Schutzbündler heldenmütig wehrten. In Oberösterreich ist spontan der Generalstreik ausgebrochen, daraufhin haben Partei und Gewerkschaften den Generalstreik in ganz Oesterreich proklamiert.

Arbeiter! Angestellte! Republikaner! Sozialisten!

Nun gilt es den Endkampf gegen Dollfuß und seine Faschisten! Den Endkampf gegen Kapitalismus, Wirtschaftsnot und Bedrückung aufzunehmen und zum Siege zu führen.

Der Kampf wird von der Arbeiterklasse mit allen Mitteln und aller Entschlossenheit geführt! Jeder stelle seinen Mann! Jeder gebe sein Letztes her!

Es lebe der Sozialismus! Es lebe die um ihre Freiheitsrechte kämpfende Arbeiterschaft!

Der Parteivorstand der Sozialdemokratischen Partei Oesterreichs!
Der Bundesvorstand der freien Gewerkschaften!

Die Extraausgabe des „Arbeiterwille", Organ des arbeitenden Volkes von Steiermark und Kärnten, vom 12. Februar 1934.

Nr 1560/35
9 lo Vr 276/34
Geschäftszahl
585
23

Hauptverhandlung.

Kreis Gericht Leoben am 13. und 14.7.1934

Strafsache gegen Ignaz Brandner und Gen.

wegen Verbrechens des Hochverrates

Gegenwärtig:

Vorsitzender: S V.OLGR.Dr.Ernst Roschker

Richter: OLGR.Zeller
LGR.Walzl

Schöffen: Jaroslav Beran
Johann Findais
Max Reiter

Schriftführer: Dr.Arrer

öffentl. Ankläger: Staatsanwalt Dr.Hochegg

Privatankläger:

sein Vertreter:

Privatbeteiligter:

sein Vertreter:

Angeklagter:
1) Ignaz Brandner   6) Johann Jörgler   11) Johann Preuhaupt
2) Paul Link   7) Josef Gerstl   12) Josef Luef
3) Eduard Sohorn   8) Friedrich Inkret 13) Heinrich
4) Kaspar Kaiser   9) Franz Haas   Schneidrbauer
5) Ignaz Lais   10) Walter Lenger

Verteidiger: Dr.Stern für Brandner Haas Lenger,
Dr.Wagner für Link, Kaiser, Treuhaupt und Luef
Dr.Moser für Gerstl, Inkret und Schneidrbauer
Dr.Leopold für Sohorn Leis und Jörgler

Um 9 Uhr 10 vormittag ruft der Schriftführer die Sache auf.

Die Verhandlung ist öffentlich

Die Angeklagten geben über ihre persönlichen Verhältnisse an: wie im Vorverfahren.

Walter Lenger fügt noch bei:
Ich wohne in Leitendorf Nr.39 b.Die übrigen Angekl.fügen nichts bei.

Strafsache gegen „Ignaz Brandner und Genossen". Fritz Inkret steht als achter auf der Liste der 13 Angeklagten.

Name und Sitz des Betriebes (Unternehmers) (Firmenstempel)	Art des Betriebes oder der Betriebsabteilung	Tag des Beginns der Beschäftigung	Art der Beschäftigung (möglichst genau angeben)	Tag der Beendigung der Beschäftigung	Unterschrift des Unternehmers
Hugo Weise Donawitz	Tischlerei	4.5.1942	Tischler	5.1.1943	**Arbeitsamt** [Stempel]
Berufsschule Donawitz	Berufsschule	1.4.1943	Fachlehrer	15./12. 1944	[Stempel]
Eduard Premrou's Wwe. Portal-, Bau- und Möbeltischlerei Werkstätte für neuzeitlichen Möbelbau **Leoben-Leitendorf**		26.II.45	Tischler	8/5 1945	[Unterschrift/Stempel]
Steierm. Landesschulrat	Berufsschule	1.4.43	Vertrags-Lehrer	30/6.	[Stempel]
[Stempel Stadt Leoben]	Bürgermeister Referat	1.4.1946	[Unterschrift]	30.11.1949	[Unterschrift]

Zweitschrift

Arbeitsbuch
(Gesetz vom 26. Februar 1935, RGBl. I S.311)

Nr 3672/017.153

Friedrich Inkret
(Vor- und Zuname, bei Frauen auch Geburtsname)

Wehrnummer:

Inkret Fritz
(Eigenhändige Unterschrift des Inhabers)

Die letzte Seite im Arbeitsbuch von Fritz Inkret. Offensichtlich war das Dokument der NS-Bürokratie bis zum Jahr 1949 in Verwendung; unterhalb der Hakenkreuz-Stempel finden sich jene des Landes Steiermark.

Das ist der Platz an der Gösser Stiftsmauer, wo 1934 Lenger, Haas, Bräuhaupt und Inkret verhaftet wurden.

In dieser Lichtung in der Wandau erschoss die SS in den letzten Kriegstagen angebliche „Deserteure"; das Bild zeigt Inkret (rechts) mit Begleitern.

Die Inkrets in Wirtschaftswunderzeiten: Hermi...

... und Fritz auf Bergwanderung.

Das Ehepaar Inkret beim Denkmal auf dem Präbichl-Pass, dem Ort eines Massakers an ungarischen Juden in den letzten Kriegswochen.

Die Hauptbeschäftigung des Ehepaares Inkret während der Interview-Sitzungen: Hermi und Fritz suchen was in ihren Unterlagen.

Bei der Feier zum Gedenken an Koloman Wallisch in Bruck an der Mur ist Inkret jedes Jahr dabei.

Es sieht aus, als hielte sich Fritz Inkret am Geländer fest. Vor sieben Jahrzehnten war hier eine Stahlbogenkonstruktion, hinter der er mit seinem Gewehr Deckung suchte.

DIE PRÄSIDENTSCHAFTSKANZLEI

BEURKUNDET HIEMIT,

DASS DER BUNDESPRÄSIDENT DER REPUBLIK ÖSTERREICH

MIT ENTSCHLIESSUNG VOM

20. DEZEMBER 1968

HERRN GEMEINDERAT

FRIEDRICH INKRET

DAS GOLDENE VERDIENSTZEICHEN

DER REPUBLIK ÖSTERREICH VERLIEHEN HAT.

WIEN, AM 20. DEZEMBER 1968

DER KABINETTSDIREKTOR:

Im Jahr 1968 verlieh die Republik Österreich Inkret das Goldene Verdienstzeichen.

Stationen eines Lebens: Fritz Inkret als Wehrmachtssoldat im Jahr 1940 (l.u.), als Mitglied des Touristenvereins der Naturfreunde 1962 (oben) und als begeisterter Skiläufer, in den Sechziger- oder frühen Siebzigerjahren (r.u.)

Fritz Inkret ist ein gefragter Redner bei Gedenkveranstaltungen.

Fritz Inkret mit einer Schulklasse in der KZ-Gedenkstätte Mauthausen. Und, im Bild unten, beim Überqueren der Gösser Brücke, seiner „Schicksals-Brücke".

„Hast du später weiter Kontakt mit ihm gehabt?"

„Ja, ja. Nach dem Krieg aber nicht mehr. Ich weiß nicht, wo er dann hingekommen ist. Ist vor 1938 schon verschwunden. War ein jugoslawischer Staatsangehöriger, sozusagen ein Gastarbeiter."

Inkret, Lenger, Haas und Bräuhaupt wurden in den Gendarmerieposten gebracht, in Räume im ersten Stock. Dort gab es ein erstes kurzes Verhör, durchgeführt vom Revierinspektor Johann Serner, dem diensthabenden Beamten. Über den Inhalt dieses Verhörs steht nichts im Gendarmerieprotokoll vom 13. Februar. Fritz Inkret lacht, als er davon erzählt: „Bei der Gendarmerie hab ich die Liste noch in meinem Sack drinnen gehabt! Im Uniformsack." Er meint die Liste mit Namen und Adressen jener Schutzbundmänner, die er ein paar Stunden zuvor als Melder alarmiert hatte. Inkret: „Da habe ich dann den Zettel geschluckt! Ja. Weil sonst hätten sie schön die Liste gehabt von allen. Musste gar nicht besonders heimlich sein, mich haben sie ja nicht mehr durchsucht, nachdem sie mir eh alles weg genommen haben."

Die Einvernahme der Schutzbündler durch die Gendarmen dauerte nur ganz kurz. Dann wurden sie gefesselt, hinunter geführt und in ein Taxi gesetzt. Das brachte die Gefangenen zum Kreisgericht Leoben, wo sie in Zellen gesteckt wurden. Zellen, die bald schon überfüllt sein sollten. Inkret saß in der Zelle mit der Nummer 13. Es war noch nicht einmal ein Uhr morgens.

Er hat mir diese Geschichte zweimal erzählt, bei zwei verschiedenen Besuchen. Aber jedes Mal war sein Ärger mit Händen zu greifen, Ärger, weil die Schutzbündler aus Göss abgezogen waren und sie vier mehr oder weniger allein an der Brücke zurück gelassen hatten. „Die sind alle schon abmarschiert gewesen, über den Windischberg hätten sie sollen nach Bruck marschieren", knurrt er. Und: „Ich hab ja später auch gesagt, das war doch so idiotisch, dass man da über die Berge marschieren soll, über die Mugeln, wenn man nach Bruck will, wenn man eh die schöne Straße hat."

25

Genau genommen war der Kampf des Schutzbundes in den Städten und Ortschaften der Obersteiermark schon in der Nacht von 12. auf den 13. Februar 1934 verloren. In Leoben gab es die ganze Nacht durch zwar noch kleine Zusammenstöße. So wurde etwa nach kurzem Schusswechsel der Schutzbundführer Paul Link zusammen mit einem Genossen ganz in der Nähe des Gendarmeriepostens verhaftet, in dem gerade Inkret verhört wurde. Gegen Mittag des 13. Februar hatte sich der Schutzbund völlig aus Leoben zurückgezogen.

In Kapfenberg kam es spät in der Nacht zu einem Gefecht zwischen Schutzbund und Bundesheer-Einheiten, wobei die Schutzbündler die Soldaten kurzzeitig zurückdrängen konnten, schlussendlich aber doch weichen mussten. Am Morgen des 13. Februar zogen sie sich aus der Stadt auf den Schlossberg zurück. Dort wurden sie von hunderten Soldaten mit Maschinengewehren und Minenwerfern angegriffen,

Das ist das Tor zum einstigen Gösser Gendarmeriegebäude. Hierher wurden damals die vier Schutzbündler von der Brücke geschleppt.

am Abend legten sie Waffen und Uniformen ab und brachten sich im Schutz der Dunkelheit in Sicherheit. Das Militär führte in der Folge etliche Hausdurchsuchungen durch und hob einige Waffenlager aus. Dabei kam es zu einigen Schießereien mit Schutzbündlern; ein Heimwehrmann erschoss dabei einen unbeteiligten Zivilisten.

In St. Michael fielen ein Gendarm und vier Heimwehrmänner in den Kämpfen des 13. Februar. Auch hier brach erst das Bundesheer den Widerstand, endgültig allerdings erst am 15. Februar. Insgesamt 17 Schutzbundkämpfer wurden verhaftet und zu zum Teil hohen Freiheitsstrafen verurteilt. In St. Peter-Freienstein, wo ein Schutzbündler, ein Gendarm und ein Heimwehrmann starben, flohen die republikanischen Kämpfer noch in der Nacht auf den 13. Februar und versteckten sich in der Umgebung. Fünf Männer wurden verhaftet, zwei von ihnen fassten später Kerkerstrafen aus.

Bruck an der Mur lag in der Nacht von 12. auf den 13. Februar in völliger Dunkelheit, weil die elektrische Beleuchtung abgeschaltet worden war. Der Zugsverkehr lag still, die Schutzbündler hatten am Abend den Bahnhof besetzt, bei Pernegg hatten sie das Bahngleis aufgegraben und die Geleise durch gefällte Bäume und Telegrafenmasten blockiert. Noch in der Nacht rückte Militär – motorisierte Alpenjäger und Gebirgsschützen – in die Stadt vor. In den frühen Morgenstunden nahm das Bundesheer den strategisch wichtigen Schlossberg, dann wurden die Gendarmeriekaserne und die Heimwehr-Kräfte in der Forstlehranstalt befreit. Eine Abteilung von Gendarmen in einem Fabriksgelände konnte das Bundesheer nur durch den Einsatz von Gebirgskanonen, Minenwerfern und Maschinengewehren befreien.

Vizekanzler Fey persönlich beorderte am 13. Februar mehrere Bundesheereinheiten mit Artillerie in die Stadt Bruck, da immer wieder Widerstand aufflackerte. Auch hier folgten zahlreiche Hausdurchsuchungen und Beschlagnahmen von Waffen, an die 200 Schutzbündler wurden verhaftet. Noch in der Nacht auf den 13. Februar, zwischen drei und halb vier Uhr früh, berief Koloman Wallisch einen „Kriegsrat" ein, man beschloss, die Stadt zu räumen, um ein angesichts der Militärpräsenz zu erwartendes großes Blutvergießen zu vermeiden.

Nach den Aussagen des Brucker Schutzbund-Führers Hermann Russ wusste um diese Zeit Wallisch bereits, dass die sozialdemokratischen Parteispitzen Otto Bauer und Julius Deutsch nach Pressburg geflohen waren. Russ und Wallisch gaben diese

Information nicht an die Männer weiter, zum einen, weil sie nicht sicher waren, ob sie stimmte oder ob sie eine bewusste Falschmeldung der Regierung war, um den Schutzbündlern den Mut zu nehmen. Auch befürchteten sie beide, dass es unter den Kämpfern „einen fürchterlichen Wirbel" geben würde. Russ in seiner Standgerichts-Aussage: „Ein Teil hätte es geglaubt, ein Teil wieder nicht, und so hätten die Leute aneinander geraten können." Wallisch hatte es laut Russ übrigens nicht geglaubt.

Ursprünglich wollte sich Wallisch mit den Schutzbündlern aus Bruck nach Leoben zurückziehen, mit den dortigen Genossen zusammen Leoben und Donawitz besetzen und eventuell nach Graz weiter marschieren, um den Kämpfern in Eggenberg zu Hilfe zu kommen. Doch da immer mehr Militär per Bahn herangeschafft wurde und man im Radio hörte, dass nirgends mehr gekämpft werde, fassten Russ und seine Führungsleute den Beschluss, die Stadt zu verlassen – vor allem, um Wallisch zu schützen. Am kommenden Morgen zogen sich Paula und Koloman Wallisch mit einem Trupp von mehreren hundert Männern in Richtung Hochalpe zurück, von dort aus wollte man sich nach Jugoslawien in Sicherheit bringen.

Das ständestaatliche Regime nutzte dies umgehend für seine Propaganda. Die noch kämpfenden Männer wurden aufgefordert sich zu ergeben, da doch alle ihre wichtigen Anführer bereits behaglich in Prag säßen und auch „euer vergötterter Koloman Wallisch ... aus Bruck entflohen" sei.

26

Inkret verbrachte die erste Nacht in Zelle 13 des Kreisgerichts Leoben, einem Haftraum, der für Untersuchungshäftlinge bestimmt war. Er war nicht allein. Die Vier-Mann-Zelle war überbelegt, die Gendarmerie hatte in der Nacht viele Schutzbündler verhaftet. Früh am Morgen des 13. Februar ein derbes Klopfen an der Zellentür. Fritz Inkret erwachte. „Inkret", plärrte ihn einer an, „aufstehen, es geht zum Untersuchungsrichter." Die Justizwachebeamten brachten ihn in ein Untersuchungszimmer, zu einer ersten Einvernahme. Da schon sagte Inkret, dass sein Gewehr nicht funktioniert hatte in der Nacht, dass er an der zweiten Schießerei nicht beteiligt war. Trotzdem, verkündete ihm Untersuchungsrichter Dr. Suchanek, werde es in seinem Falle einen Standgerichtsprozess geben.

Danach brachte man Inkret zurück in das Gefangenenhaus, aber nicht mehr in die Zelle mit der Nummer 13, sondern in eine mit der Nummer 6. Die nannte man dann gleich die Arme-Sünder-Zelle. Weil in ihr jene Häftlinge untergebracht wurden, die sich vor dem Standgericht verantworten mussten. Inkret: „Sonst war ja nicht viel Platz am Gericht in Leoben. War ein ganz ein normales Gefangenenhaus. Die Sechserzelle war im Frauentrakt. Weil sie wahrscheinlich zuwenig Platz gehabt haben – nein, eher, weil sie ein bissel abgeschieden ist, und anscheinend war der Frauentrakt zu der Zeit gerade wenig belegt."

Am 13. und 14. Februar wurde Inkret immer wieder einvernommen. Er erzählte, was er nicht abstreiten konnte. Untersuchungsrichter Suchanek fragte ihn, ob er einen bestimmten Rechtsanwalt als Verteidiger haben wolle. Inkret nannte einen Dr. Pichler, einen Leobener Anwalt, der in der Vergangenheit die Sozialdemokratische Partei in allen Rechtssachen vertreten hatte und auch die Stadtgemeinde Leoben.

Die Regierung Dollfuß hatte bereits am 12. Februar um 14 Uhr die Verhängung des Standrechts verkündet. Dessen schärfste Maßnahme: Auf Aufruhr stand die Todesstrafe, und dementsprechende Urteile hatten innerhalb von zwei Stunden exekutiert zu werden, mit der Möglichkeit der Verlängerung um eine Stunde, wenn der Delinquent ein Gnadengesuch gestellt hatte. Das Standrecht wurde gnadenlos exekutiert, am 14. Februar wurden die ersten Todesurteile gesprochen, und zwar gegen die Wiener Schutzbundkämpfer Karl Münichreiter und Georg Weissel. Münichreiter, der schwer verletzt war und auf einer Bahre in den Verhandlungssaal gebracht werden musste, wurde noch am 14. Februar um 16.45 Uhr erhängt, Weissel einen Tag später. Münichreiters Pflichtverteidiger Dr. Flandrak hatte die Einstellung des Verfahrens verlangt wegen Verhandlungsunfähigkeit seines Mandanten. Das Gericht hatte abgelehnt: Laut Gerichtsarzt Dr. Sauer sei Münichreiter „nicht schwer krank, sondern nur schwer verwundet" gewesen.

Am 15. Februar 1934, als Inkrets Prozess bevorstand, berichtete die Obersteirische Volkszeitung ganz kurz von den beiden Hinrichtungen in Wien. Ebenfalls in Form kurzer Meldungen wurden für diesen Tag Standgerichtsverfahren in Graz und in St. Pölten angekündigt. Der Prozess gegen einen Schutzbündler in Leoben, also im ureigensten Verbreitungsgebiet der Zeitung, wurde indes nicht angekündigt, wie danach auch nichts über das Verfahren selbst und das Urteil zu finden ist. Erst vom Standgerichtsprozess gegen Wallisch vom 19. Februar, da schrieben die lokalen Zeitungen wieder extrem ausführlich. Wahrscheinlich ahnten das Regime und seine Redakteure, dass die Propagandawirkung eines Verfahrens auf Leben und Tod gegen Schutzbundkämpfer von vergleichsweise geringer Bedeutung eher kontraproduktiv sein würde, wogegen die Vernichtung der Symbolfigur Wallisch natürlich von ganz anderem Kaliber war.

Wallisch kam in der Zeitungsausgabe vom 15. Februar mit einer nur vier Zeilen langen Kurzmeldung vor: Der Sicherheitsdirektor der Steiermark, Oberst Franz Zelburg, „sichert auf den Kopf des Koloman Wallisch eine Prämie von 1000 Schilling demjenigen zu, der Koloman Wallisch der staatlichen Exekutive ausliefert."

Ausführlich schrieb die Obersteirische Volkszeitung auf der gleichen Seite über das Verbot der Sozialdemokratischen Partei per Notverordnung, die mit 12. Februar 1934 datiert ist. Jede Betätigung wurde der Partei untersagt, und jede Ausübung eines Mandats in ihrem Namen. Geradezu genüsslich listete die Zeitung auf, welche der Sozialdemokratie nahe stehenden Vereine und Verbände das Bundeskanzleramt gleichzeitig aufgelöst hatte: Verein der sozialdemokratischen Gewerbetreibenden und Kaufleute, Verband der sozialistischen Arbeiterjugend, Verband der jüdisch-sozialistischen Arbeiterjugend, Sozialdemokratischer Erziehungs- und Schulverein Freie Schule Kinderfreunde, Bund religiöser Sozialisten, Arbeiterabstinentenbund, Republikanischer Bund der Opfer des Krieges und der Arbeit, Arbeiter-Flugsportverband und Dutzende mehr, bis hin zum Arbeiter-Jäger- und Schützenbund Österreichs.

Am Vormittag des 15. Februar, dem Tag seines Standgerichtsprozesses, wurde Fritz Inkret noch einmal Untersuchungsrichter Dr. Suchanek vorgeführt. Suchanek herrschte den Häftling an: „Was ist mit Ihrem Verteidiger?"

Inkret: „Ich hab eh gesagt den Dr. Pichler."

Der Richter bellte weiter: „Der nimmt Sie nicht!"

Der heutige Fritz Inkret erzählt es mit einer Mischung aus Trotz und Schadenfreude: „Ja, habe ich gesagt, dann brauch ich eh keinen Verteidiger, ich werde eh aufgehängt, was brauch ich da einen Verteidiger!"

Damals hatte der Richter den scharfen Tonfall beibehalten: „Nein, das geht nicht, Sie brauchen eine Verteidigung!"

Inkret geriet ins Stottern: „I – i – i net, ich sag nix, ich brauch keinen."

Sehr schnell und schusselig erzählt er heute diese Passage, macht dann eine Pause, fährt fort: „Jetzt hat man mir den Verteidiger –", er bricht ab, muss eine Weile nachdenken, dann: „Den Dr. Moser hat man mir beigestellt. Das hab ich dir eh schon erzählt, das war der Mann, der in der Nacht bei der Schießerei als Feuerwehrmann zur Brücke gekommen ist."

Ich frage, warum der Partei-Anwalt Dr. Pichler ihn abgelehnt hat.

Inkret, ohne jede erkennbare Emotion, der damalige Opportunismus des Anwalts ist ihm heute egal: „Was weiß ich, vielleicht hat er Angst gehabt."

Bei dieser letzten Einvernahme vor Inkrets Prozess traten auf einmal drei schwarz gekleidete Herren in das Untersuchungszimmer und stellten sich hinter ihm auf. Suchanek habe damals in seine Richtung geblafft: „Und wer sind Sie!?" Der Untersuchungsrichter habe diesen Satz beinahe heraus gebellt, sagt Inkret, und erzählt weiter: „Ich hab mir gedacht, was fragt er denn schon wieder, ich hab es ihnen eh schon dauernd gesagt, und sag also: Na, i bin eh der Fritz." Nein, nicht Sie, hatte da der Untersuchungsrichter gesagt, sondern diese Herren.

Inkret: „Und da sagt der dann, er ist der Scharfrichter Lang. Zur damaligen Zeit haben alle Scharfrichter Lang geheißen. Was weiß ich wieso, damit sie anonym bleiben, oder so." Er hält eine Weile inne, sagt dann mit einem feinen Lächeln: „Da sind hinter mir diese drei Herren gestanden, schwarz angezogen. Das war der berühmte Scharfrichter, mit seinen zwei Gehilfen."

27

Nur mit Schwierigkeiten und unter Umgehung einiger Militärstellungen waren Paula und Koloman Wallisch und eine große Gruppe von Schutzbündlern am frühen

Morgen des 13. Februar aus Bruck an der Mur hinaus gelangt. Der Weg in die Berge wurde immer schwieriger, auf den Höhen waren die Wege vereist, es lag Schnee und kaum jemand hatte passendes Schuhwerk und wärmende Kleidung. Bald schon trennten sich Paula und Koloman. Paula kämpfte sich mit ein paar Begleitern nach oben, zur Blasmoaralm-Hütte. Diese Sennhütte, die Paula in ihrem Lebensbericht Linhart-Hütte nennt, benannt nach einem Brucker Sozialdemokraten, hatten einige Genossen winters für Skiausflüge gepachtet. Dort versteckte sich das kleine Häuflein, und Paula wartete tagelang auf Nachricht von ihrem Mann.

Wallisch und mit ihm an die 400 Schutzbündler marschierten über verschneite Almen und durch Wälder in Richtung Frohnleiten. Sie erfuhren, dass dort Gendarmerie und Militär konzentriert sei, also kehrten sie zur Hochalpe zurück, wo sie sich in Bauernhäusern und Sennhütten versteckten. Am Morgen des 14. Februar rückten Gendarmen und Heimwehrmänner aus Frohnleiten gegen die Flüchtenden vor. Zahlreiche Schutzbundkämpfer wurden verhaftet, viele flohen, einer erschoss sich aus Verzweiflung. Im Laufnitzgraben gab es ein heftiges Gefecht, der Schutzbund floh dann in die Berge, die Exekutive nahm aus unerfindlichen Gründen die Verfolgung nicht auf. Auf einer Alm namens „Drei Pfarren" folgte die letzte große Rede Wallischs an die Genossen, die in den Aufzeichnungen des Februarkämpfers Otto Linhart überliefert ist.

Der Kampf sei verloren, habe Koloman Wallisch ihnen gesagt, die anderen sollten versuchen, einzeln nach Hause sich durchzuschlagen, dann würde ihnen nicht viel passieren. Das Regime wolle ja nur ihn, den bekannten Politiker, erinnert sich Linhart. Wallisch beschwor die Männer, der Partei die Treue zu halten. Der größere Teil des ohnehin schon zusammengeschmolzenen Trupps entledigte sich der Waffen und verabschiedete sich von Wallisch. Etwa 30 Mann blieben bei ihm.

Die Verfolgung Wallischs hatte mittlerweile eine 80 Mann starke Gendarmerieabteilung aus Graz übernommen. Diese stieß, verstärkt durch Heimatschützer aus Frohnleiten, durch den Laufnitzgraben und den Zlattengraben in Richtung Eisenpass vor. Auf der Alm „Drei Pfarren" kam es zum letzten Gefecht zwischen dem Regime und den Resten des Brucker Schutzbundes um Wallisch. Obwohl zahlenmäßig weit unterlegen, warfen die Schutzbündler ihre Gegner zurück, bei dem Kampf fielen ein Gendarm und ein Heimwehrmann.

Als sich die Schutzbündler zum Abzug sammelten, stellte sich heraus, dass nur noch zwölf Mann geblieben waren. Die teilten sich in kleine Gruppen auf und versuchten, getrennt zum Eisenpass zurück zu marschieren. Wallisch und ein paar Genossen fanden Unterschlupf in einer Almhütte, wo ihnen eine Bäuerin ein wenig Verpflegung gab. Im Heu vergraben versteckten sie sich zwei Tage lang, bis zum Morgen des 16. Februar.

Zu dieser Zeit, genau genommen bis zum 15. Februar, saß Fritz Inkret in der Zelle Nummer 6 im Leobener Gefangenenhaus, die bald schon Wallischs Todeszelle werden sollte. Er zeigt mir ein Foto vom Inneren dieser Zelle, es ist nicht datiert, stammt seiner Einschätzung nach aus den Siebziger- oder Achtzigerjahren. Inkret: „Da auf dem Bild ist sie ja hoch modern eingerichtet, mit Fernseher und allem Drum und Dran. Bei uns waren nur Holzpritschen und hölzerne Klosetts." Er stöhnt ein wenig, fährt fort: „Ja, das ist schon weg. Das war draußen in der Brucker Straße. Das wird jetzt das große Einkaufszentrum. Und 60 Büros, oder was weiß ich."

Das neue Justizzentrum von Leoben befindet sich in der Dr.-Hanns-Groß-Straße, es ist eine hochmoderne zeitgemäße Anlage. Ins Gerede gekommen ist es im Sommer 2007, als Pläne der Regierung bekannt wurden, hier eine zentrale Schubhaft-Anstalt zu bauen. Also Gefängniszellen für Menschen, welche die Republik Österreich nicht in ihrem Hoheitsgebiet haben möchte.

28

Inkrets Standgerichtsprozess begann am Donnerstag, dem 15. Februar 1934, gegen Mittag. Er stand ganz allein vor dem Richter. Ich frage ihn, warum ihm als einzigem der Leobener Kämpfer so ein Schnellverfahren zuteil wurde. Inkret: „Ja, scheinbar hat man mich betrachtet als den Anführer von den vier. Bei der Verhandlung im Juli waren sie dann schon dabei. Sind auch verurteilt worden." Er denkt eine Weile nach, ergänzt: „Eingesperrt waren da schon viele. Weil sie mich sozusagen während der Schießerei erwischt haben, bin ich vor das Standgericht gekommen."

Dass er in Leoben der erste Schutzbündler überhaupt war, der vor ein Gericht gestellt wurde, sagt er noch, und: „In Graz war es der Stanek, der erste. Den was sie aufgehängt haben." Josef Stanek war der einzige steirische Schutzbündler, der in Graz hingerichtet wurde. Sein Prozess fand am 17. Februar statt. Dem 51-jährigen Angestellten der Arbeiterkammer und sozialdemokratischen Politiker wurde vorgeworfen, an Schießereien auf dem Mariahilfer Platz und beim Schienenwalzwerk nördlich des Bahnhofs beteiligt gewesen zu sein, was Stanek bestritt. Das Urteil wurde noch am selben Tag vollstreckt. Inkret: „Ich kann mich erinnern an eine Feier in Graz, beim Paulustor, vor etlichen Jahren, da ist eine Tafel, eh vom Stanek, da habe ich ein paar Worte geredet und habe erzählt, wie es in Leoben war."

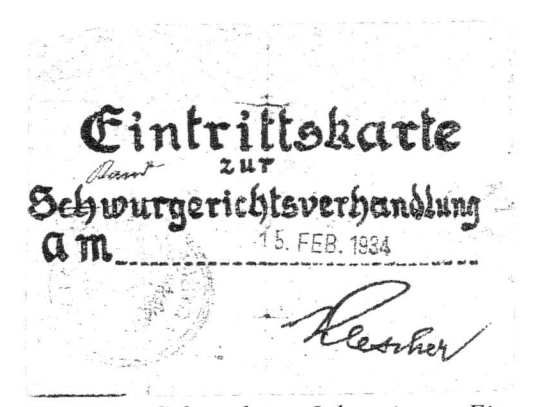

Wie einen Schatz hütet Inkret jene „Eintrittskarte", die seiner Mutter Antonia den Zutritt zu seinem Standgerichtsprozess erlaubt hatte.

Beim Prozess gegen Inkret war die Öffentlichkeit ausgeschlossen. Die Akten dieses Verfahrens sind verschwunden. Die Zeitungen schrieben nichts davon. Als Quelle gibt es nur noch die Erinnerung von Fritz Inkret. Zwar hat es damals schon Beobachter des Verfahrens gegeben, die nicht zum Gericht gehörten, jedoch nicht mehr am Leben sind. Einer davon war der Leobener Stadtpfarrer Weinhandl. Inkret war sich schon damals dessen bewusst, was das bedeutete: Man ging von einer Verurteilung zum Tode und anschließender Exekution aus, und da sollte gleich ein Priester da sein, wenn dem Delinquenten nach geistlichem Beistand war. Was bei Fritz Inkret aber nicht der Fall gewesen wäre, wie er glaubhaft versichert. Ebenfalls anwesend war ein gewisser Leskowa, der gleich nach Beginn der Kämpfe anstelle von Bürgermeister Frömel als Regierungskommissar von Donawitz eingesetzt worden war.

Eine weitere Zivilperson im Gerichtssaal war Fritz Inkrets Mutter Antonia. Er sucht in seinen Unterlagen, holt aus einer seiner vielen Mappen ein kleines Stück vergilbter brauner Pappe hervor. Inkret: „Das ist die Eintrittskarte vom Standgericht. 15. Februar 1934." Es ist ein formloser Zettel, der Stempel des Gerichtes und die Unterschrift der ausstellenden Amtsperson sind so gut wie unleserlich.

Ich frage: „Hat man das als Zuschauer gebraucht?"

Inkret antwortet heftig: „Zuschauer waren ja verboten. Nur geeichte Leute durften rein. Die Mutter hat so eine gekriegt, das war ihre Eintrittskarte, damit sie hinein kann."

Mit einer halb unbeholfenen, halb zornigen Bewegung schiebt Inkret den Pappzettel zurück in die Mappe. Er brummt: „Na ja, das muss ich mal ausmustern. So ein Haufen Zeug." Zwischen die Erinnerungsstücke in der Mappe muss ihm irgendwann einmal ein aktuelles Poststück geraten sein, ein ungeöffneter Brief mit Marken in der Euro-Währung. Fritz schaut nicht auf den Absender, will den Brief aufreißen. Er werkt eine Zeitlang damit herum, kriegt ihn nicht auf. Da wirft er den Brief einfach auf einen anderen ungeordneten Haufen und sagt: „Ah das Graffel."

Fritz Inkret erzählt nicht viel von seinem Prozess. Von den anwesenden Gendarmen sei als erster Revierinspektor Johann Serner als Zeuge befragt worden, der diensthabende Beamte jener Nacht. Inkret parodiert dessen Auftreten mit schwungvoller Stimme im militärischen Befehlston: „Jawoll, sie sind beschossen worden, hat der Serner gesagt, die Postenkanzlei ist unter heftigstem Infanteriefeuer gestanden, mit Maschinengewehr, Gewehr und Handgranaten ist unsere Kanzlei bearbeitet worden."

Da stand Inkrets Verteidiger Erwin Moser auf, der Mann, der in jener Nacht als Feuerwehrmann bei der Murbrücke gewesen war, und sagte: „Herr Inspektor, da stimmt etwas nicht."

Inkret stellt diese Passage seiner Erzählung nach wie ein Hörspiel, er schlüpft jetzt in die Rolle des Richters und kläfft aggressiv: „Was, was, was?"

Nun antwortet er als Verteidiger, mit ruhiger Stimme, leicht triumphierend: „Ich habe mir die Mühe gemacht", hatte Dr. Moser damals gesagt, „und habe diese Postenkanzlei angeschaut. Vorn und hinten, links und rechts. Nichts zu sehen. Dass diese Schutzbündler nicht einmal ein Haus getroffen haben, geht mir nicht ein. Es ist kein einziger Einschuss sichtbar."

Der Zeuge Serner redete weiter mit barscher Stimme, aber nun so leise, dass man ihn kaum verstand: „Ja, was, was, aber –". Fritz freut sich heute noch wie ein kleines Kind: „Der war ganz narrisch, dass sie ihn so überführt haben." Johann Serner sagte damals nur noch kleinlaut: „Aber geschossen ist worden! Die Schießerei hat man bis auf den Leobener Hauptplatz gehört." Laut Fritz Inkret hatten da sogar der Richter und der Staatsanwalt gelacht. Die beiden anderen Gendarmen, die als Zeugen geladen waren, entschlugen sich nach Serners Blamage der Aussage.

Der Angeklagte Inkret gab sich geständig, was seine Teilnahme an den Kämpfen an der Brücke betraf. Ansonsten sagte er: „Ich habe nicht geschossen. Ich habe zuerst geschossen, beim ersten Gefecht, aber dann ist mein Gewehr nicht losgegangen, ich weiß nicht, was los war." Da hob der Richter das Gewehr hoch und schaute es an und sagte: „Ja, es ist nicht geladen." Inkrets Waffe lag als Beweisstück auf dem Richtertisch, neben dem Revolver und dem legendären Stahlhelm.

Bis acht Uhr am Abend dauerte der Prozess. Dann zog sich das Gericht zurück zur Urteilsberatung, die dauerte bis zehn Uhr. Gemäß dem Standrecht wäre es sich ausgegangen, Inkret hinzurichten, denn Urteile mussten bis spätestens drei Tage nach der Verhaftung und drei Stunden nach dem Urteilsspruch vollstreckt werden. Das wäre in beiden Fällen um ein Uhr nachts gewesen. Dementsprechend war Inkret nach wie vor davon überzeugt, so gut wie tot zu sein, als der Richter um zehn Uhr nachts das Urteil verkündete.

Doch es kam anders. Das Verfahren gegen Fritz Inkret wurde an ein ordentliches Schwurgericht verwiesen. Der Bursch wurde zurück gebracht in das Gefangenenhaus, man sperrte ihn jedoch nicht mehr in die Todeszelle mit der Nummer 6, sondern in die Zelle Nummer 9. Dort saß er dann bis zum Juli, bis zum Schwurgerichtsprozess. Inkret ist davon überzeugt, dass ihm zwei Dinge das Leben gerettet haben: Zum einen, dass in seinem Gewehr kein Magazin mehr steckte und ihm deshalb das Gericht geglaubt hatte, nach zehn Uhr nicht mehr geschossen zu haben. Und zum anderen die lachhafte und allzu offensichtliche Falschaussage des Gendarmeriebeamten Johann Serner.

Wahrscheinlich gab es noch einen dritten Grund. Das Regime wollte offensichtlich in jeder der Regionen, wo sich der Schutzbund erhoben hatte, jemanden hinrichten, und zwar auf der Stelle, als Abschreckung für die noch kämpfenden Sozialdemokraten. Dies war möglicherweise Fritz Inkrets Glück: In der Region Obersteiermark wollte man DIE Symbolfigur an den Galgen bringen, Koloman Wallisch, und nicht einen 18-jährigen Burschen, der nur eine Nebenrolle gespielt hatte.

29

Nahe der Ortschaft Utsch fanden Paula und Koloman Wallisch am 16. Februar wieder zusammen. Koloman war mit einem Schlitten aus den Bergen ins Tal gerodelt und hatte sich im Stall eines Bauernhofes versteckt. Paula hatte während der Tage in ihrem Unterschlupf immer wieder schlechte Nachrichten von versprengten Schutzbündlern hören müssen: Für Koloman Wallisch sei das Schlimmste zu befürchten, hieß es. Am Abend des 15. Februar tauchten bei ihr aber ein paar Genossen auf, die Nachricht von ihrem Mann brachten: Er sei am Leben, und sie möge zu ihm kommen. Am frühen Morgen, fast noch in der Nacht, brach sie auf und arbeitete sich stundenlang durch tiefen Schnee und Kälte.

Im Stall, auf einem Haufen feuchten Stroh sitzend, fand sie ihren Mann. „Armes Weiberl, musst meinetwegen so viel mitmachen", sagte er. Nur kurze Zeit waren sie vereint, dann schickte Koloman seine Frau und einige Männer los nach Oberaich, um mögliche Fluchtwege auszukundschaften. Die Männer verließen Paula in Oberaich und fuhren mit dem Zug nach Leoben. Paula versteckte sich in einer Art Heuschober, wo sie eine Nacht durch in ihren nassen Kleidern fror. Am Morgen tauchte Koloman mit zwei Begleitern auf, die Männer verkrochen sich ebenfalls im Heu und fielen in tiefen Schlaf.

Das Dollfuß-Regime suchte intensiv nach dem Arbeiterführer. Vizekanzler Fey setzte ein beträchtliches Kopfgeld für Wallisch aus, er erhöhte die 1000-Schilling-Prämie der steirischen Sicherheitsdirektion auf 5000 Schilling. Die Zeitungen druckten einen Steckbrief ab, etwa das Obersteirerblatt vom 18. Februar. Darin wird Wallisch wie ein Monster beschrieben: „...etwas schiefe Haltung, sehr kurzer Hals, breites Gesicht, etwas gebogene Nase", heißt es da, und: „Starkes Gebiß, brutaler Gesichtsausdruck."

Einmal kam eine Gendarmeriepatrouille an dem Heuschober vorbei, fand die Versteckten aber nicht. Danach schlug sich ein Genosse nach Leoben durch und bestellte für den nächsten Tag für halb sechs Uhr früh ein Taxi an einen Treffpunkt im Ort unten. Am Sonntag, dem 18. Februar, krochen Paula und Koloman um fünf Uhr früh aus dem Heu, säuberten sich, so gut es ging, und gingen mit dem Schutzbündler Walter Zuleger in die Nähe des Bahnhofes von Oberaich, wo tatsächlich nach ein paar Minuten ein Taxi auftauchte. Es war ein großer Wagen mit Platz für fünf bis sechs Personen, mit einer Glasschiebewand zwischen Chauffeur und Fahrgastraum.

Koloman gab dem Fahrer unklare Angaben über das Ziel der Fahrt, er solle erst einmal in das Gesäuse fahren, sagte er ihm. Sie kamen durch Leoben, voller Angst vor eventuellen Kontrollen. In Leoben jedoch war alles ruhig. In Rottenmann wurde das Fahrzeug von einer Gruppe von Heimatschützern angehalten. Zuleger gab sich als Kofferträger der im Fonds reisenden Dame aus, Koloman versteckte sich unter einer Decke am Boden, zu Füßen von Paula. Er wurde nicht entdeckt, auch nicht bei der nächsten Kontrolle, an der Straße Richtung Admont.

Nach einiger Zeit rutschte der Wagen von der eisigen Fahrbahn und blieb stecken. Während sie auf einen Bauern mit einem Pferdegespann warteten, den zu suchen Zuleger losgegangen war, fuhr ein Bundesbahn-Autobus vorbei. Paula erschrak: Am Steuer saß ein Mann, der sie kannte. Der Bus hielt an, der Chauffeur kam zu ihnen, sah das Ehepaar Wallisch an, stieg dann wortlos wieder in sein Fahrzeug und fuhr weiter. Das Taxi mit den drei Flüchtlingen setzte die Fahrt fort, allerdings nicht lange. Nach zehn Minuten geriet der Wagen auf der eisglatten Straße in der Nähe des Ortes Reittal ins Schleudern, schlitterte an die 20 Meter über eine Böschung und fiel schließlich um. Die Insassen blieben unverletzt. Koloman Wallisch zahlte dem Fahrer den vereinbarten Fuhrlohn aus, dann setzten die drei ihre Flucht zu Fuß fort.

Ihr vorläufiges Ziel war Admont. In der Nähe von Ardning trennten sie sich kurz, Zuleger ging zu einem Gasthaus, um zu erfragen, ob eine Busverbindung aufrecht sei, Koloman stapfte zum Bahnhof Ardning, er wollte nachsehen, ob es einen Zug nach Linz gebe. Die drei Flüchtlinge wollten versuchen, in nördliche Richtung, in die Tschechoslowakei zu fliehen. Wallisch verließ den Bahnhof aber gleich wieder: Er war überzeugt, dass ihn der Bahnhofsvorstand erkannt hatte. Der Mann hatte Wallisch ganz unverhohlen aus allernächster Nähe gemustert, war dann zum Telefon geeilt und hatte aufgeregt telefoniert.

Paula und Koloman marschierten ein kurzes Stück auf der Straße weiter. Dann kam ihnen Walter Zuleger entgegen – begleitet von einem Heimwehrmann. Dass sie nach Admont wollten, antwortete Wallisch dem Heimatschützer auf dessen Frage. Der Mann nahm sein Gewehr von der Schulter und legte an. Er befahl: „Nein, Sie gehen zurück nach Liezen!" Die Flucht des Nationalratsabgeordneten Koloman Wallisch war zu Ende.

Folgt man dem Bericht des Landesgendarmeriekommandos der Steiermark über die Ereignisse im Februar 1934, so war es der Fahrer des Busses gewesen, der Wallisch verraten hatte. Zu diesem Mann gibt es eine Art von Legende: Er habe einen Teil der 5000 Schilling Kopfprämie erhalten, sei aber wenige Tage später erschossen aufgefunden wurden. Ilja Ehrenburg schrieb dies in seiner Reportage von 1934, es ist jedoch definitiv falsch. Der einzige Racheakt von steirischen Sozialdemokraten an ihren Widersachern vom Februar 1934, der aktenkundig geworden ist, war eine Ohrfeige: Im Juni 1934 wurde ein gewisser Julius Fuchs in Graz-Eggenberg an einer Straßenbahn-Haltestelle aus heiterem Himmel von einem Unbekannten geohrfeigt. Bei der anschließenden Verhandlung kam das Motiv heraus: Fuchs war der Henker gewesen, der Josef Stanek aufgehängt hatte, wofür sich der Angreifer, ein 34 Jahre alter ausgesteuerter ehemaliger Schutzbundmann, rächen hatte wollen.

Was für die bei Ardning am 18. Februar Gefangenen folgte, war eine Kette von Demütigungen. Nach wenigen Minuten schon tauchte ein Wagen auf, mit Gendarmen und Heimwehrleuten, die Wallisch und seine Begleitung formell verhafteten. Gendarmen und Heimwehrmänner beschimpften Wallisch und seine Frau aufs Unflätigste. Als erstes schaffte man sie in die Gendarmeriekaserne Liezen, das Ehepaar Wallisch wurde fotografiert, danach mussten sich beide für eine Perlustrierung nackt ausziehen. Dann folgten Stunden des Wartens, nur unterbrochen von Beschimpfungen des Wachpersonals.

Am späten Nachmittag verfrachtete man Paula und Koloman Wallisch in Handschellen in einen Autobus, zusammen mit Walter Zuleger, drei weiteren gefesselten Schutzbündlern und einem Dutzend Gendarmen. Es war eine große Kolonne, die sich auf den Weg ins Leobener Gefangenenhaus machte: Voran vier Motorräder, gefolgt von einem Wagen mit hohen Gendarmerieoffizieren, dann der Bus mit den Gefangenen und dann noch zwei Autobusse mit Dutzenden Gendarmen als Wachmannschaften.

Um halb sieben kam der Transport in Leoben an. Das Regime veranstaltete eine Art Volksfest. Neugierige säumten den Weg zum Gericht und auch viele Leute, die das Ende des Arbeiterführers bejubelten. Vor dem Gefangenenhaus gab es einen riesigen Auflauf, in dem sich zahlreiche Journalisten und Fotografen drängten. Das Regime stellte Wallisch den Fotoreportern sozusagen zur Verfügung. Das ging so weit, dass die Gendarmeriebewachung es zuließ, dass die Menge der Journalisten hinein drängte in die Kanzlei des Gefangenenhauses und die Fotoapparate schon bereithielt, als Wallisch befohlen wurde, sich nackt auszuziehen. Erst ein Beamter des Kreisgerichts beendete den

Dieses Bild kursiert immer wieder in Publikationen, es soll angeblich zwei Stunden vor der Hinrichtung Koloman Wallischs entstanden sein. Nach übereinstimmender Ansicht von Historikern ist es eine Fälschung, es zeigt gar nicht Wallisch. Fritz Inkret hält das Anfertigen einer Fotografie zu diesem Zeitpunkt überhaupt für unmöglich: „Zwei Stunden vor der Hinrichtung war nichts mehr."

Spuk und warf alle Zivilpersonen hinaus, als Wallisch bereits begonnen hatte, sich zu entkleiden.

Nach einer quälend langen Prozedur zur Aufnahme der Personalien fassten die Gefangenen Sträflingskleider aus. Paula Wallisch kam in eine Zelle zu einigen Frauen, die meist wegen Abtreibung oder wegen kleinerer Diebstähle eingesperrt waren. Koloman Wallisch wurde in die Arme-Sünder-Zelle gesteckt, die Zelle Nummer 6, in der drei Tage zuvor noch Fritz Inkret gesessen war. Die Todeszelle.

30

Der Standgerichtsprozess gegen Koloman Wallisch ist ein Musterbeispiel für ein parteiisches und von Herrschaftswillkür gesteuertes Verfahren. Der Prozess gegen Wallisch und den Brucker Schutzbund-Führer Hubert Russ begann am 19. Februar um 14.14 Uhr im Kreisgericht Leoben, den Vorsitz führte Richter Fritz Marinitsch mit drei Beisitzern, die Anklage vertrat Staatsanwalt Paul Suppan, Wallisch wurde von Helmut Wagner verteidigt, Russ von Wilhelm Dantine. Die Verteidiger hatte das Gericht zugeteilt, Wallisch hatte einige andere Rechtsanwälte als Beistand gewählt, diese hatten jedoch entweder abgelehnt oder konnten ihn nicht vertreten – weil sie selber in Haft waren.

Nach Verlesung der Anklage wurde Wallisch hinaus geführt und Russ befragt. Dann kam Wallisch an die Reihe. Die Befragung der beiden Beschuldigten hatte ein ganz offensichtliches Ziel: Es ging nicht um ein lückenloses Aufklären der Ereignisse, sondern nur darum, heraus zu arbeiten, dass Wallisch der eigentliche Kopf des Aufstandes in der Steiermark war und der Organisator der Kampfhandlungen, auch wenn er formell in Bruck keinerlei Funktion hatte. In diese Richtung gingen auch etliche Fragen von Russ' Verteidiger an Wallisch. Kein Wunder: Russ, der sich am 15. Februar der Sicherheitsdirektion gestellt hatte, belastete in seinen Auslassungen Wallisch schwer und suchte alle Verantwortung auf ihn zu schieben.

Wallischs Verteidiger beantragte, führende sozialdemokratische Parteifunktionäre aus Bruck und Graz als Zeugen vorzuladen; diese sollten bestätigen, dass Wallisch „nur politischer Leiter war und mit den technischen Vorbereitungen nichts zu tun hatte." Außerdem wollte er eine Reihe von verhafteten Schutzbundkämpfern als Zeugen, um sie zu ihren teils widersprüchlichen Aussagen bei den Gendarmerie-Vernehmungen zu befragen. Der Richter lehnte dies ab.

Als Zeugen traten ausschließlich Gendarmeriebeamte auf. Auch hier konzentrierten sich die Fragen von Gericht und Staatsanwalt darauf herauszufinden, wer der „eigentliche militärische Kommandant" war. Die Gendarmen wussten natürlich, was erwartet wurde: „Der militärische Kommandant ist Russ, und der Oberkommandant war Wallisch", sagte etwa der Brucker Postenkommandant Karl Lohnegger aus. Sachfragen, etwa nach Wallischs Rolle während der Flucht in den Bergen und bei den dabei stattfindenden Kämpfen, interessierten das Gericht nicht. Auch das Thema seiner Immunität als Nationalratsabgeordneter wurde nicht angeschnitten.

Es folgten die Plädoyers, und auch Wallisch erhielt die Gelegenheit zu einem Schlusswort. Es redeten da zwei Welten aneinander vorbei. Koloman Wallisch versuchte ganz offensichtlich, seine Beweggründe zu erklären und die Vorstellungswelt und die Ideale, aus denen sich diese speisten. Sein Vortrag war keine Verteidigungsrede, sondern eine Anklage gegen ein politisches System, das seine Gegner an die Wand drückt und ihnen keine andere Wahl lässt, als sich zu wehren. Und das sich um die Armut und Verelendung eines großen Teils seiner Bürger nicht kümmert, sie im Gegenteil befördert.

Staatsanwalt Paul Suppan hingegen ließ eine Hasstirade vom Stapel gegen Wallisch, „den bösen Geist von Obersteiermark" und die „Eiterbeule am gesunden Volkskörper". Natürlich wurden die uralten Anwürfe wegen seiner Beteiligung an der Räteregierung in Ungarn wieder hervorgeholt und das angebliche „Aufhetzen der Massen" im Juli 1927. Suppan donnerte in den Saal: „Durch Jahre war Wallisch ein Schrecken unseres steirischen Oberlandes, eine ständige Gefahr für jeden anständigen friedlichen Bürger, den er mit Gewalt und Bürgerkrieg bedroht hat. Er war eine Geißel, welche unter dem Schutzmantel der Immunität immer wieder zu Verbrechen hetzte und die Existenz vieler Familien vernichtete."

Obwohl der Standgerichtsprozess ein öffentliches Verfahren war, nahm die Öffentlichkeit de facto nichts wahr von der Rede des Arbeiterführers Koloman Wallisch. Sie ist nicht im Gerichtsprotokoll festgehalten, und auch die Zeitungen gaben davon kein Wort weiter an die so genannte Öffentlichkeit – sehr wohl aber ausführliche Passagen aus den Hasstiraden des Anklägers.

Wallisch war klar, was er von diesem Gericht zu erwarten hatte: „Ich weiß genau, dass ich verurteilt werden muss. Ich bettle nicht um Gnade, ich brauche keine Gnade." Trotzdem war er nach übereinstimmenden Berichten während des ganzen Verfahrens völlig ruhig und gefasst. Seine Handschrift auf den Notizzetteln, auf denen er Stichworte und Bemerkungen während der Zeugeneinvernahmen niederschrieb, verraten „kein Zittern der schreibenden Hand", wie seine Frau berichtete.

Wie sehr das ständestaatliche Regime darauf aus war, Koloman Wallisch zu beseitigen, zeigt eine Episode vom Abend des 19. Februar: gegen 19 Uhr, also während der Prozess noch im Gange war, rief Bundeskanzler Engelbert Dollfuß persönlich beim Leobener Kreisgericht an und erkundigte sich ungehalten, was denn mit dem Wallisch sei, warum die Verhandlung so lange dauere und warum man noch kein Todesurteil gefällt habe.

Nach einer kurzen Beratung, zu der sich das Gericht zurückgezogen hatte, wurden um 20.40 Uhr die Urteile verkündet. Das Standgericht befand Koloman Wallisch „als einen der verantwortlichen Führer" und Hubert Russ „als Ortsführer" schuldig des Verbrechens des Aufruhrs und verurteilte beide zum Tode durch den Strang.

Nach den Bestimmungen des Standrechts mussten die Todesurteile innerhalb von zwei Stunden exekutiert werden. Die Verteidiger Wagner und Dantine ersuchten um die „Gewährung einer dritten Stunde", um ein Begnadigungsansuchen an den Bundespräsidenten richten zu können, was ihnen, ebenfalls nach standrechtlichem Regulativ, gewährt wurde. Wallisch meldete sich zu Wort. Er verzichtete auf jede Form von Gnade, bat aber, ihm die dritte Stunde dennoch zu gewähren, weil er „noch mit seiner Frau sprechen und Tageszeitungen lesen möchte."

31

Die Anwälte von Wallisch und Russ brachten bei Richter Marinitsch ein Gnadengesuch ein. Koloman Wallisch verwahrte sich dagegen und wiederholte: Er wolle keine Gnade. Dennoch wurden beide Gesuche nach Wien weitergeleitet. Nach eineinhalb Stunden kam die Antwort: Hubert Russ wurde von Bundespräsident Wilhelm Miklas begnadigt. Das Gnadengesuch des Verteidigers von Wallisch gelangte nicht einmal zum Bundespräsidenten: Der damalige Justiz- und Unterrichtsminister und spätere Bundeskanzler Kurt Schuschnigg leitete es nicht an Miklas weiter. Richter Marinitsch persönlich informierte Wallisch gegen 23 Uhr davon. Er ließ sich dies von dem Todeskandidaten schriftlich bestätigen. 40 Minuten später, also exakt drei Stunden nach dem Verkünden des Urteils, war Wallisch tot.

Paula Wallisch hat in ihren Lebenserinnerungen auf erschütternde Weise beschrieben, wie sie in jener Nacht Abschied von ihrem Mann genommen hat. Man hatte sie zu ihrem Mann in die Zelle 6 gebracht. Wallisch war gefasst, er beredete die letzten Dinge mit seiner Frau. Dann seine letzten Worte an sie: „Erfülle den letzten Wunsch, sei stark, mach mir den Abschied nicht schwer." Dann wurde sie in ihre Zelle, es war jene mit der Nummer 2, zurückgeführt, jemand vom Wachpersonal spendete makabren Trost: „Sie sind ja noch jung, Sie können wieder heiraten" – und zwar so laut, dass Paula sicher war, dass es Koloman gehört haben musste.

Fritz Inkret hat in seiner Erinnerung durch das Guckloch in seiner Zelle Paula und Koloman Wallisch gesehen bei diesem letzten Zusammensein: „Ich hab es heute noch vor mir. Ich hab beim Spion hinaus geschaut, und hab sie gesehen, wie sie draußen waren. Da hat er noch gesagt, der Koloman, das merk ich mir heut noch immer, die Worte: Paula, sei tapfer, bitte, mache es mir nicht so schwer. Sie hat einen Schreikrampf bekommen und ist von dem Gefängnisarzt ruhig gespritzt worden. Den Wallisch haben sie in den Galgenhof hinüber geführt. Und aufgehängt."

Mit der Erinnerung ist es so eine Sache, besonders wenn es sich um die Erinnerung an Ereignisse handelt, die vor mehr als 70 Jahren geschehen sind, über die es aber eine Vielzahl von Beschreibungen in unterschiedlichsten Publikationen gibt. Da entstehen leicht Legenden. Um so eine Legende, die letzten Endes auch Inkret verinnerlicht hat, dürfte es sich bei der Geschichte vom Niederspritzen handeln. Denn Paula Wallisch betont in ihrer Schilderung der Ereignisse ausdrücklich, dass sie nach dem Abschied von ihrem Mann nicht mit einer Spritze ruhig gestellt wurde. „Es ist nicht wahr, dass ich, wie einige Zeitungen berichtet haben, chloroformiert worden bin. Ich war bei vollem Bewusstsein", schrieb sie nieder. Erst später, in ihrer Zelle, sei sie in Ohnmacht gefallen.

Wallisch wurde rund eine halbe Stunde vor Mitternacht in den Hof des Kreisgerichts Leoben geführt. Es befand sich dort kein Galgen. Fritz Inkret: „Zur Ehre der Leobener Gewerbetreibenden, beziehungsweise der Handwerker muss gesagt werden: Sie haben sich geweigert, einen Galgen aufzurichten." In seiner Stimme klingt ein wenig Stolz mit, und etwas Versöhnliches, das sich auf seine Leobener Mitbürger bezieht. Er betont, dass er Zeit seines Lebens diesen Respekt vor den Leobener Unternehmern immer und überall ausgesprochen habe. „Die Zimmermeister, die noch gelebt haben vor ein paar Jahren, haben mir das immer hoch angerechnet", sagt er und erzählt, wie er bei den Baumeistern und Tischlereibesitzern deswegen immer „besonders gut abgeschnitten" hatte, wenn er zum Sammeln von Spenden für den SPÖ-Ball gekommen war.

Anstelle eines Galgens stellte die Dollfuß-Justiz eine primitive Vorrichtung auf. Inkret: „Der Wallisch ist dann hinaus, da haben sie nur einen Stamm in den Boden hinein gesteckt, einen ganz groben, oben so ein Haken, ein Drei-Stufen-Gestell hin gestellt, da hat müssen der Wallisch hinauf steigen." Es existieren Fotos von diesem improvisierten Galgen, es ist tatsächlich nur ein übermannshoher Pflock, ohne Querbalken. Häftlinge hatten das Loch graben und den Pfahl aufstellen müssen.

Auf dem grob gezimmerten dreistufigen Treppchen, als ihm die Schlinge um den Hals gelegt wurde, rief Koloman Wallisch seine letzten Worte: „Es lebe die Sozialdemokratie! Hoch! Freiheit!" Die Gehilfen hoben seinen Körper hoch, der Henker, ein Wiener Fleischhauer namens Spitzer, legte ihm die Schlinge um den Hals. Das Treppchen wurde weggestoßen, die Henkersgehilfen hängten sich an den Körper Wallischs, um den Eintritt des Todes zu beschleunigen. Es war 23.40 Uhr.

Während der Körper Wallischs noch am Strick hing, begannen die Schutzbündler in den Zellen mit Fenstern in Richtung Innenhof zu schreien: „Mörder, Mörder!" Und gesungen haben sie. Fritz Inkret: „Bei der Hinrichtung, das haben uns die Justizwachbeamten ja gleich gesagt, wie es ausgegangen ist. Da haben wir in den Zellen die Tische zu den Zellenfenstern gerückt, in jeder Zelle. Die Schutzbündler, die Gefangenen halt, sind hinaufgeklettert, und dann haben wir in den Hof hinaus gebrüllt. Die Internationale. Und zwar ausgehend von den Gössern, weil von denen waren so viele eingesperrt, und die waren alle beim Gösser Arbeitergesangsverein. Das ganze Haus hat gedröhnt von dem Gesang. Alle Schutzbündler haben gesungen."

Im Hof unten spielte sich ein Vorfall ab, der recht deutlich zeigt, wie viel Hass das rechte Lager Wallisch entgegen brachte, über den Tod hinaus. Der Henker Spitzer verneigte sich mit einer ironisch gemeinten Verbeugung vor dem am Strick hängenden Leichnam (nach anderen Quellen vor dem Toten im offenen Sarg) und sagte: „Herr Wallisch, bei Ihnen war es mir ein ganz besonderes Vergnügen."

Kurz nach ein Uhr nachts wurde der Körper des Hingerichteten zum Leobener Zentralfriedhof geschafft und in einer vorbereiteten Grube verscharrt. Es wurde kein Grabstein gesetzt, nicht einmal ein Grabhügel wurde zugelassen. Nichts sollte auf den Ort hinweisen, wo der Arbeiterführer begraben lag. Inkret: „Trotzdem ist in der Früh der nicht vorhandene Grabhügel mit Blumen geschmückt gewesen. Auf das hinauf sind dann zwei Polizisten dort hingekommen, die haben die Blumen weggeworfen, und jeder, der vorbei gekommen ist und stehen geblieben ist und etwas hätte hingeben wollen, der ist bedroht worden mit dem Einsperren. Und diese Grabstätte ist bis zum 45er Jahr dort gewesen."

Er macht eine lange Pause, trinkt Kaffee, isst ein Stück Kuchen. Seine Frau kommt herein, sagt ihm, dass es jetzt doch ein wenig zu regnen begonnen hat. Inkret brummt etwas Unverständliches, redet dann weiter. Dass drei Tage lang Gendarmen das Grab bewacht haben, sagt er. Ich frage ihn, ob es jemals ein richtiges Grab für Koloman Wallisch in Leoben gegeben hat.

Seine Antwort: „Nein, nie richtig, dort in Leoben. Er ist dort liegen geblieben, erst nach 1945 hat man ihn heraus genommen und hat ihn in Bruck, am St. Ruprecht-Friedhof, begraben, wo die ganzen anderen Schutzbündler begraben sind, die in Bruck gefallen sind. Man hat den Leichnam exhumiert und überstellt. Von 1934 bis 1945 war sein Grab einplaniert. Aber man hat gewusst, wo es ist. Blumen hinlegen hat man unter den Nazi schon können, das war denen wurscht."

Die Dollfuß-Regierung hatte an jenem 19. Februar 1934, kurz vor Mitternacht, ihr Ziel erreicht. Wallisch war tot. Dass man es von vornherein auf seine Hinrichtung angelegt hatte, zeigt sich unter anderem daran, dass sehr rasch nach seinem Tod das Standrecht aufgehoben wurde. Nachdem es noch tagelang gegolten hatte, obwohl Ruhe und Ordnung in ganz Österreich seit Tagen schon weitgehend wieder hergestellt waren. Schon am 16. Februar hatte der Ministerrat die Aufhebung des Standrechts erwogen, tatsächlich erfolgt ist sie jedoch nur in einigen Bundesländern. Aufrecht blieb das Standrecht in Wien, Niederösterreich und Oberösterreich. Und in der Steiermark natürlich. Laut Protokoll dieses Ministerrats betonte Justizminister Schuschnigg ausdrücklich, dass man das Standrecht noch nicht in ganz Österreich aufheben könne, da mit der Festnahme Wallischs in Kürze zu rechnen sei.

Fritz Inkret isst Kuchen und spricht noch immer von Koloman Wallischs Grab. „Man ist immer dort hingegangen, vorbeigegangen beim Grab und hat halt dort – es sind Blumen hingelegt worden, und so weiter. Auch in der Nazizeit. Jetzt ist der Platz am Friedhof in Leoben schon lange belegt von einem anderen Grab. Eine Hinweistafel am Leobener Friedhof gibt es nirgends."

32

Als Wallisch hingerichtet wurde, waren in der Steiermark die Kämpfe fast überall schon vorbei. In der Stadt Bruck hatten nach dem Abzug der Kämpfer um Russ und Wallisch Militär und Gendarmerie das Kommando übernommen. In Kapfenberg hatte sich der Schutzbund bereits am Abend des 13. Februar zurückgezogen in Verstecke in den Bergen. In den folgenden Tagen kam es gelegentlich bei Hausdurchsuchungen und Aushebungen von Waffenlagern durch die Exekutive noch zu vereinzelten Feuergefechten. Auch in St. Michael war nach dem 15. Februar alles vorbei. In Leoben hatte sich der letzte kämpfende Schutzbündler bereits am frühen Nachmittag des 13. Februar zurückgezogen.

Der Alltag kehrte unglaublich rasch wieder zurück. Am 17. Februar etwa stand in der Obersteirischen Volkszeitung neben umfangreichen Reportagen von den Aufräumarbeiten nach den Kämpfen in Wien die relativ ausführliche Mitteilung, dass der berühmte und beliebte Astrologe und Wahrsager Hans Kärntler wieder mit seinen zwei Wägen im Ort Aufstellung genommen habe. Herr Kärntler habe stets mit seinem „vorteilhaften Wissen" dem Publikum helfen können, ganz im Gegensatz zu „Sterndeutern und sonstigen ausländischen Wahrsagern". Die Zeitung empfahl den echten österreichischen Wahrsager auch als „guten Hühneraugen-Operateur".

In ganz Österreich herrschte Ruhe. Am längsten hatten die Kämpfe in Wien gedauert, wo sie auch am heftigsten waren. Das Regime war mit geballter militärischer Kraft und unterstützt von Artillerie gegen Arbeiter-Wohnbauten vorgegangen, in denen sich die Schutzbündler verschanzt hatten. Doch auch in der Hauptstadt konnte sich der Schutzbund nur bis Donnerstag, den 15. Februar halten. Die am längsten gehaltene Bastion war der Karl-Marx-Hof, nach schwerem Artilleriefeuer ergaben sich die letzten Verteidiger gegen 14.30 Uhr nachmittags. Die Regierung war „Herr der Lage".

Bereits am 17. Februar wurde eine erste amtliche Verlustliste veröffentlicht. Darin werden auf Seite der Exekutive 104 Tote und 309 Verletzte angeführt, auf Seite der Bevölkerung 193 Tote und 493 Verletzte. Die republikanischen Kämpfer werden in dieser Statistik nicht erwähnt, man muss sie sich aus der Differenz von Gesamt- und Einzelverlusten selbst ausrechnen. Nach diesem Zahlenmaterial vom unmittelbaren Ende der Kämpfe lassen sich für die Arbeiterschaft Verlustzahlen von 135 Toten und 349 Verwundeten herauslesen. Später wurden die amtlichen Opferzahlen für die Schutzbundkämpfer auf 118 Tote und 319 Verletzte korrigiert. Die tatsächlichen Zahlen dürften um einiges höher sein.

In ganz Österreich wurden im Februar 1934 rund 9700 Menschen im Zusammenhang mit den Kämpfen in Haft genommen. In Graz waren es 1413, im Bezirk Leoben 1740. Etwa gegen die Hälfte von ihnen gab es Gerichtsverfahren, entweder gleich oder in den Folgemonaten. Die anderen wurden von der Regierung amnestiert – da die Justiz mit der schieren Masse an Verdächtigen heillos überfordert war und da sich bei einem Gutteil der Beschuldigten bei bestem Willen keine stichhaltige Anklage erstellen ließ.

Die Sozialdemokratische Partei wurde noch während der Kämpfe, am 14. Februar, verboten, alle Mandate wurden ihr aberkannt, in rascher Folge wurden alle ihre Organisationen aufgelöst. Das Vermögen der Partei und ihrer Wirtschaftsbetriebe, wie Konsum, Vorwärts-Verlag oder Arbeiterzeitung, wurde vom Staat eingezogen. In Brünn, in der Tschechoslowakischen Republik, entstand ein Auslandsbüro, das wöchentlich die Arbeiterzeitung herausbrachte und nach Österreich schmuggelte. Der Leiter des Büros war Otto Bauer bis zum Einmarsch der Nazis, dann emigrierte er nach Paris, wo er Anfang Juli 1938 starb. In Österreich formierten sich die Revolutionären Sozialisten als illegale Organisation der Sozialdemokratie; sie hatte bis 1938, der Machtübernahme der Nazis, Bestand.

Dass Bauer in der Nacht vom 12. auf den 13. Februar geflohen war, wurde von der christlichsozialen Propaganda weidlich ausgeschlachtet. Es gab böse Verleumdungen, etwa dass Bauer die Parteikassa mitgenommen habe, von einer Million Schilling war die Rede. Eine Augenzeugin, die in jener Nacht bei Bauer war, Rosa Jochmann, berichtete dagegen davon, dass Bauer zur Flucht geradezu genötigt werden musste, und das Gerücht betreffend die Parteikassa bezeichnete sie als „riesige Unwahrheit".

Zu Otto Bauer und Julius Deutsch startete der christlichsoziale Ständestaat eine üble Kampagne in Richtung Antisemitismus, an der sich auch die Nazis beteiligten; man versuchte, mittels Ressentiments gegen das Judentum die verbitterten und geschlagenen Schutzbündler gegen ihre Führer aufzuhetzen. Ein deutliches Vorzeichen auf das, was kommen sollte an judenfeindlicher Hetze, findet sich beispielsweise schon in der Obersteirischen Volkszeitung vom 17. Februar auf der Titelseite: „Die beiden jüdischen roten Führer Dr. Otto Bauer und Dr. Julius Deutsch sind auf der Flucht aus Wien in Pressburg eingetroffen", heißt es da. Erstaunlich, wie rasch sich da ein antisemitischer Unterton eingeschlichen hat.

Vor den Standgerichten Österreichs mussten sich im Jahr 1934 zwischen dem 14. und dem 22. Februar 133 Männer verantworten. 22 wurden zum Tode verurteilt. 23 Kämpfer wurden zu Kerkerhaft verurteilt und fünf freigesprochen. Bei den übrigen Angeklagten wurden die Verfahren an ordentliche Gerichte verwiesen. Neun Männer wurden tatsächlich hingerichtet. Die Liste der Gehenkten zeigt sehr deutlich, dass der Ständestaat sehr gezielt in jeder der Regionen, wo sich der Schutzbund erhoben hatte, Exempel statuieren hatte wollen. In Wien gab es drei Todesopfer der Justiz: Karl Münichreiter, Schuhmachergehilfe, Georg Weissel, Kommandant der Feuerwache Floridsdorf, und Emil Swoboda, Arbeiter bei der Stadt; alle drei verurteilt vom Landesgericht Wien. In Niederösterreich zwei: Viktor Rauchenberger, Malergehilfe, und Johann Hoys, Hilfsarbeiter, beide in St. Pölten verurteilt. In Oberösterreich zwei: Anton Bulgari, Brauereiarbeiter, Linz, und Josef Ahrer, Schlossergehilfe, Steyr. Und in der Steiermark waren es zwei: Josef Stanek, Arbeiterkammersekretär, verurteilt und hingerichtet in Graz, und Koloman Wallisch, Nationalratsabgeordneter, getötet in Leoben.

33

Fritz Inkret saß im Leobener Gefangenenhaus und wartete auf seinen Schwurgerichtsprozess, zusammen mit Dutzenden anderer Schutzbundkämpfer. Die Haftbedingungen waren eine Zumutung. Das Gefängnis war überfüllt, in jeder der nicht sonderlich großen Zellen lebten sechs Männer. Inkret war getrennt worden von seinen Gefährten vom Einsatz an der Brücke, Lenger, Haas, Bräuhaupt, denn sie sollten sich vor ihrer Verhandlung nicht bereden können.

Der 92-jährige Inkret schildert diese Monate ganz kurz und sehr unaufgeregt: „Ja, die Zellen waren primitiv. Da ist nur so ein Holzverschlag gewesen, drinnen ist ein Stockerl gewesen ohne Sitz, da ist ein Kübel drin gewesen, da hat man seine Notdurft verrichten können. Wenn einer hinein gemacht gehabt hat, dann hat man geläutet oder gepumpert, dann ist ein Sträfling gekommen, ein gewöhnlicher, der hat den Kübel hinaus getragen, der ist geputzt worden, desinfiziert worden und dann wieder herein gekommen. Das war die ganze Einrichtung. Ein Waschapparat war da, das ist ein großer Tisch, da ist ein Kessel oben gestanden, mit ein paar Schüsseln, da hast du dir die Hände und das Gesicht waschen können. Primitiv bis dort hinaus!"

Ab und zu besuchten ihn die Mutter und die Geschwister. Inkret hatte für die Besucher einen heiklen Auftrag. Sein eigener Karabiner, den er während der Ausbildung zum Schutzbundmann bekommen hatte, lag noch immer versteckt unter dem Bett der Mutter in ihrem Elendsquartier im aufgelassenen Turnsaal der Leobener Hauptschule. Vor dem Feuergefecht an der Gösser Brücke hatte er ja ein Gewehr aus dem Waffenlager des Schutzbundes ausgefasst.

Inkret erzählte seinem Bruder von dem Gewehr. Er bat ihn, es verschwinden zu lassen, es hätte die ganze Familie in Gefahr gebracht, wenn es gefunden worden wäre. Der Bruder erfüllte die Bitte. In einer dunklen Frühlingsnacht holte er den Karabiner unter dem Bett hervor und schlich damit aus Leitendorf hinaus. Fritz lächelt ein wenig, als er davon erzählt: „Ja, mein Bruder hat das Gewehr genommen und hat es in den Vordernberger Bach hinein gehaut."

34

In den letzten Apriltagen des Jahres 1934 kam einer der Justizwachebeamten, der die Schutzbündler relativ freundlich und gesittet behandelte, in die Zelle und sagte: „Morgen kriegt ihr ein paar Nazi rein."

„Wieso?"

„Na, ihr werdet es schon sehen."

Tags darauf wurden tatsächlich drei weitere Gefangene in die Sechs-Mann-Zelle gebracht, junge kräftige Burschen, wie sich Inkret erinnert. Die Gefängnisse in der Obersteiermark erhielten rund um den 1. Mai 1934 weiteren Zulauf, und davon war auch Leoben betroffen. Die Ursache lag in der Freundschaft zwischen der Dollfuß-Regierung und dem italienischen Mussolini-Regime und in einem geplanten Fest zur Feier dieser Freundschaft in Wien.

Die Aufmärsche zum 1. Mai als Erinnerung an die Kämpfe um sozialen Fortschritt für die Arbeiterschaft hatte die Regierung Dollfuß bereits 1933 verboten. In Wien rief die SDAP in diesem Jahr daher zu „Massenspaziergängen" am Ring auf. Zufällig hatten viele dieser Spaziergänger rote Taschentücher dabei, mit denen sie winkten ... Das Regime bewachte diese Spaziergänge jedenfalls mit Stacheldrahtverhauen und Maschinengewehr-Stellungen in der Wiener Innenstadt.

1934 versuchte die Dollfuß-Regierung den 1. Mai für sich zu okkupieren. Er wurde am 27. April 1934 per Gesetz als „Tag der Verfassung" deklariert, „zum dauernden Gedenken an die Proklamation der Verfassung". Dollfuß tönte in seiner großen Festrede: „Der neue Staatsfeiertag am 1. Mai, der zum Kampftag proletarischer Klasseninteressen erniedrigt worden ist, soll wieder Tag der Arbeit aller Arbeiter werden." Wie das gemeint war, sagte Dollfuß ebenfalls, indem er ausführlich den 1. Mai herausstrich als „Träger der Symbole der erwachenden und erwachten Natur, gleichzeitig Tag der Jugend, und (...) Tag, der den Beginn des der Mutter Gottes geweihten Monats kündigt."

In Wien gab es am 1. Mai 1934 einen großen Aufmarsch der Vaterländischen Front, allerdings konterkariert durch die in die Illegalität gedrängte sozialdemokratische Arbeiterschaft. Schornsteine und Lichtmasten wurden rot beflaggt, in den Arbeiterbezirken kam es zu so genannten Blitz-Demonstrationen, und Millionen von Flugblättern sozialdemokratischen Inhalts wurden in der ganzen Stadt verteilt.

An den Paraden des Ständestaates in Wien nahmen auch große Abordnungen ihrer Verbündeten, der italienischen Faschisten teil. Als besonders eindrucksvolle Formation war der Auftritt von rund 200 italienischen Schwarzhemden geplant, die mit Motorrädern im Konvoi um den Ring donnern sollten. Die Schwarzhemden sollten auch Ehrengast sein bei der demonstrativen Umbenennung des Matteoti-Hofes in Giordani-Hof, nach einem faschistischen Stadtrat in Bologna, der 1920 von Kommunisten erschossen worden war. Die 200 Faschisten fuhren mit ihren Motorrädern von Italien nach Österreich. Sie erreichten zwar Wien rechtzeitig zum 1. Mai, ihre Motorräder jedoch nicht.

Inkret: „Die Nazis haben diese Maifeier der Faschisten in Wien beinahe zerstört, indem sie vom Neumarkter Sattel bis zum Semmering Nägelschnüre hin und her gezogen haben über die Straßen. Jedenfalls ist am Semmering nur noch eine Maschine intakt gewesen, alle anderen sind mit Patschen dagelegen. Die sind auf

Lastwagen geladen und nach Wien geführt worden. Die Italiener sind dann zu Fuß aufmarschiert."

Wegen dieser Anschläge wurden zahlreiche Nazis in der Steiermark verhaftet. Drei davon landeten in der Zelle der Schutzbundkämpfer um Fritz Inkret. Die empfingen die neuen Insassen mit derben Sprüchen: „Was wollt's denn ihr da! Ihr könnt's doch nicht mit uns da beinand sitzen, wie kommen wir dazu, dass wir mit euch eingesperrt werden!"

Die Antwort der Nazis: „Ihr hockt eh schon lange genug. Schleicht euch. Macht Platz!"

Jetzt wurde es wirklich eng in der Zelle. Das Justizpersonal montierte die Betten ab und bedeckte den Boden mit Strohsäcken. Darauf hatten die neun Männer zu schlafen. Inkret: „Ich bin mit einem Nazi auf einem Strohsack gelegen. Wir sind so quasi übereinander gelegen. Dieser Nazi war der Emil Mationschek. Mit dem hab ich mich gut verstanden." Die zwei jungen Männer befreundeten sich. Inkret: „Er hat mir Schachspiel gelernt und ich hab ihm Schnapsen gelernt, und so fort."

Aus den Worten von Fritz Inkret ist heute noch ganz klar die Sympathie für den jungen Nazi heraus zu hören. Verständlich, denn, so Inkret: „Von dem muss ich dir später noch was erzählen. Wie ich bei den Nazi verhaftet gewesen bin." Sprich: Dieser Emil hat ihm später wahrscheinlich das Leben gerettet.

An dieser Stelle in der Erzählung von Fritz Inkret taucht erstmals ein irritierender Faktor auf: Wie er 18 Jahre alt war, eingesperrt vom schwarzen Dollfuß-Regime, da hat er allem Anschein nach für diesen illegalen Nazi mehr Sympathie entwickeln können als für die Hahnenschwänzler. Wobei man aber unmissverständlich sagen muss: Bei dieser Sympathie handelte es sich um Sympathie für einen einzelnen Menschen, nicht um irgendeine Annäherung oder den Hauch eines verständnisvollen Sich-Näherns an das Gedankengut der Nazis. Inkrets Lebensweg in den folgenden Jahren beweist dies eindeutig.

Er selbst ist sich bewusst, wie irritierend diese Geschichte mit dem Nazi-Freund auf heutige Beobachter wirken muss, insbesondere auf Menschen, die seine linke Gesinnung teilen. Er sagt ganz klar: „In der Zelle, da ist wenig politisiert worden. Nachdem wir dasselbe Leiden gehabt haben und dasselbe Schicksal, haben wir uns halt gut verstanden. Das ist ja so weit gekommen, dass beim Juliputsch dann etliche Schutzbündler und ehemalige Sozi mitgetan haben, im gemeinsamen Hass gegen die Schwarzen, nicht."

Ich frage ihn: „Waren dir zu der Zeit die Nazis sympathischer als die Schwarzen?"

Er antwortet ohne Zögern und sehr bestimmt: „Auf jeden Fall. Die Schwarzen haben uns ja eingesperrt, und die Nazi waren dieselben Opfer, waren auch Gegner von den Schwarzen. Da waren wir uns einig." Dann denkt er sehr lange nach.

„Aber für das Politische galt das nicht, oder?", frage ich.

Prompt und eindeutig seine Antwort: „Nein."

35

Am Freitag, dem 13. Juli 1934, um 9.10 Uhr wurde vor dem „Kreis- als Schwurgericht Leoben" die Strafsache 10 VR 276/34/585 aufgerufen. Friedrich Inkret und zwölf weitere Schutzbündler hatten sich für die Februarereignisse zu verantworten. Die Hauptangeklagten waren Ignaz Brandner und Paul Link, denen vorgeworfen wurde, die Anführer bei den Kämpfen in Leoben und den umliegenden Orten gewesen zu sein.

Die Quellen zu diesem Prozess sind dürftig. Das Prozessprotokoll ist lückenhaft, aus nicht mehr zu eruierenden Gründen sind Teile davon aus dem Akt entnommen worden, wobei sich nicht sagen lässt, wann das geschehen ist und wer es getan hat. Aber auch schon bei der Abfassung des Protokolls haben sich Fehler eingeschlichen. So ist etwa auf der ersten Seite, bei der Auflistung der Beschuldigten, Johann Bräuhaupt als „Preuhaupt" angeführt, erst später, in der Urteilsbegründung, wird sein Name korrekt geschrieben.

Die Anklage warf Inkret vor, „dem ergangenen Alarmbefehle Folge geleistet und im Verein mit anderen Schutzbündlern der gegen Göss vorgehenden Exekutive bewaffneten Widerstand entgegengesetzt" und „während des Feuergefechts bei der Gösserbrücke mit der Exekutive Schüsse gewechselt" zu haben. Er „habe hiedurch öffentlich, in Verbindung mit anderen, durch Tat und mit Ergreifung der Waffen, etwas unternommen, was auf die Herbeiführung eines Bürgerkrieges und einer Empörung im Inneren angelegt war und hiedurch das Verbrechen des Hochverrates begangen."

Die Verhandlung leitete Richter Ernst Roschker, ihm zur Seite standen zwei beisitzende Richter und drei Laien als Schöffen. Die Anklage vertrat Staatsanwalt Erwin Hochegg. Den 13 Angeklagten zur Seite standen vier Verteidiger, wobei Erwin Moser Fritz Inkret und zwei weitere Schutzbündler vertrat. Nach der Verlesung der Anklage begann die Einvernahme der Beschuldigten. Als erstes kamen die mutmaßlichen Rädelsführer Brandner und Link dran. Beide waren offensichtlich bemüht, ihre eigene Rolle möglichst klein erscheinen zu lassen. Brandner bezeichnete als eigentlichen Kopf und Anführer den Nationalratsabgeordneten Josef Hartmann, der zu jener Zeit flüchtig, also für das Gericht nicht greifbar war.

Danach bricht das Protokoll ab. Wie viele Seiten fehlen, ist nicht zu eruieren, da sie nicht paginiert sind. Es wurden jedenfalls die elf anderen Angeklagten befragt, und dann, am Nachmittag des 13. Juli, die Zeugen. Wieder waren dies fast ausschließlich Gendarmeriebeamte, bis auf einen Schutzbundkämpfer, den der Verteidiger von Franz Haas als dessen Entlastungszeugen beantragt hatte. Und ein Student wurde angehört, der von seinem Wohnzimmerfenster in Göss aus gesehen und gehört haben wollte, wie die Schutzbündler von dem erschossenen Heimatschutzmann Haslauer als „Hund" gesprochen hatten.

Fritz Inkrets Erinnerungen an diesen zweitägigen Prozess sind verschwommen. Als er mir davon erzählt, hat er ein paar vergilbte, beinahe dunkelbraune großformatige Zeitungsseiten vor sich auf dem Tisch liegen. Es sind Originalseiten der Obersteirischen Volkszeitung vom 14. Juli 1934, die am Abend dieses Samstags erschienen sein muss, denn darin finden sich bereits die Urteilssprüche, die gegen Mittag des 14. Juli gefallen waren. Er selbst kommt in diesem sich über zwei große Seiten erstreckenden Bericht nur kurz vor. „Friedrich Inkret gestand so ziemlich alles ein, was ihm vorgeworfen wurde", heißt es da. Er klingt ein wenig ärgerlich, als er das laut vorliest, und sagt dazu, dass er das, was nicht abzustreiten war, zugegeben habe. Sein nicht geladenes Gewehr war auch bei diesem Prozess ein Thema. Es sei ihm eine Patrone im Lauf stecken geblieben gewesen, sagte er Richter Roschker. Und natürlich war der Stahlhelm wichtig: Er habe ihn zufällig in der Kerpelykolonie in Donawitz gefunden, hatte er damals angegeben.

Erhalten ist vom Verhandlungsprotokoll des Leobener Prozesses die Befragung der Beschuldigten Brandner und Link. Dann bricht die Mitschrift ab, fortgesetzt wird sie mit der Verkündung des Urteils „im Namen des Bundesstaates Österreich". Das Gericht hatte bis gegen zehn Uhr vormittags des 14. Juli Zeugen gehört sowie die Plädoyers von Staatsanwalt und Verteidigern. Dann zog es sich zu einer fast drei Stunden dauernden Beratung zurück. Um 12.40 Uhr wurden unter „gespanntester Aufmerksamkeit des gedrängt vollen Saales" die Urteile verkündet.

Das Geschworenengericht befand zwölf der dreizehn Angeklagten schuldig des Verbrechens des Hochverrats, des Verbrechens des Aufruhrs und des Aufstandes sowie der Übertretung des Waffenpatents. Der Hauptbeschuldigte Paul Link wurde zu eineinhalb Jahren schweren Kerkers, der Hauptbeschuldigte Ignaz Brandner zu einem Jahr schweren Kerkers verurteilt, neun der zehn anderen Schutzbündler fassten Kerkerstrafen zwischen fünf und zwölf Monaten aus, einer wurde freigesprochen. Fritz Inkret wurde zu acht Monaten strengem Arrest, bedingt auf drei Jahre, verurteilt. Seine Mitstreiter von der Gösser Brücke wurden zu einem Jahr (Haas, Lenger) und zu fünf Monaten (Bräuhaupt) Kerker verurteilt.

Als er mir die Urteile aus der Obersteirischen Volkszeitung vorliest, stutzt er einen Moment. In seiner Erinnerung hat er ebenfalls eine Kerkerstrafe bekommen, und zwar nicht bedingt, er hat die ganzen acht Monate abgesessen. „Ah so a Trottel", sagt er, „der hat das falsch geschrieben. Na na, das stimmt nicht. Es war unbedingt." Seine Frau Hermi kommt herein und sagt, dass sie einkaufen gehen will. Fritz ist irritiert, er beachtet sie kaum, er steht auf und beginnt in seinen Unterlagen zu suchen. Hermi zuckt die Achseln und geht.

Laut dem Prozessakt hat die Zeitung korrekt berichtet. Acht Monate strenger Arrest, so lautete das Ersturteil. Zu seiner Person heißt es in der Urteilsbegründung, dass er in allen Vorwürfen schuldig sei. Allerdings sah es das Gericht nicht als erwiesen an, dass Inkret an dieser „Zusammenrottung" in dem Bewusstsein beteiligt gewesen sei, „dass es zu einem Bürgerkriege oder zumindest zu einer Empörung

Kiste mit Handgranaten, aus der sich jeder „wie aus einem Zigarrenetui" nach Belieben bedienen konnte usw. erzählt. Gerstl bestritt, das alles angegeben zu haben.

Friedrich I n k r e t, der als erster Schutzbündler vor das Standgericht Leoben zitiert, aber dem ordentlichen Gerichte übergeben wurde, gestand so ziemlich alles ein, was ihm vorgeworfen wurde. Am 2. **Gefechte bei der Gößer Murbrücke** hatte er sich deshalb nicht mehr beteiligt, weil eine Patrone im Laufe stecken geblieben sei. Beim Schießen habe er weder gezielt noch angelehnt, den Stahlhelm, den er damals trug, hatte er in Donawitz, und zwar in der Kerpelykolonie „gefunden".

Franz H a a s ist „aus Neugierde" von Donawitz in den Stiftspark nach Göß gegangen. „Dort hot man ana a Gwehr brocht und Patronen und zwa Handgranatn und hot gsogt, i soll auf d' Bruck'n geh'n und Posten stehn." Er sei aber zur Eisenbahnbrücke gegangen und dort bis 12 Uhr nachts auf Posten gestanden. Auf dem Rückzuge nach Göß wurde er verhaftet. Haas bestritt, auf den Gendarmen Heß sein Gewehr angeschlagen zu haben.

Ebenso wie Haas war auch Walter L e n g e r beschuldigt, bei der Gößer Brücke geschossen zu haben. Beide leugneten aber.

Johann B r ä u h a u p t „hat bis zum Schluß nicht gewußt, um was es sich handelt". Er hat wohl ein Gewehr gehabt, ist auch zur Gößerbrücke gegangen, hat sich dort aber hinter einem Hause gesichert. Später habe er aus eigenem sein Gewehr einem Schutzkorpsmann abgegeben.

Josef L u e f war seiner Angabe nach nicht beim Schutzbund, ist aber trotzdem als er von einem Unbekannten aufgefordert wurde, nach Göß zu gehen, und ohne daß er etwas Näheres gewußt hatte, in den Stiftspark gegangen. Mit Gewehr und Handgranaten ausgerüstet verrichtete er Postendienst.

Heinrich S c h n e i d e r b a u e r hat nur „aus Zwang" mitgetan. Er wollte, in seiner Wohnung aufgefordert, mitzukommen, nicht mittun. Da sei er gepackt und mitgenommen worden. Später „hab'n 's 'n wieda ghobt" und in ein Auto hineingehoben. Er fuhr mit nach Schladnitzdorf, half „unter Zwang" beim Waffenausgraben, nahm sich aber selbst nichts. Schneiderbauer bezeichnete Hartmann als den Anführer. Als die Rede vom Marsch auf Göß war, gerieten die Führer untereinander in Streit. Die eine Richtung war nämlich gegen den Plan, die Gendarmen auszuheben. „Wir wollen mit der Gendarmerie nichts zu tun haben," erklärten sie.

In der Nachmittagsverhandlung wurde mit der
Zeugeneinvernahme
begonnen.

Drei Seiten lang berichtete die Obersteirische Volkszeitung am 14. Juli 1934 vom Prozess gegen die Leobener Schutzbundkämpfer. Unter den Angeklagten: Fritz Inkret.

gegen die Staatsgewalt kommen sollte." Als mildernder Umstand wurde für Inkret die „Verleitung durch Dritte" gewertet und das „Alter unter 20 Jahren".

Und ein weiterer Milderungsgrund kam Inkret zugute: „Mit Rücksicht darauf, dass die Tat bei der Jugend des Angeklagten nur auf Unbesonnenheit zurückzuführen ist und mit dem übrigen Verhalten des bisher unbescholtenen Angeklagten im Widerspruche steht, wurde (...) die schwere Kerkerstrafe in strengen Arrest umgewandelt."

Der Fritz Inkret von heute ist verblüfft, als er die alten Sachen liest. „Ist interessant", sagt er. „Ich bin am billigsten heraus gegangen. Ich hab nur Arrest gekriegt." Doch nicht nur der Zeitungsbericht von damals, sondern auch Inkrets Erinnerung ist korrekt. Denn die ständestaatliche Justiz wollte auch ihn im Kerker sehen. Die Staatsanwaltschaft berief gegen das Strafmaß des Leobener Schwurgerichts. Am 21. September 1934 fand beim Oberlandesgericht Graz das Verfahren in zweiter Instanz ohne die Beschuldigten statt.

Dabei wurden wesentlich härtere Strafen verhängt. Paul Link musste fünf statt eineinhalb Jahre in den Kerker. Die Strafe Brandners wurde von einem auf zwei Jahre erhöht. Bräuhaupt bekam zehn statt fünf Monate Kerker. Und Inkret wurde zu acht Monaten Kerker verurteilt, ohne bedingte vorzeitige Freilassung auf Bewährung. Die Begründung: Er sei schwer bewaffnet gewesen und habe bei der Gösser Brücke mehrere Schüsse abgegeben. Trotz seiner Jugend und der bisherigen Unbescholtenheit sei „nach der ganzen Vorbereitung, Aufmachung und Durchführung des bewaffneten Aufstandes" davon auszugehen, dass er sich der Tragweite seiner Handlungen bewusst gewesen sei.

Nach dem Prozess im Juli 1934 wurde Inkret freigelassen. Im September fiel die Entscheidung des Obergerichtes. Inkret bat um Haftaufschub, was ihm eine Zeitlang gewährt wurde. Die Untersuchungshaft von Februar bis Juli wurde auf seine Haftzeit angerechnet. Nach dem Lesen in der Obersteirischen Volkszeitung und dem Blättern in seinen Unterlagen kehrt die Erinnerung zurück. „Ich bin entlassen worden", sagt Inkret lapidar, „und hab die letzten drei Monate dann im 35-er Jahr abgesessen."

Ich frage ihn, ob es vor dem Schwurgericht eine Rolle gespielt hatte, wer in den Tagen um den 12. Februar wen erschossen hatte.

Inkret: „Interessant ist eh – dass eigentlich die Toten – dass da gar nie was geschehen ist. Nie was gewesen ist."

Er hat diese Frage sehr zögerlich beantwortet, denkt lange nach, redet leise weiter, als ob es ihm erst jetzt, nach 73 Jahren, aufgefallen wäre, dass nie gefragt wurde, wer die tödlichen Schüsse abgegeben hatte. Dann setzt er sich gerade auf und sagt: „Weil die haben – das ist ja ein Zeichen: Alle haben sie Kopfschüsse oder Schulterschüsse gehabt. Das ist ja ein Zeichen, dass die genau beim Schiessen erwischt worden sind." Stumm wiederholt er die Pantomime vom Hochheben und Absenken eines Gewehrs, zeigt mir noch einmal, wie man im Dunklen zielen und schießen muss.

Die Toten von der Brücke. Beim Durchlesen des unvollständigen Protokolls der Schwurgerichtsverhandlung gegen Inkret, Lenger, Haas und Bräuhaupt stellt sich wieder dieses Unbehagen ein über die verwirrenden Berichte und Erzählungen zu diesem Thema. Denn im Urteil von Richter Ernst Roschker ist von dem erschossenen Heimwehrmann Emil Haslauer wortwörtlich als dem „einzigen Toten des Ortes" die Rede. In den Zeitungen wird jedoch in der Woche nach dem 12. Februar von gleich drei Begräbnissen berichtet, von Männern, die auf der Seite von Gendarmerie und Heimatschutz umgekommen waren. Und die Toten auf Seiten des Schutzbundes zählten offensichtlich für Justiz und Medien nicht. Diese Sache wird sich wohl nicht mehr endgültig klären lassen. Man kann sie allenfalls als Indiz dafür betrachten, dass die Aufarbeitung der Februarereignisse in diesem Lande für lange Zeit mit noch weniger Energie betrieben wurde als jene der NS-Zeit.

Den alten Fritz Inkret macht die Sache jedenfalls sehr nachdenklich. Nach einigem Zögern frage ich ihn: „Weißt du, ob du selbst damals wen erschossen hast, oder glaubst du, dass – ".

Er unterbricht mich, sagt sehr rasch und bestimmt: „Nein, überhaupt nicht. Wir haben nur das Mündungsfeuer gesehen, sonst nichts."

„Beschäftigt einen das, oder eher nicht?"

Er brummt kurz etwas Unverständliches in sich hinein, sagt dann nach einer Pause: „Nein. Nein." Er hustet, räuspert sich, kramt ein wenig in den Zeitungen und Kopien auf dem Tisch herum.

36

Am 25. Juli 1934 putschten die Nationalsozialisten gegen das Dollfuß-Regime. Wie ein knappes halbes Jahr zuvor war auch diesmal die Steiermark einer der Hauptschauplätze. Kurz nach Mittag besetzten als Bundesheersoldaten verkleidete SS-Männer das Bundeskanzleramt am Ballhausplatz in Wien. Fast gleichzeitig stürmte eine Gruppe das Rundfunkhaus der RAVAG (Österreichische Radio-Verkehrs-Aktiengesellschaft) und erzwang die Ausstrahlung einer Meldung über den angeblichen Rücktritt der Regierung Dollfuß.

Die Putschisten in Wien waren durchwegs Angehörige der SS-Standarte 89, wegen NS-Betätigung entlassene und auch aktive Männer von Polizei und Bundesheer. Für die Bundesländer gab es einen eigenen Aufstandsplan der SA, demzufolge zeitgleich alle wichtigen Ämter und Positionen landesweit erobert werden sollten, unterstützt von der einmarschierenden Österreichischen Legion. Als das Signal zum Losschlagen für die Nazis in den Bundesländern gegeben wurde – die Radionachricht vom Rücktritt der Regierung – , geschah in den Bundesländern jedoch zuerst einmal fast gar nichts. Die SA hielt sich bedeckt.

Die Ursache dafür lag im gerade vor einem Monat erfolgten so genannten „Röhm-Putsch" in Deutschland. Dabei hatte Hitler nicht nur fast die gesamte

SA-Führungsmannschaft mit Hilfe der SS brutal beseitigt, sondern er hatte auch die Macht- und Einflussverhältnisse zwischen SS und SA entscheidend verändert. Bis dahin war die SS eine Untergruppierung der SA gewesen, der Sturmabteilung, die während der Weimarer Republik eine entscheidende Rolle beim Aufstieg der NSDAP gespielt hatte. Die SS, die Staffel für den persönlichen Schutz Hitlers, erhielt nach dem „Röhm-Putsch" einen Status als völlig eigenständige Organisation, sie verdrängte in den Folgejahren die SA weitgehend in die Bedeutungslosigkeit.

Es gab also zwischen den beiden paramilitärischen Kampfeinheiten Hitlers noch so etwas wie eine ganz frische offene Rechnung und daher wenig Lust der SA, sich den SS-Aktionen gegen die österreichische Regierung anzuschließen. Dementsprechend geschah die nationalsozialistische Erhebung in Österreich nicht als eine große konzertierte Aktion, sondern lief eher als wenig koordinierte Abfolge von lokalen Aktivitäten ab. Brennpunkte der Kämpfe waren Kärnten und Oberösterreich. Und die Steiermark, der Südosten und der Raum um Deutschlandsberg. Vor allem aber die Industrieregion um Leoben.

In Wien hatte der SS-Mann Otto Planetta kurz nach dem Eindringen auf Kanzler Dollfuß geschossen, der knappe drei Stunden später starb. Zu dieser Zeit war das Rundfunkgebäude schon wieder in der Hand der Regierung, die Dollfuß-Rücktrittsmeldung wurde widerrufen. Die Nazis im von Polizei und Militär umstellten Bundeskanzleramt verhandelten bis in den frühen Abend wegen einer kampflosen Übergabe, die ihnen vorerst zugesagt wurde. Gegen 19.30 Uhr gaben die Putschisten auf, die Regierung nahm jedoch wegen der Ermordung Dollfuß' die Zusicherung eines freien Geleits zur deutschen Grenze zurück.

In den Bundesländern gingen die Kämpfe tagelang weiter, etwa im oberösterreichischen Kollerschlag oder im Salzkammergut. Und in der Steiermark, dem eigentlichen Zentrum des Aufstands, wo sich dem Nazi-Putsch der Steirische Heimatschutz anschloss, der sich schon 1931 unter Pfrimer gegen Wien erhoben hatte. Ausgehend von Radkersburg hatten die Nazis am Abend des 25. Juli die militärische Kontrolle über weite Teile der Südoststeiermark erlangt, am 26. Juli weiteten sich die Auseinandersetzungen aus auf die Region zwischen Judenburg und dem Ennstal. Die meisten Opfer gab es in der Gegend um den Pyhrnpass, bei Schladming, bei Stainach-Irdning und in den Industrieorten rund um Donawitz.

Leoben erhielt im Zusammenhang mit dem Nazi-Putsch traurige Berühmtheit, weil hier dann der Prozess gegen zwei Putschisten stattfand, die sich durch besonders brutales Vorgehen gegen Gendarmen und Heimwehrmänner „ausgezeichnet" hatten. Erst am Abend des 26. Juli brach der Putsch in der Steiermark zusammen, die Nazis flohen zu Hunderten nach Kärnten. Dort hielten die Nationalsozialisten das Lavanttal bis zum 30. Juli, dann setzten sich tausende Aufständische, darunter zahllose Steirer, nach Jugoslawien ab.

Inkret wohnte damals, gerade erst aus der Haft entlassen, in der Bassenawohnung seiner Mutter in Donawitz. „Wir haben halt gehört, dass da was los ist", erzählt er, „dass die Nazi putschen, bin ich herunter gegangen, hinüber zum alten Werkshotel der Alpine, dort haben sich die Nazi versammelt. Die sind dann hinein nach Leoben, haben die Schießerei gehabt."

In der Stadt der nazistischen Alpine-Montan, in Leoben, hatten die Nazis einen Tag lang die Kontrolle. Erst am 26. Juli gegen neun Uhr morgens, als ein Bundesheerbataillon aus dem Burgenland eintraf, wendete sich das Blatt. Es folgte ein zäher Häuserkampf, bei dem das Militär Straße um Straße zurückerobern musste. Erst nach dem Einsatz von Artillerie brach der Putsch zusammen.

Es war die Stunde der Versuchung des Fritz Inkret. Er ist ein offener und ehrlicher Mann, er redet nicht um den heißen Brei herum, sondern sagt, wie es damals war für ihn, den Neunzehnjährigen: „Ich hätte – ich wäre bald mitgerutscht, weil da so ein Hass war, gegen die Schwarzen, nicht wahr." Er macht eine Pause, schildert, wie er vor dem Alpine-Gelände gestanden war und den Aufmarsch der Nazis beobachtet hatte.

Es war ihm gleich etwas aufgefallen damals, beim Beginn des Putsches: „Aber wie die ausgerückt sind, gegen die Heimatschützler oben in Donawitz, da hab ich gesehen: Von den ganzen Ingenieuren, die feste Nazi waren, war keiner dabei! Nur lauter Arbeiter." Die Ingenieure der Alpine waren lauter bekannte Nazi, waren diejenigen, die verbal am radikalsten gegen die Christlichsozialen auftraten. Aber jetzt, wo es ernst wurde, war nichts zu sehen von ihnen. Inkret: „Von den ganzen Herrschaften war keiner dabei, beim Putsch. Nur der einfache SA-Mann war dort, die haben gekämpft."

Da verflog die Lust des Fritz Inkret, sich dem bewaffneten Kampf gegen die Dollfuß-Herrschaft anzuschließen. Denn er sah ganz klar, dass Nationalsozialismus und Arbeiterinteressen nicht zusammen gingen, dass die fanatischen und hasserfüllten jungen Arbeiter, die für Hitler zu den Waffen griffen, als Erfüllungsgehilfen für Interessen benutzt wurden, die nicht die ihren waren. Inkret: „Da hab ich mir gedacht – na, da geh ich nicht mit."

Er bekam den Naziputsch in Leoben als Zuschauer mit: „Ich bin hinein gegangen in die Stadt. Meine Schwester hat in der Waasenvorstadt gewohnt. Haben wir gesehen, wie die Nazi vorbei marschiert sind. Wie bei der Waasenkirche eine Schießerei war, und beim Hauptbahnhof und bei der evangelischen Kirche war eine Schießerei, und so weiter." Er lächelt mir ein wenig schief zu, bevor er weiter redet: „Hab ich nicht mehr mitgetan. Zum Glück. Weil dann wäre es aus gewesen."

Ende August wurde zwei Nazi-Putschisten in Leoben der Prozess gemacht, Franz Ebner und Rudolf Erlbacher. Die beiden hatten sich im Ennstal mit besonderen Grausamkeiten hervorgetan, in den Zeugeneinvernahmen zu diesem Verfahren gibt es Schilderungen, wie Gendarmen und Heimwehrmänner aus nächster Nähe erschossen, mit Gewehrkolben erschlagen oder mit Bajonettstichen getötet wurden. Erlbacher wurde am 22. August 1934 in Leoben hingerichtet, Ebner am 29. August. Inkret: „Persönlich gekannt habe ich die nicht, sondern davon in der Zeitung gelesen. Vom Erlbacher ist heute noch das Grab unten, am Leobener Zentralfriedhof."

Schon am 26. Juli hatte die Regierung die Institution eines „Militärgerichtshofs als Ausnahmegericht" geschaffen, um die Hauptverantwortlichen im Schnellverfahren aburteilen zu können. Am 30. Juli begann in Wien der Prozess vor so einem Gericht gegen den Dollfuß-Mörder Otto Planetta und gegen Franz Holzweber, den Kommandanten der 150 Mann starken Gruppe, die das Kanzleramt erstürmt hatte. In großer Eile wurde dieses Verfahren durchgeführt, ebenso wie kurz darauf folgende Prozesse gegen Putschisten. Offensichtlich wollte das Regime mit diesen keinen rechtsstaatlichen Kriterien entsprechenden Ruck-Zuck-Prozessen verhindern, dass die zwielichtige Rolle etlicher Regierungsmitglieder und Heimwehrführer beim Nazi-Putsch zur Sprache kommen konnte. Planetta und Holzweber wurden am 31. Juli hingerichtet. Insgesamt wurden in ganz Österreich 13 Nazi-Putschisten hingerichtet.

Dollfuß war tot. Sein Nachfolger als Kanzler und Führer der Vaterländischen Front wurde der bisherige Justiz- und Kultusminister Kurt Schuschnigg. Das christlichsoziale und vaterländische Österreich versank für eine längere Zeit in einen schaurigen Todeskult, in dessen Zentrum der ermordete Kanzler stand. Die Kirche erwog ernsthaft die Einleitung eines Verfahrens zur Seligsprechung von Engelbert Dollfuß, wozu es dann aber doch nicht kam. Die Schulkinder mussten ein makabres Lied singen: „Ihr Jungen, schließt die Reihen gut, ein Toter führt uns an!" Und das Ende der ersten Strophe dieses Dollfuß-Liedes: „Mit Dollfuß in die neue Zeit!" Sie dauerte nur vier Jahre, die sogar in ihrer eigenen Hymne gespenstisch morbide neue Zeit.

Ich frage Fritz Inkret, wie er damals auf die Nachricht reagiert hatte von der Ermordung des verhassten Bundeskanzlers Dollfuß. Er antwort nach langem Nachdenken, spricht leise: „Wir waren ja auf den Dollfuß nicht gar so neugierig, wie gesagt, weil wie der Wallisch vor Gericht gestanden ist, da hat der Dollfuß dreimal angerufen, warum der Wallisch noch immer nicht zum Tod verurteilt ist beziehungsweise aufgehängt ist. Darum haben wir mit dem Dollfuß nichts zu tun gehabt. Wie er in Wien erschossen ist worden vom Planetta, da hab ich wo gelesen, dass man ja einen zweiten Schuss entdeckt hat, und da hat man immer gesagt, es hätte ihn der Fey erschossen."

Die nächste Frage: „War da so was wie eine menschlich verständliche Regung, dass man sich gefreut hat über den Dollfuß-Tod?"

Inkret winkt ab mit einer abschätzigen Handbewegung und sagt hastig: „Nein. Ah nein. Wir haben nicht getrauert, nein. Aber gefreut auch nicht. Er ist auf jeden Fall – armselig gestorben. Einen Pfarrer wollte er haben, und das und das und das." Während wir von Dollfuß reden, klopft er die ganze Zeit mit einem Fingerknöchel auf den Tisch, es ist ein sehr lautes Geräusch auf der Bandaufzeichnung. Er redet jetzt langsamer, überlegt jeden Satz: „Im Vergleich zu unseren Kämpfern, die waren, die sind alle ihrer Gesinnung treu geblieben bis zum Schluss. Die haben etwa wie der Wallisch gesagt: Es lebe die Sozial- und -demokratie hat er nicht mehr heraus gebracht. Der Dollfuß dagegen ist armselig gestorben, obwohl er selber grausam war, nicht."

37

Die Zeit in Freiheit nach dem Juli 1934 war alles andere als leicht für Fritz Inkret. Wochen der Arbeitslosigkeit wechselten ab mit kurzzeitigen Arbeiten bei verschiedenen Tischlereibetrieben. Und dazwischen immer die Belastung der Kerkerstrafe, von der noch drei Monate offen waren. Inkret: „Ja, da hab ich immer wieder eine Vorladung gekriegt, ich soll wieder sitzen gehen." Wenn so eine Aufforderung in Zeiten kam, wo Inkret gerade arbeitslos war, dann half ihm ein Lehrmeister von früher. Das war der Tischler Freishager, unter dem Fritz als Lehrbub gearbeitet hatte, bei der

Fritz Inkret (2.v.r.) in den Dreißigerjahren als Tischler. Er kann nicht mehr sagen, in welcher Firma das Bild entstanden ist.

Tischlerei Stoppel in Leoben. Der hatte sich mittlerweile mit einem eigenen Betrieb in Judendorf selbständig gemacht.

Inkret: „Wenn so eine Vorladung gekommen ist, bin ich zum Freishager gegangen und hab gesagt, du schau, nimm mich auf! Der hat mir das bestätigt, dass ich bei ihm tätig bin." Mit diesem getürkten Anstellungsnachweis ging Inkret zu Richter Roschker. Der sagte dazu nur: „Ja, ich weiß eh, weiß eh", und verlängerte den Aufschub zum Haftantritt.

Eines Tages traf seine Mutter auf der Straße Regierungskommissar Leskowa. Der führte die Amtsgeschäfte der Gemeinde Donawitz, nachdem deren Bürgermeister Emmerich Frömel nach den Februarereignissen abgesetzt worden war und nun in den Anhaltelagern Messendorf und Waltendorf bei Graz eingesperrt war. Leskowa, der die Familie Inkret entfernt kannte, beschwerte sich bei Antonia über ihren Sohn Fritz: Er, der Regierungskommissar, gehe oft an den Arbeiterhäusern in Donawitz vorbei, da lungerten ständig die jungen Männer herum, und die grüßten ihn demonstrativ nicht. Und der Fritz sei da auch dabei.

„Nein, das ist nicht mein Bub", sagte Antonia Inkret, „das ist der H., der schaut ihm ganz ähnlich. Mein Bub kann nie da hinunter gehen, weil dort haben wir nichts zu tun, wir gehen immer auf der anderen Seite."

„Ah so", sagte der Regierungskommissar, und: „Ja, was ist denn so mit dem Fritz?"

„Ja, sitzen gehen muss er!"

„Sitzen? Ja, schicken Sie ihn mir hinunter ins Gemeindeamt, machen wir was!"

Fritz Inkret begab sich also in die Amtsstube, der Regierungskommissar begrüßte ihn freundlich, nachdem er gemerkt hatte, dass der, der nie grüßte, ein anderer war, und schrieb dem jungen Mann ein Gnadengesuch, gerichtet an Bundespräsident Miklas. Inkret: „Recht lieb hat er geschrieben, dass ich jung war, und das und das und das, und man möge mir diese restlichen drei Monate erlassen." Leskowa wollte das Kuvert schon zukleben, da fiel ihm noch etwas ein. Er schickte Inkret zum Stadtpfarrer Weinhandl, der sollte auch ein paar Zeilen dazu schreiben, das würde die Chance auf Begnadigung erhöhen.

Inkret ging zum Pfarrer und trug sein Anliegen vor, gegenüber jenem Priester, der bei seiner Standgerichtsverhandlung dabei gewesen war, um im Falle einer Verurteilung dem Delinquenten umgehend die Sakramente spenden zu können. Fritz grüßte mit einem artigen Grüß Gott und bat: „Es wär halt schön, wenn Sie mir auch das Gnadengesuch unterschreiben."

„Was verlangen Sie von mir!", sagte der Stadtpfarrer scharf; als Inkret es schildert, tut er dies mit einem seltsamen mitteldeutschen Akzent.

„Ja, damit ich nicht sitzen geh", antwortete Inkret damals.

„Ich kann mich nicht einmischen in die Politik", sagte der Pfarrer.

Inkret: „Hören Sie, was haben Sie davon, wenn ich sitzen gehe, was hat denn das mit Politik zu tun?"

„Nein, das kann ich nicht tun! Ich kann doch nicht für einen Kommunisten ein Gnadengesuch – ".

„Herr Pfarrer, ich bin ja kein Kommunist, ich bin ja ein Sozialist, ein Sozialdemokrat. Gewesen, oder bin es."

„Nein, das tu ich nicht, das tu ich nicht!"

„Ja, dann danke schön", sagte Fritz damals und nahm das Gnadengesuch und zerriss es demonstrativ. Zuvor hatte er aber das Kuvert mit den nicht entwerteten Briefmarken beiseite getan. Er warf die Fetzen des Schreibens dem Pfarrer auf den Tisch. Und er beschimpfte den Priester heftig: „Dann hab ich ihn noch alles geheißen, was weiß ich, Scheißpfaff, oder was weiß ich. Der Schreiber, der neben ihm gesessen ist, das war so ein Manderl ein kleines, der hat nur noch so gemacht, hat sich ununterbrochen bekreuzigt." Inkret grinst, als er das erzählt, und bekreuzigt sich mehrmals, nicht mit der Geste von Stirn zu Brust und dann linker zu rechter Schulter, sondern mit drei Kreuzen vor Stirn, Mund und Brust.

„Ich brauche Sie eh nicht", fauchte Inkret, „ich geh jetzt sitzen, ich bin es eh schon gewohnt, fünfe hab ich eh schon abgesessen." Jetzt wird seine Stimme sehr böse, leise, gefährlich klingend: „Aber ich werde alle Tage an Sie denken, wenn ich im Häf'n sitze." Nach einer Pause sagt er gleichgültig: „Und ich bin hinaus gegangen und bin sitzen gegangen. Dann hab ich halt die drei Monate da abgesessen."

Von Stadtpfarrer Weinhandl weiß Inkret nichts Gutes zu erzählen. Beim Juliputsch 1934, da sei der anfangs durch die Stadt stolziert mit einem Hakenkreuz-Abzeichen am Revers. Inkret zog noch als junger Mann die Konsequenzen: „Im 36-er Jahr hab ich den Hut draufgehaut, bin ausgetreten aus der Kirche." Heute ist sein Verhältnis zur katholischen Kirche und ihren Repräsentanten wieder wesentlich versöhnlicher. In der Obersteirischen Zeitung vom Februar 1999 ist Inkret auf einem Foto zu sehen, wie er am Wirtshaustisch Karten spielt mit einem Priester. Darüber steht als Titel: „Don Camillo gegen Peppone – Auseinandersetzung unter Preisschnapsern".

Der Priester auf dem Bild ist Josef Gölles, damals noch Pfarrer in Leoben. Inkret: „Ich hab das beste Verhältnis mit dem ehemaligen Pfarrer, wir machen sogar ein Turnier, vor zwei Jahren war es das letzte Mal: Sozialisten gegen die Katholische Arbeiterbewegung. So ein Preisschnapsen." Der Priester sei ein ganz ein lieber Kerl, sagt Inkret, mit halb Donawitz per Du. Eines rechnet er ihm besonders hoch an: „Bei einem Begräbnis, wo jemand begraben wird, der aus der Kirche ausgetreten ist, aber ein Bekannter war von ihm, da geht er hin und redet. In Zivil, ohne Weihwasser und weiß ich was. Redet, und so lieb, und so gut. Nur die anderen Pfarrer, die nützen das aus und schimpfen."

OBERSTEIRISCHE ZEITUNG 27. 2. 1999

„Don Camillo" gegen „Peppone":
Auseinandersetzung unter Schnapsern

Im Rahmen des Schnapserturnieres in Leoben-Leitendorf zwischen SPÖ und KAB (Katholische Arbeiterbewegung) trafen sich am Rande des Geschehens auch „Don Camillo" Pfarrer Josef Gölles und „Peppone" (Fritz Inkret) zu einem außertourlichen Kräftemessen. An dieser Nebenfront siegte „Peppone".

Don Camillo gegen Peppone: Die Lokalzeitung berichtete von einem Preisschnapser-Turnier zwischen Sozialdemokraten und Katholischer Arbeiterbewegung.

38

Im Frühjahr 1935 verbüßte Fritz Inkret die letzten drei Monate seiner Kerkerstrafe im Leobener Gefangenenhaus. Danach fügte er sich aber nicht in ein angepasstes, möglichst unauffälliges Leben unter der schwarzen Diktatur. Er wurde Mitglied der Revolutionären Sozialisten, der illegalen Nachfolgeorganisation der Sozialdemokratie. Was das konkret bedeutet habe, frage ich ihn. Er weicht aus, gibt nur kurz Antwort. „Das war ganz lose organisiert, war ja verboten", sagt er. Und auf die Frage nach Aktivitäten: „Wir haben Flugblätter gekriegt von Brünn, da sind immer Schriften gekommen, Zeitungen, die haben wir ausgeteilt, an die Arbeiter, wen man halt gekannt hat."

Einmal hatte er einen kleinen Wickel mit den Kommunisten. Vor der Brauerei in Göss sprach ihn eines Tages einer an, „ein Genosse, ein Kommunist", so erzählt es Inkret heute, ohne einen Namen zu nennen. Der Genosse bat um eine Spende für die

Rote Hilfe. Inkret: „Ich hab gesagt, ja, selbstverständlich, ich hab ihm was gegeben. Und der fangt einen Zettel heraus und schreibt das auf. Sag ich: Spinnt's ihr, seid's ihr deppert, mehr brauchst du ja nicht tun, als das schriftlich festhalten, wer was gespendet hat! Hab ich ihm den Zettel weggenommen und hab das zerrissen. Da wär ja jeder gefährdet gewesen, der was gespendet hat."

Inkret arbeitete in diesen Jahren als Tischler, setzte die legendären Aktionen fort, das Einkleben von handgeschriebenen Flugblättern in das Innere von Möbeln und Wandverbauten. Tätig war er bei verschiedenen Firmen, immer wieder unterbrochen von längeren Phasen der Arbeitslosigkeit. Er kam herum in der näheren Umgebung und einmal sogar bis nach Wien. Eine Firma stellte ihn ein zum Verlegen von Parkettböden. Sieben Tischler hatten sich beworben um den Posten, Fritz hatte ihn bekommen, weil er der einzige gewesen war, der sich nicht geweigert hatte, die eines gelernten Tischlers unwürdige Arbeit mit den Parkettböden auszuführen.

1936 wollte ihn der Ständestaat in seine Dienste nehmen: Als Soldat beim Bundesheer. Er war jung und gesund, bei der Musterung wurde er in allen Punkten für tauglich befunden. Am Ende wurde er zum Vorsitzenden der Musterungskommission befohlen. Der sagte zu dem jungen Mann mit einem genüsslichen Unterton: „Ja, Inkret, Sie sind tauglich, aber Sie dürfen nicht einrücken!"

„Wieso?"

„Ja, Sie wissen ja eh, was mit Ihnen politisch los ist. Sie sind vorbestraft wegen Hochverrats, Sie dürfen nicht einrücken."

Dieser Offizier ging davon aus, dass Inkret enttäuscht sein würde, weil man ihn als Verräter ansah und er dem Vaterland nicht dienen durfte. Inkret sagte damals, und zwar sehr zynisch: „Na das ist klass. Bravo, bravo."

Der Offizier herrschte ihn an: „Was sagen Sie!"

Inkret: „Stellen Sie sich vor, ich hab eine schöne Arbeit und verdien ganz gut, und jetzt hätte ich müssen einrücken und hätte nichts!"

Da regte sich der Offizier ungeheuer auf, Inkret muss heute noch lachen, wenn er sich daran erinnert, der hatte damals regelrecht zu stottern angefangen und voller Wut gefragt, ob es ihm denn überhaupt nicht leid tue, untauglich zu sein.

Der junge Inkret hatte damals gesagt: „So ist das nicht. Wissen Sie, die Vaterlandsliebe geht nur so weit – mein Vater ist nämlich im 18-er Jahr gefallen. Und die Mutter hat müssen drei Kinder erhalten. Und wissen Sie, was der Dank des Vaterlandes war? 15 Schilling hat meine Mutter gekriegt, und da verlangen Sie von mir Vaterlandsliebe!?" Der Offizier begann ihn zu beschimpfen. Inkrets ruhige Antwort: „Was regen Sie sich auf. Ich bin froh, ich bin glücklich, dass ich nicht einrücken brauch."

39

Es kam das Frühjahr 1938. Der Anschluss. Es ist verblüffend, für einen, der die Zeit von heute aus betrachtet, wie blitzartig sich die diversen Alltage umstellten, wie innerhalb kürzester Zeit das Alte verschwand und das Neue sich ausbreitete und dabei nicht einmal wie ein Neues tat, sondern sich gebärdete, als sei es immer schon da gewesen. Als Beispiel mag wieder einmal die Leobener Ausgabe der Obersteirischen Volkszeitung herhalten.

Am Donnerstag, dem 10. März 1938, machte sie ihre Titelseite auf mit der Schlagzeile „Volksbefragung in Österreich", gefolgt von einem zweiseitigen Bericht. Da wird der amtliche Aufruf des Bundeskanzlers und Frontführers Schuschnigg zum „offenen Bekenntnis zur Heimat" vollinhaltlich abgedruckt, mit der Parole: „Für ein freies und deutsches, unabhängiges und soziales, für ein christliches und einiges Österreich! Für Friede und Arbeit und die Gleichberechtigung aller, die sich zu Volk und Vaterland bekennen!" Die Rede Schuschniggs vor den Amtswaltern der Vaterländischen Front in Innsbruck vom 9. März wird ebenfalls vollständig wiedergegeben. Die ganze Zeitung strotzt von Appellen für die Freiheit und Unabhängigkeit Österreichs.

Fritz Inkret in den späten Dreißigerjahren.

In der nächsten Ausgabe, zwei Tage später, am 12. März, ist alles anders. Dieselbe Zeitung betitelt nun den einzigen Textbeitrag der ersten Seite mit einem knappen „Österreich nationalsozialistisch", drei Viertel der Titelseite werden eingenommen von einem Bild Hitlers, darüber prangt ein Hakenkreuz und die Zeile „Unser Führer Adolf Hitler". Die Schrift dieser Zeile ist größer als der Aufmachertitel. Im Blattinneren folgen etliche riesige Aufrufe an die „deutschen Volksgenossen", den Weg zu einem „wahrhaft freien und sozialen Österreich" mitzugehen. Auf Seite drei findet sich ein halbseitiger Artikel mit dem Titel „Grenzenloser Jubel in Leoben", der von den tausenden Heil-Rufern auf allen Straßen der Stadt, vom kollektiven Absingen des Horst-Wessel-Liedes und dem bejubelten Hissen einer „mächtigen Hakenkreuz-Fahne" am Rathaus berichtet.

In der Zeitungsausgabe vom 12. März werden die Berichte und Aufrufe immer wieder unterbrochen von Gedichten, die allem Anschein nach der Redaktion von

Lesern zugesandt wurden. Auch aus diesen Versen tönt ein einziges Jubilieren. Unter dem Titel „Mein Führer!" dichtete etwa eine Josefine Kollmann: „Wie jubelte das Volk vor Freud, Heil Hitler rief's voll Dankbarkeit, Du edler Mann mit starkem Mut, nimm unser Herz, nimm unser Blut!" Und Inge Mayr legte ein „Gelöbnis" ab: „Du Hakenkreuz an unsrer Brust, füllst uns mit Stolz, mit hehrer Lust, bist uns ein immer mahnend Zeichen, niemals vom Wege abzuweichen."

Der Blick auf die Dinge des Alltags zeigt mit schmerzhafter Klarheit, wie rasch und selbstverständlich die neuen Zeiten angebrochen waren. Es genügt ein kurzer Blick auf die Kinoprogramme. Im Lindner-Kino etwa lief bereits vor dem Machtwechsel der Film „Urlaub auf Ehrenwort" mit Ingeborg Theck. Am 12. März ist die Programmankündigung zu diesem Film plötzlich sehr viel ausführlicher. Der Theck-Film wurde nun als „Großtat deutschen Filmschaffens" angepriesen, welche man zum 20-jährigen Bestandsjubiläum der Ufa zeige. Und ab dem 12. März gab es ein neues Beiprogramm: Der „Ufa-Kulturfilm" namens „Wir erobern Land" wurde gegeben, welcher das Schaffen und Wirken des deutschen Arbeitsdienstes zeigt. Und die Lichtspiel-Leitung wies darauf hin, dass man demnächst schon Wochenschau-Berichte über die Reichsparteitage in Nürnberg bringen werde.

In den Zentral-Lichtspielen Leoben liefen bis 11. März „Ein Volksfeind" sowie „Confetti" mit Hans Moser und Leo Slezak. Ab dem 12. März stand anderes auf dem Programm: „Die weißen Teufel" mit Leni Riefenstahl. Im Tonkino Donawitz gab es vor dem Anschluss „Unter Ausschluss der Öffentlichkeit" mit Olga Tschechowa. Und tagelang bewarb man in den lokalen Zeitungen eine tolle Welt-Uraufführung, welche am 12. März im Tonkino stattfinden sollte, ein „Meilenstein des österreichischen Films": „Konzert in Tirol", jener Film, in dem die Mitglieder der ur-österreichischen Institution Wiener Sängerknaben nicht nur als Sänger, sondern erstmals als Schauspieler zu erleben seien. Am 12. März war alles laute und großspurig Österreichische aus den Ankündigungen verschwunden, es wurde nun beinahe verschämt hingewiesen auf die Premiere des „Wiener Sängerknaben-Großfilms".

Fritz Inkret redet über diese Tage mit einem ungehaltenen Unterton: „Ja. Zuerst waren wir uns ja einig, mit den Christlichsozialen, also mit dem Schuschnigg, dass wir noch einmal zusammen gehen. Aber dann hat der Schuschnigg aufgegeben und hat quasi kapituliert, und in dem Augenblick ist dann der Hitler in Österreich einmarschiert. Wir haben da weiter auch nichts unternommen, weil wir gesehen haben, dass es halt so ist. Gleichzeitig, in den nächsten Tagen, hat ja schon eine ziemliche Verhaftungswelle eingesetzt, also die Bekanntesten was waren sind geschnappt worden und eingesperrt worden."

Seine Frau kommt herein und macht sich an seinem Hörgerät zu schaffen. Sie glaubt, dass er es nicht richtig eingestellt hat und deshalb heute besonders schlecht hört. „Ja ja", sagt er geduldig und: „Hilft nix."

Die Irritation über Fritz Inkrets leichtes Liebäugeln mit dem Gedanken, im Juli 1934 an der Seite der illegalen Nazis gegen das verhasste Dollfuß-Regime zu kämpfen, diese Irritation verfliegt spätestens an der nun folgenden Stelle in der Erzählung seiner Lebenserinnerungen. Inkret war im März 1938 vollkommen klar, was er als Linker, als Sozialdemokrat, von den Nazis zu gewärtigen und zu fürchten hatte. Er befand sich am 12. März nicht unter den tausenden Jubelnden auf Leobens Straßen. Er war mit einem Freund in die Berge geflüchtet.

Inkret und der Kommunist Hubert Rainer gingen auf die Hochalm. Sie wollten nach Jugoslawien und von dort weiter in die Sowjetunion. Rainer hatte Freunde, bei denen sie sich auf der Alm einquartieren konnten. Sie saßen vorerst fest: Auf der Hochalm lag noch so viel Schnee, dass an ein Weiterkommen nicht zu denken war. Sie ließen über einen Boten den Verwandten und Freunden in Leoben die Nachricht zukommen, dass sie in Sicherheit seien.

Inkret: „Dann ist ein befreundeter Kollege nachgekommen nach ein paar Tagen und hat gesagt: Ihr könnt heimkommen, ihr müsst euch nur bei der Gestapo melden. Weil ihr bekannt seid als Linke." Inkret und Rainer marschierten zurück nach Leoben und meldeten sich bei der Gestapo in der Gendarmeriezentrale.

Inkret: „Bei der Gestapo, da ist ein ehemaliger Unsriger dort gesessen und hat gesagt: Wo wart ihr denn, und wir haben gesagt, ja, wir waren da und da oben beim Schutzhaus, Skifahren haben wir wollen, nicht. Da war noch Schnee oben. Ah ich weiß eh, hat der gesagt, aber ich mach dich aufmerksam: Tu nichts mehr. Siehst eh, es ist aus und vorbei." Jeden zweiten Tag mussten sich die den Nazis verdächtigen Roten, die nicht gleich eingesperrt worden waren, bei der Gestapo melden. Das ging aber nur eine gute Woche lang so, dann wurde es dem einstigen Sozialdemokraten, der jetzt unter den Nazis Gendarmeriekommandant des Leobener Postens war, zu blöd: „Geh, schleicht's euch, braucht's nicht mehr kommen", sagte er. Und: „Macht's halt keinen Blödsinn, der Fall ist erledigt. Da ist nichts mehr zu ändern."

Hermine Inkret unterbricht ihren Mann: „Waren ja 99 Prozent Ja-Stimmen für den Nationalsozialismus."

„Ja", sagt er, „da ist dann die Volksabstimmung gewesen, eh klar. Und da hast ja müssen öffentlich die Stimme abgeben. Was eh keinen Wert gehabt hat. Ob Nein oder Ja hat ja keinen Wert gehabt. Jeder hat öffentlich hingegeben den Zettel mit Ja." Er macht eine verächtliche große Handbewegung, als schmisse er einen Zettel auf einen Tisch und schimpft weiter: „Hat ja keinen Wert, weil wenn man Nein sagt, hätte man ja eventuell sich gefährdet."

In den Tagen vor der Volksabstimmung am 10. April 1938 waren die Leobener Nazis in Hochstimmung: Der Führer sollte in die Stadt kommen! Für den 3. und 4. April war Hitler in Graz angekündigt, im Zuge einer Propaganda-Tour, mit der er warb um die Zustimmung der Österreicher bei der Volksabstimmung. Inkret: „Ja, ja.

Bei uns ist ja dann der Hitler durchgefahren. Am Bahnhof war Mords ein Gedränge. Da ist er nach Graz gefahren, mit dem Zug, in die Stadt der Volkserhebung."

Er fährt fort mit einem bitteren ironischen Ton: „Tagelang ist gefeiert worden, am Hauptplatz drinnen, alle waren sie dort, gelt. Was halt die Bekanntesten wie wir waren, wir haben uns ruhig verhalten, haben nichts gesagt. Haben das zur Kenntnis genommen oder zur Kenntnis nehmen müssen, es hätte eh keinen Wert gehabt, irgendetwas zu unternehmen."

Anlässlich des Rummels um Hitler in der Steiermark lassen die Nazis in Leoben überall Tafeln aufstellen mit Propagandasprüchen, auf dem Hauptplatz wird eine provisorische Bühne gebaut, diverse Ansprachen werden gehalten. Fritz Inkret hat dabei mitzuarbeiten: „Der Hubert Rainer und ich waren damals bei der Tischlerei Steinhauser, da haben wir sogar – da haben wir die Empfangstafeln aufgestellt, Holztafeln, Heil Hitler, und Führer befiehl, und so. Am Hauptplatz haben wir ein großes Podium aufgestellt, mit Hakenkreuzfahnen geschmückt."

Seine Stimme klingt immer böser: „Die Leute, die uns gekannt haben, die haben natürlich gelacht. Und gesagt: Na, wie taugt euch das!? Unsrige Leute haben das gesagt zum Teil, und zum Teil auch Nazi. Die Nazi haben das wohlwollend gesehen, sozusagen dass man sieht, dass ausgerechnet wir für sie arbeiten."

Dass sie „nicht nachtragend" sein würden, das hatten die Nazis schon am Tag des Anschlusses versprochen. „Wir verzichten auf die Rache und gewinnen das Volk!", hatte SA-Brigadeführer Wolfbauer in einem halbseitigen Aufruf in der Obersteirischen Volkszeitung am 12. März getönt und dass sie „als deutsche und volksbewußte Männer und wahre Nationalsozialisten dem besiegten Feind die offene Hand entgegenstrecken" würden. Und der Leobener Kreisleiter Otto Christandl gab in derselben Zeitungsausgabe kund: „Wir wollen Frieden und keine Rache."

Leere Versprechen. Denn bereits am 20. September 1938 wurden von einem Schwurgericht in Leoben zwei ehemalige Heimwehrführer aus der Obersteiermark zu lebenslangem Kerker verurteilt, die an maßgeblicher Stelle beim Juliputsch 1934 gegen die Nationalsozialisten vorgegangen waren.

Kreisleiter Christandl sollte später noch eine Rolle spielen im Leben von Fritz Inkret. Zweimal begegneten einander die Männer, einmal zum Nachteil des Sozialdemokraten, das andere Mal zum Nachteil des Nazis. Und unrühmlich in die Geschichte eingegangen ist Christandl wegen seiner Verantwortung für das Massaker an Juden auf dem Präbichl-Pass, die auf einem Todesmarsch gegen Kriegsende in das KZ Mauthausen getrieben wurden.

40

Ich frage Inkret, wie das alltägliche Leben während der Nazizeit war. Er denkt kurz nach, sagt dann: „Man hat Arbeit gekriegt, ich hab wieder arbeiten können, hab dann angefangen bei einer Tischlerei, vom 38-er Jahr an." Er lächelt: „Zuerst im 38-er

Jahr, wie die Nazi eingerückt sind, haben sie zuerst einmal die zwei Dollfuß-Denkmäler weg geräumt. Eines ist gestanden in Donawitz beim Werkshotel, das haben sie zusammen gehaut, das ganze Denkmal. Bei der evangelischen Kirche war auch ein Denkmal, das haben sie auch weg gehaut."

Es sei gleich losgegangen mit der Kriegswirtschaft, noch im 38-er Jahr, sagt Fritz Inkret: „Wo ich gearbeitet habe, da haben wir normalerweise Bierkisten gemacht für die Brauerei Göss, dann haben wir umgesattelt auf Munitionskisten, was weiß ich, tausende von Kisten haben wir da erzeugt. Das war sehr sehr heikel, da hat der, was das übernommen hat, ein Nazi-Offizier, der hat geschaut, und wenn irgendwo ein Ast war, der nicht ganz einwandfrei war, dann hat er gleich ein Ding draufgemacht, ein Kreuz, so quasi: Das ist nicht zum Liefern. Wir haben ihm dann eh gesagt, was er denn denkt, was mit so einer Munitionskiste, wenn sie hinaus kommt in den Krieg, denn geschieht. Ob er glaubt, dass man die reinigen wird und wieder verwenden."

Und mit dem Errichten von Wohnraum hatten die Nazis ebenfalls sofort angefangen. Hermi und Fritz Inkret stehen auf und drehen sich zum Fenster, zeigen in die Josef-Heissl-Straße und erklären es mir: „Dort drüben, in der anderen Gasse, da haben wir gewohnt", sagt Fritz. „Da war da, wo jetzt die Straße ist, nur so ein Feldweg herunter, und die Hauptstraße ist drüben herum gegangen. Der Bahn entlang, kann man sagen. Wo das Hallenbad steht, war ein großes Areal mit vielen Gärten für die Leute, für Gemüse und so. Wir haben auch einen Garten dort gehabt. Das ist alles bebaut worden."

Zum Zeitpunkt des Interviews stand das von außen seltsam klobig aussehende grüne Gebäude des Hallenbades noch vis-a-vis der Anzengruberstraße. Lange werde es aber nicht mehr da sein, sagt Hermi Inkret, es solle demnächst abgerissen werden. Ich frage die beiden, ob diese Wohnblöcke, die von den Nazis errichtet wurden, so wie in meiner Heimatstadt Linz bis in die Jetztzeit herauf im Volksmund Hitlerbauten genannt werden.

Wie aus einem Mund sagen Hermi und Fritz Inkret gleichzeitig: „Nein, nicht wirklich." Fritz alleine sagt dann: „Aber die Bauten, die hier sind in der Anzengruberstraße, die sind erst unter der sozialistischen Gemeindeverwaltung gebaut worden, nach 1945. Das sind diese Bauten da." Er deutet auf die Straße unten, dann redet er noch lange darüber, dass nach 1945 generell mehr Wohnhäuser entstanden seien als in der Nazizeit.

41

Ende November oder Anfang Dezember 1939, so genau kann sich Inkret nicht mehr erinnern, muss er wieder zum Militär. Er wird einberufen zur Deutschen Wehrmacht, Standort Salzburg, zugeteilt wird er den Pionieren. „Ich hab mein ganzes Leben nie eine Krawatte getragen oder beim Hemd den obersten Knopf geschlossen gehabt." Mit diesem Satz beginnt er die Erzählung über seine Zeit bei der Wehrmacht. „Und dorten mit dem Kragerl", fährt er fort, „das hast du immer fest zumachen müssen." Er greift ein paar Mal nach den Kragenteilen seines Hemdes, zieht sie übereinander, als ob er sich erwürgen möchte. „Das hat mich so gewürgt, dass ich ein paar Mal zusammen gefallen bin. Keine Luft gekriegt."

„Kreislauf?", frage ich.

Inkret: „Ich weiß nicht, was das war. Ich war da beengt." Er würgt sich noch einmal demonstrativ mit dem Hemdkragen. „Bis dahin habe ich nie eine Krawatte gehabt, nie ein geschlossenes Hemd getragen. Dort, wenn ich die Uniform ordentlich zugemacht gehabt habe, hat es mich ein paar Mal erwischt, hat mich her geprackt."

Man schaffte Inkret nach Salzburg ins Lazarett, dort ist er „eine Weile gehockt", wie er es ausdrückt, dann verlegte man ihn nach München, in ein größeres und besser ausgerüstetes Lazarett. Dort stand eines Tages eine Ordonanz im Krankenzimmer und rief: „Inkret, hinauf zum Chefarzt."

Der sagte: „Pionier Inkret, Sie haben sofort nach Salzburg einzurücken."

Inkret: „Was ist denn los?"

Der Chefarzt: „Sie werden aus der Wehrmacht entlassen!"

Inkret zog seine Uniform an, packte seine Sachen und fuhr nach Salzburg. Er meldete sich in der Kanzlei des Salzburger Lazaretts, bei einem gewissen Hauptmann Quandt. Der stammte aus Hamburg, wenn er von ihm erzählt, ahmt Fritz den

Wehrmachts-Pionier Inkret (2. v. l.) 1940 in einer Salzburger Kaserne: Aus Jux standen die jungen Männer in Nachthemden stramm.

Fritz Inkrets Ausmusterungsschein von 1940: „völlig untauglich zum Dienst in der Wehrmacht."

norddeutschen Dialekt nach. Der Pionier solle sich setzen, hatte Quandt ihn angeschnauzt. Inkret machte Meldung.

Quandt: „Sie werden aus der Wehrmacht entlassen."

Inkret: „Wieso?"

Quandt wusste es auch nicht, er fragte seinerseits den jungen Burschen, was mit ihm los sei, dass er ohne Angabe von Gründen entlassen werde. Da erzählte Inkret seine Vorgeschichte, dass er mit der Waffe in der Hand gekämpft hatte, damals an der Brücke, und dass er eingesperrt gewesen war unter dem Dollfuß-Regime, acht Monate lang.

Ach so, aus politischen Gründen, habe Quandt damals geseufzt, erzählt mir Fritz Inkret in seinem Wohnzimmer. Er sucht intensiv in seinen Unterlagen, „ich hab doch diesen Dings-Schein da irgendwo, den Wehrpass", murmelt er, und gleichzeitig etwas davon, dass dieser Quandt wahrscheinlich kein überzeugter Nazi gewesen sei. Denn er habe ihn mehr oder weniger vertraulich gewarnt.

„Ich mach Sie aufmerksam, Inkret", hatte Quandt damals in Salzburg gesagt, „seien Sie vorsichtig. Da haben Sie den Wehrpass, da steht nichts drinnen, weshalb Sie entlassen werden, aber seien Sie ja vorsichtig! Es ist sehr sehr gefährlich. Sie sind einer von wenigen, der so harmlos weg kommt. Nicht gleich eingesperrt wird oder was weiß ich." Bei den Worten „einer von wenigen" hebt Inkret seine Stimme extrem, sehr laut wird er, brüllt es beinahe.

Dann lächelt er zufrieden und sagt: „Na ja, ich hab mich gleich verabschiedet, Uniform ausgezogen, mein Privatgewand angezogen, und heim. Und hab mich eben wieder gemeldet bei der Arbeit." Er sucht weiter in seinen Sachen. „Jö, mein altes Arbeitsbuch", ruft er und hebt das vergilbte Büchlein mit dem festen Umschlag hoch. Eine Vielzahl von Firmen ist da eingetragen, und immer wieder lange Perioden von Arbeitslosigkeit. Auf dem Umschlag des Arbeitsbuches prangen der nazi-deutsche Reichsadler und das Hakenkreuz. Trotzdem ist es offensichtlich nach dem Mai 1945 noch verwendet worden, der letzte Eintrag über eine Beschäftigung Inkrets stammt aus dem Jahr 1949. Ja, das sei damals so gewesen, sagt er mit einem Achselzucken, es seien damals auch noch Briefmarken mit dem Hitlerbild verwendet worden, bei denen man lediglich die Reichsmark- und Pfennig-Angaben überdruckt habe.

Dann findet er seinen Wehrpass. „Ausmusterungsschein" steht auf einem einzelnen eingelegten rosaroten Blatt. Darauf nur ein einziger lapidarer Satz: „Ist völlig untauglich zum Dienst in der Wehrmacht und scheidet aus dem Wehrpflichtverhältnis aus." Es wird keine Begründung für die Untauglichkeit angegeben, nur noch das Datum der Ausmusterung: 15. März 1940. Fritz legt den Wehrpass grinsend zurück zu den Unterlagen auf dem Tisch, sagt nur: „Aussig'haut ham's mich."

42

Nach diesen Monaten in Uniform hatte Fritz Inkret mehr oder wenig regelmäßig Arbeit als Tischlergeselle bei verschiedenen Betrieben in der Obersteiermark. Eines Tages lasen er und zwei Kollegen von einer Tischlerfachschule in Detmold-Lippe. Sie meldeten sich an, wurden aufgenommen. 1941 kam Inkret nach Detmold und lernte fast zwei Jahre lang für die Techniker- und Werkmeisterprüfung.

Aus dieser Zeit ist ihm eine Episode in Erinnerung geblieben. Einmal in der Woche musste ein Student vor den Kameraden einen Vortrag halten, zu einem aktuellen politischen Problem. Inkret wählte als Thema für seinen Auftritt einen alten Artikel über Südtirol, den er im Völkischen Beobachter gefunden hatte. Er hat sich diesen Artikel bis heute aufgehoben, er legt mir den Ausriss vor. Der Zeitungsbericht ist in eine umfangreiche Mappe eingeklebt, in der Inkret sozusagen seinen politischen Lebenslauf dokumentiert, leider ist auf dem Ausriss das genaue Datum nicht zu erkennen. Er muss aus 1939 stammen, als sich die beiden Diktatoren Italiens und Deutschlands über das Schicksal Südtirols geeinigt hatten.

Bei dem Beitrag handelt es sich um so etwas wie eine Tischrede Adolf Hitlers, gerichtet an seinen Gast Benito Mussolini. Hitler schwafelt etwas vom Erheben des „römischen Staates aus grauen Überlieferungen zu neuem Leben", während „nördlich von Ihnen aus zahlreichen Stämmen ein neues germanisches Reich entstand." Der Führer deklariert dann „meinen unerschütterlichen Willen und mein Vermächtnis an das deutsche Volk, dass es die von der Natur zwischen uns beiden aufgerichtete Alpengrenze für immer als eine unantastbare ansieht."

Inkret: „Und ich hab halt das genommen und bei den Studenten vorgetragen. Und hab halt gesagt, dass der Hitler Mussolini Südtirol übergeben hat, und so weiter und so fort." Und: „Bitte schön, wir haben das ja erlebt, wir haben keine gute Meinung gehabt von den Italienern. Sie haben uns schon einmal verraten und werden uns wahrscheinlich wieder verraten." Wahrscheinlich hatte er eine eher kritische Einschätzung über die Beziehungen zwischen Italien, Österreich und Deutschland vorgetragen, basierend auf den Ereignissen aus den Jahren 1934 und 1935.

Da hatte Mussolini zuerst mit großem Getöse die „Wacht am Brenner" übernommen und gemeinsam mit den Westmächten England und Frankreich die Unabhängigkeit Österreichs garantiert, auch und vor allem gegenüber Hitler-Deutschland. Als sich nicht einmal ein Jahr später die Westmächte von Mussolini abwandten wegen seines kolonialistischen Feldzugs zur Eroberung Äthiopiens, suchte der italienische Diktator die Nähe Hitlers – und drängte seinen „Schützling" Österreich mit wachsender Intensität zu einem Arrangement mit Deutschland.

Was genau er damals gesagt hatte, daran kann oder will sich Inkret nicht erinnern, er brummt nur: „Das hab ich dort vorgetragen, und die Studenten waren von überall, was weiß ich von wo, vom hohen Norden, die haben überhaupt keine Ahnung gehabt von dem ganzen Zeug, von der ganzen Sache, mit Italien und Südtirol. Haben die also geklatscht."

Es war kurz vor Weihnachten 1941. Alle Studenten fuhren heim, nur Inkret nicht, weil er kein Geld hatte. An einem dieser einsamen Tage in Detmold machte er einen langen Spaziergang, hinaus in den Teutoburger Wald, zum Hermanns-Denkmal. Fritz hockte sich auf eine Bank. Nach einer Weile kam ein weiterer Spaziergänger – eben jener Professor, in dessen Stunde er seinen Südtirol-Vortrag gehalten hatte.

Der Lehrer setzte sich zu seinem Schüler, sie plauderten kurz, dann sagte der Professor: „Das was Sie gestern gesagt haben, das ist sehr gefährlich. Ich mach Sie aufmerksam – tun Sie das nie mehr. Nie mehr! Zum Glück wissen diese Kommilitonen nicht, was das heißt, was da los war! Aber reden Sie nie mehr was davon, das ist sehr gefährlich, wenn da vielleicht Gestapo dabei ist, dann sind Sie weg."

Dieser Professor sei im Ersten Weltkrieg bei den Kaiserjägern gewesen, erzählt Inkret, der habe sich ausgekannt in Südtirol: „Er hat mir gesagt, er weiß das von Bozen, er kennt die ganze Geschichte, es ist ein Trauerspiel, aber reden wir nichts darüber, das ist eine sehr gefährliche Angelegenheit. Darum hat er mich gewarnt, dass ich ja nicht mehr so was tue."

Hermi Inkret mischt sich ein: „Sonst wärst damals schon gelandet in Dachau oder wo."

„Ja", sagt er, schweigt dann. Nach einer langen Pause kommt das vertraute: „So ist das."

Hermi Inkret schaut mich an und lächelt: „Er hat immer einen Schutzengel dabei gehabt."

43

„Wie wir heim gekommen sind aus Detmold, da haben wir geschaut, dass wir eine Arbeit finden", erzählt Fritz Inkret. Anfang 1942 hatte er die Techniker- und Werkmeisterprüfung in Lippe abgelegt, daheim arbeitete er wieder als Tischler bei der Firma Weisl in Leoben. Im Mai absolvierte er die Meisterprüfung. Dann hätte er eine Stelle in einem großen Salzburger Tischlereibetrieb antreten können, als Lehrlingsausbildner, 20 Lehrlinge hätte er gehabt.

Wenige Tage vor der Übersiedlung nach Salzburg kam der Direktor der Gaufachschule Leoben-Bruck-Kapfenberg in den Betrieb, weil er mit Meister Weisl etwas zu besprechen hatte. Irgendwann einmal sagte der Berufsschuldirektor: „Ja, jetzt fängt die Schule an, und ich hab keine Meister und keine Lehrer, für die Tischler nicht und die Metaller nicht."

Weisl sagte: „Ist eh klar, wenn einer nicht bei euch dabei ist, wenn einer kein Nazi ist, kann er nichts werden."

„Was redest denn für einen Blödsinn, was ist denn los," antwortete der Schuldirektor.

Weisl zeigte auf Fritz Inkret: „Na der da, der hat alle Prüfungen, ist Meister und Techniker und was weiß ich, und der geht jetzt nach Salzburg hinaus als Lehrlingsausbildner."

Der Schulmann wurde neugierig, er redete mit Inkret, und der sagte ihm, dass er Schutzbündler war und Roter ist und gesessen ist wegen dem Februar '34. Der Direktor sagte: „Möchten Sie nicht bei uns anfangen?"

Inkret: „Selbstverständlich, wenn es geht. Aber ich glaub es nicht."

Es ging doch. Inkret fuhr heim mit dem Fahrrad, holte seine Papiere und Zeugnisse und gab sie dem Direktor mit, der schickte sie nach Graz in die Reichsstatthalterei. Nach acht Tagen bekam Inkret Post: „Sie haben Ihren Dienst am 1. September 1942 in Donawitz anzutreten."

Inkret kam an die Berufsschule in Donawitz. Er beschreibt es so: „Die ganze Obersteiermark hat dort gelernt. Das hat es ja überall gegeben, in Knittelfeld war auch so eine Bezirksberufsschule, die mit dem Kaufmännischen gekoppelt war, in Bruck, überall halt, in den großen Bezirksstädten hat es das gegeben." Und nach einer Pause: „Ja, ich war wie gesagt von '42 bis '44 Berufsschullehrer."

Ich frage ihn: „In diesen Jahren war also dein Alltag in der Nazizeit unspektakulär?"

Seine Antwort ist kurz und klar: „Ja."

44

Ganz so einfach dürfte doch nicht alles gewesen sein. Rund um Leoben formierte sich Ende 1943 unter dem Namen Österreichische Freiheitsfront eine kommunistische Partisanengruppe, die bald mit dem bewaffneten Kampf gegen die Nazis begann.

Ausgestattet mit aus dem Leobener Militärlager erbeuteten Waffen griffen die Partisanen Munitionszüge an. Die spektakulärste Aktion fand in der Nacht vom 10. auf den 11. Juli 1944 statt, als die Freiheitsfront die Bahnlinie mitten in Leoben sprengte. Die Folge war zwar lediglich das Entgleisen der Lokomotive eines Munitionstransports, doch zu jener Zeit, als die Begeisterung für die Nazi-Herrschaft schon ziemlich abgekühlt war, hatte dies große propagandistische Wirkung – forderte allerdings etliche Opfer unter Unbeteiligten: Im Namen der nationalsozialistischen „Sippenhaft" wurden viele Leute verhaftet, die nicht zur Widerstandsbewegung gehörten, einige landeten in Konzentrationslagern.

Fritz Inkret redet über dieses Thema kaum. Es wird lediglich deutlich, dass er die Männer dieser Gruppe teilweise gekannt und dass er gewusst hatte, dass sie Partisanen waren. Mit einem ihrer Führer war er befreundet, mit Hubert Rainer, jenem Mann, mit dem er im März 1938 vor den Nazis in die Berge geflohen war und der mit ihm zur Ausbildung in Detmold war. Selbst mitgemacht bei irgendwelchen Aktionen hat Inkret nicht.

Er beschreibt mir ein Erlebnis mit den Partisanen: „Ich weiß, dass während dieser Zeit, da bin ich einmal heim gegangen in der Nacht, auf einmal kommt ein Soldat zu mir und sagt, Fritz, was ist los? Ich schau ihn an – war es der Krenn. Das war einer von den Partisanen, der hat dort drüben gewohnt." Er zeigt unbestimmt Richtung Donawitz. Johann Krenn war unter dem Decknamen „Albert" der Kommandant der Partisanengruppe Leoben-Donawitz, er wurde am 15. August 1944 in Judendorf erschossen, nachdem ihn ein Genosse verraten hatte.

Noch eine Geschichte erzählt er, von der Buchhalterin der Berufsschule, an der er in jenen Monaten arbeitete. Die kannte Inkret schon von Kindheit an, ihr Bruder hatte mit ihm zusammen als Lehrling im Altersheim gewohnt. Diese Buchhalterin, die auf einem Bauernhof im Hinterberger Graben in einem Untermietzimmer lebte, sagte eines Tages: „Du Fritz, bei uns sind die Partisanen, bei uns haben sich die einquartiert, drei, vier Mann, die haben mit einer Schreibmaschine alles Mögliche gedruckt, also vervielfältigt."

Fritz Inkret war damals aufgefallen, dass fast immer, wenn die Partisanen in Scheunen oder Höfen untergeschlüpft waren, ein paar Tage nach deren Abzug die Gestapo auftauchte und die Unterkunftgeber verhaftete. Also warnte er die Kollegin aus der Berufsschule: „Hilde, pass auf, das ist sehr gefährlich, dass die dort einquartiert sind bei euch, wenn die draufkommen, seid ihr auch fällig. Schau, dass ihr die weg kriegt." Es geschah tatsächlich so. Die vier Partisanen verließen das Bauernhaus, und schon am nächsten Tag war die Gestapo da und verhaftete die Hausleute.

Die Kommunisten haben nach dem Krieg Fritz Inkret eine Weile Vorwürfe gemacht, aus zweierlei Gründen. Zum einen, weil er diese Frau aufgefordert hatte, die Partisanen „wegzukriegen". Und zum anderen sagte man ihm nach, dass er sich geweigert habe, die Rote Hilfe zu unterstützen – weil er in den späten Dreißigerjahren

Das Bild zeigt Fritz Inkret mit Hubert Rainer und Johann Krenn (v.r.), die beide gegen Ende des Krieges zur obersteirischen Widerstandsgruppe „Österreichische Freiheitsfront" gehörten und 1944 von der Gestapo erschossen wurden.

den Zettel zerrissen hatte, auf dem ein kommunistischer Genosse Inkrets Namen als Spender aufgeschrieben hatte. Möglicherweise waren sie aber auch deshalb nicht gut zu sprechen auf ihn, weil er ein Freund von Hubert Rainer war, den seinerseits die Kommunisten verdächtigten, ein Verräter zu sein. Wie auch immer – Rainer wurde jedenfalls von der Gestapo erschossen, im August 1944, als er festgenommen werden sollte. Der Täter fasste dafür übrigens im Jahr 1958 eine Strafe von zwei Monaten bedingt aus – wegen Missbrauchs der Amtsgewalt.

Und Fritz Inkret ist bis heute befreundet mit der Familie des Johann Krenn. Beim Interview kommt er noch einmal auf ihn zu sprechen. „Der Krenn, das war ein Partisan. Der hat eine Uniform der Wehrmacht angehabt, zur Tarnung. Der ist dann – mein Kollege, der Rainer Hubert, der war mit mir in Detmold, die sind alle zwei in Judendorf unten erschossen worden. Sind wo einquartiert gewesen, also versteckt, und so weiter, und sind dann von der Gestapo erschossen worden."

Hermi Inkret fragt, als sie den Namen Krenn hört: „War das der Vater von dem Manfred?"

„Ja, ja", sagt er.

Hermi Inkret: „Der Sohn vom Krenn. Lebt in Kärnten jetzt. Der kommt uns jetzt noch manchmal besuchen."

45

Zu Ostern 1944 kreuzten sich die Wege von Hermi Leipold und Fritz Inkret das erste Mal. Hermi machte mit zwei Kolleginnen einen Ausflug auf den tiefwinterlichen Hochreichart. Ohne Ski stapften sie zur Hütte hinauf, sie beherrschten die Kunst des Skifahrens nicht einmal. Hermi: „Sind wir halt zu Fuß rauf, drei Stunden im Schnee. Und oben war der Fritz mit ein paar Bekannten. Eine Menge Leute war auf der Hütte, die war voll besetzt. Wir drei Mädel mussten auf dem Tisch schlafen, die haben uns vom Dachboden oben Matratzen herunter getragen. Nachher sind wir noch weiter rauf auf den Berg, und dann hinunter ins Tal."

Auf dem Hochreichart lernten sich die beiden kennen. Hermi, das Kleinhäuslerkind aus Trofaiach, arbeitete mittlerweile in der Rüstung. Dienstverpflichtet. Zuvor war sie in Linz gewesen, bei einem Zahnarzt in der Schillerstraße. Sie musste dem Zahnarzt als Gehilfin in der Ordination zur Hand gehen und dann auch noch als eine Art Mädchen für alles in der Privatwohnung, putzen und das Kind hüten. „Das war so '39 oder '40, wie die Göring-Werke gerade angefangen haben", sagt sie, und erzählt von einer schönen Erinnerung an Linz: „Mit dem Mäderl von denen bin ich immer am Sonntag spazieren gegangen, in der Stadt, oder auf den Pöstlingberg. Jetzt möchte ich gerne wieder einmal hinauf fahren auf den Pöstlingberg."

Danach arbeitete sie daheim in Trofaiach als Verkäuferin. Schließlich landete sie in der Munitionsfabrik in Mitterndorf, als Prüferin von Führungsringen. Weil sie mit Schublehre und Rechenschieber umgehen konnte, war sie auf diesen Posten eingeteilt worden. Sie erklärt mir ihre Arbeit: „Führungsringe für Granaten und Artilleriemunition wurden gepresst und gesintert. Wenn sie aus dem Ofen kamen, musste ich sie abnehmen und für richtig oder falsch befinden."

Am letzten Tag ihrer Bergtour zu Ostern 1944 legten sich Hermi und ihre zwei Freundinnen noch einmal in die Frühlingssonne. Hermi zog ihre Schuhe aus und schlief für eine Weile ein. Als sie aufwachte, hatte irgendjemand die Schuhe randvoll mit Schnee gefüllt. Es kam zu einer kleinen Balgerei, von der ein Foto existiert. Unbekümmert sehen sie alle aus, die jungen Menschen, im vorletzten Kriegsjahr. Dann fragte Fritz die Hermi, ob sie sich traue, mit ihm ins Tal zu fahren. Wie er das meine, fragte sie. Nun ja, mit den Skiern, sie solle sich einfach hinter ihm auf die Latten stellen.

Hermi Inkret: „So sind wir gefahren, eine ganz schön lange Strecke lang. Dann hab ich ein Stück weiter vorn gesehen, da ist ein Fetzen Zeitungspapier im Schnee gelegen. Sagt er: Pass auf, da wird es uns jetzt hin streuen. Da war eine Kurve, und das Papierl, und wir sind schon da gelegen! Ich hab einen Rucksack gehabt, der war über meinen Kopf drüber, neben ihm bin ich hingeflogen. Dann sind die anderen mit den Ski nach gekommen. Und die haben gelacht! Weil wir da drinnen stecken im Schnee. Die haben eine Mordsgaudi gehabt und haben geschrieen: Was habt's denn ihr da jetzt gemacht so lange!?"

Hermine Leipold, die spätere Frau Inkret, in den Dreißigerjahren.

Sie lacht laut auf, Fritz fällt ein mit einer Art Kichern. So wie sie das erzählt, und wie er auf das Foto schaut von der Rangelei wegen der schneegefüllten Schuhe, muss man annehmen, dass dies der Moment gewesen war, der sie zusammen gebracht hatte. Jedenfalls haben sie sich ausgemacht, sich zu Pfingsten wieder auf dem Hochreichart zu treffen. So geschah es auch, Hermi marschierte hinauf mit ihren zwei Kolleginnen, Fritz hatte auch zwei Freunde mitgenommen. Die Begleiterinnen und Begleiter von Hermi und Fritz verstanden sich jedoch nicht sonderlich gut und suchten sich jeweils eigene Gesellschaft. Was den Vorteil hatte, dass Hermi und Fritz viel Zeit für sich allein hatten.

„So sind wir eigentlich beisammen geblieben", sagt Hermi, „aber dann hat es eine lange Zeit gedauert, bis er sich wieder gemeldet hat, und ich hab mir gedacht, na ist eh klar, das ist ja nur so eine Bekanntschaft."

„Derweil war ich in Haft", knurrt Fritz.

Hermi: „Da habe ich eh was munkeln gehört. Zu dieser Zeit hab ich den Fritz ja noch kaum gekannt, aber da hat man was gehört."

Fritz fragt sehr laut: „Was!?"

Hermi: „Dass ihr womöglich fremde Nachrichten hört."

Fritz lacht ein kurzes zorniges Lachen: „Das war damals üblich, dass die Gestapo gekommen ist auf d'Nacht und hat einfach angeläutet, angeklopft, dann hinein in die Wohnung und geschaut, was am Radio los ist. Bei mir ist es auch passiert, aber ich hab ja genau gewusst, was los ist. Da ist auch einmal die Gestapo kommen und hat geklopft." Er klopft dreimal kräftig mit den Knöcheln auf den Tisch, so heftig, dass die Aufnahme auf dem Tonband schwer übersteuert. „Ich hab dann sofort den Sender umgestellt, ich hab eh ganz leise gehabt, hab sofort umgestellt, der Gestapomann ist herein gekommen, hat geschaut, ah, passt schon, und ist wieder weg."

46

Im Juli 1944 bekam es Inkret dann in lebensbedrohender Form mit der Gestapo zu tun. Die Aktivitäten der Partisanengruppe Österreichische Freiheitsfront lösten in Leoben eine große Verhaftungswelle aus. Rund 90 Männer wurden verhaftet, Kommunisten, Sozialdemokraten, ehemalige Schutzbundkämpfer, alle eben, die „bekannt" waren, wie es Inkret ausdrückt. Womit er meint: Alle, über deren linke Gesinnung das Regime Bescheid wusste. Unter den Verhafteten befand sich auch Inkret, früh am Morgen hatte man ihn aus der Wohnung seiner Mutter an der heutigen Josef-Heissl-Straße geholt.

Man brachte ihn in das Gestapo-Quartier am Leobener Hauptplatz, in den zweiten Stock. Es saßen schon mehrere Gefangene dort, einer lag schwer verletzt am Boden. Inkret: „Das war der Uhrmacher –". Er bricht ab, der Name fällt ihm nicht ein, nach einer Weile redet er weiter: „Den haben sie genommen, bei Händen und Füßen, zwei Stapobeamte, und haben ihn hoch geworfen, und dann ist er auf den Boden gefallen und hat sich einiges gebrochen." Er schwingt seine Arme in der Luft, zeigt mit großen Gesten, wie sie einen hochheben, den Körper an Händen und Füßen schwingen lassen, dann ihn in hohem Bogen wegwerfen. Leise sagt er: „Tot war er nicht, der ist mit uns nach Graz gekommen."

Hermi Inkret fällt ein, wie dieser Uhrmacher geheißen hat: „Andreawitsch. Der hat nach dem Krieg unsere Eheringe gemacht. Oder – wir haben sie bei ihm gekauft."

Fritz Inkret: „Der war in Göss drüben Uhrmacher, war ein fester Kommunist oder Sozialist, was weiß ich was, hat gesammelt für die Rote Hilfe. Der war dabei bei dem großen Kreis der Verhafteten. Etliche sind dort sehr verprügelt worden, in Leoben, bei der Verhaftung. Ich hab nicht einmal eine Watsche gekriegt, gar nichts."

Ein paar Wochen lang war Inkret im Kreisgericht Leoben inhaftiert. Dann schaffte man ihn und viele andere mit einem Lastwagen nach Graz, in die Gestapozentrale beim Paulustor, wo auch heute noch die Polizeidirektion und das Bezirksgericht angesiedelt sind, nahe dem Schlossberg und nahe dem heutigen „Platz der Versöhnung".

Dort wurden Inkret und die anderen ununterbrochen von der Gestapo verhört. Man wollte alles wissen, was mit der Partisanengruppe und deren Aktionen in Leoben und Umgebung zu tun hatte. Inkret: „Der Gestapomann hat mich gefragt, warum ich die Widerstandsbewegung nicht angezeigt habe. Ich wär auch dabei gewesen, haben sie zuerst gesagt, sag ich, nein, ich hab mit dem nichts zu tun gehabt. Schmählhalber hab ich gesagt: Ich hab einen schönen Posten, ich bin jetzt Lehrer, und ich hab nichts zu tun damit."

Unter den Verhafteten befand sich auch Hubert Rainer. Zu dem hatte Fritz bei einem zufälligen Treffen einmal gesagt: Lasst mich in Ruhe mit solchen Sachen, ich will nichts wissen davon. Offensichtlich hatte Rainer dies bei seinen Verhören angegeben, denn eines Tages warf es ein Verhörbeamter dem Gefangenen Inkret an den Kopf. Im Sinne von: Inkret habe offensichtlich von der Existenz der Partisanenbewegung gewusst. Der sagte damals: „Ich hab wirklich nichts getan, ich bin vollkommen aufgegangen in meinem Beruf als Lehrer."

Die Gestapoleute kündigten Inkret an, dass sie nun eine Gegenüberstellung zwischen ihm und Hubert Rainer vornehmen würden. Ein paar von ihnen verließen den Verhörraum, um Rainer zu holen. Genau in dem Augenblick, als Rainer aus seiner Zelle geführt wurde, gab es Fliegeralarm. Inkret: „Da sind die Stapobeamten verschwunden in den Keller, alles verschwunden, und aus. Erst nach der Entwarnung sind sie wieder herauf gekommen. In dieser Zeit ist der Rainer entkommen. Ist geflüchtet, wurde später in Judendorf erschossen."

Man konnte Inkret nichts beweisen. Dennoch wurde ihm im September oder Oktober, da kann er sich nicht mehr genau erinnern, angekündigt, dass er nun nach Mauthausen transportiert werde. Ins KZ.

Er zeigt hinüber zu dem Kasten unter dem Fernsehapparat und sagt: „Dann haben sie mir gleich die Handschellen, die ich da habe, angehängt, und dann sind wir vom vierten Stock hinunter gegangen." Zwei Gestapomänner flankierten Inkret im Stiegenhaus, unten stand schon das Auto bereit für die Fahrt nach Mauthausen.

Was dann geschah, hört sich an wie eine ironische Wendung der Zeitgeschichte. Der Schutzbundkämpfer und Sozialdemokrat Fritz Inkret, der noch vor ein paar Jahren Zettel in das Innere von Möbeln geklebt hatte mit der Aufschrift „Hitler verrecke", dieser Inkret, den die Gestapo für einen Beteiligten oder zumindest für einen Mitwisser der Leobener Partisanengruppe hielt, wurde vor der Einweisung in ein Konzentrationslager, vor Terror und Folter und möglicherweise vor einem elenden qualvollen Sterben gerettet – von einem Nazi und hochrangigen SS-Mann.

Inkret: „Die haben mich vom vierten Stock herunter geführt, da sind drei SS-Offiziere hinauf gegangen, über die Stiege. Und einer von denen schreit mich an: Pulverdampf!" Inkret macht eine Pause, schaut mich an, sagt: „Pulverdampf, das war mein Spitzname. Was tust denn du da, hat der SS-Mann gerufen. Da schau ich so – war es der Emil Mationschek. Mit dem ich in Leoben eingesperrt war, im Juli 1934. Sag ich: Emil, Emil, hilf mir, hilf mir."

Die folgende Szene beschreibt der alte Inkret äußerst dramatisch, er steigert sich hinein, nimmt für jede Person eine andere Stimme an, führt die Sache beinahe wie ein Schauspieler auf, der alleine mehrere Rollen spricht. Was er denn getan habe und wieso er da sei, hatte Mationschek damals gefragt.

Inkret: „Nix, ich hab nur mit die drei gegen die Schwarzen gekämpft, und jetzt bin ich Lehrer, und jetzt haben sie mich da verhaftet, und jetzt soll ich nach Mauthausen kommen."

Mationschek, mit sehr barschem Ton: „Ja, was hast denn getan?"

Inkret: „Nix, nix. Bekannt bin ich halt, ja."

Mationschek: „Gehen wir noch einmal hinauf."

Inkret, die zwei Gestapomänner und der SS-Offizier gingen zurück hinauf in den vierten Stock. Mationschek fragte den Gestapomann, der Inkrets Überstellung angeordnet hatte: „Sag einmal, was hat denn der Bub da getan?"

Der Gestapobeamte: „Ja, ja, das ist ein Kommunist."

Inkret schrie: „Ich bin kein Kommunist! Ich war nie ein Kommunist, ich bin kein Kommunist nicht! Mit dem Emil bin ich eingesperrt gewesen, weil wir gegen die Schwarzen gekämpft haben."

Mationschek zu dem Beamten: „Geh schau nach, was hat er wirklich getan?"

Die Antwort des Gestapomannes: „Bekannt ist er halt."

Mationschek: „Das ist wohl ein bisschen zu wenig. Schickt ihn heim."

Was tatsächlich geschah. Man nahm Inkret die Handschellen ab und er bekam ein Entlassungszeugnis. Das Weitere beschreibt er sehr emotional: „Dann hat mich der Emil an sich gedrückt, ich hab Rotz und Wasser geheult. Sagt er: Fritz, stell dir vor, eine Minute früher oder später, und aus ist es mit dir."

Dass er ihm versprechen solle, nicht mehr aufzufallen, sagte Emil Mationschek noch und meinte zu Fritz Inkret, der sich Sorgen machte, ob er wohl wieder als Lehrer würde arbeiten dürfen, dass sich schon alles finden werde. Dann verabschiedeten sie sich. Sie sollten sich nie wieder sehen, aber das wussten sie damals beide nicht. Inkret: „Ja, und dann bin ich bei strömendem Regen durch die Annenstraße herauf, zum Bahnhof, und heim, nach Leoben."

Inkret sagt eine Weile nichts. „Mationschek", brummt er schließlich, „der Name sagt alleine schon, dass er ein Kärntner ist." Und dann schweigt Fritz sehr lange. Er sitzt einfach nur da und sagt nichts, kramt auch nicht wie sonst in seinen Zetteln und Kopien von Zeitungsartikeln und Dokumenten. Schließlich bricht Hermi das Schweigen, sie sagt: „Dieser Andreawitsch, der ist auch wieder heimgekommen nach 1945."

Fritz blickt hoch und sagt leise: „Ja, der ist auch wieder heim gekommen. Aber von den 90, die damals verhaftet wurden, sind 60 nicht mehr heimgekommen. Die sind in KZs verreckt. Erschlagen und erschossen und vergiftet und vergast. 60 Menschen allein aus dem Bezirk Leoben."

47

Die Arbeit als Berufsschullehrer hatte Inkret nach den Monaten in Gestapohaft verloren. Er heuerte also wieder als Tischler an, bei der Firma Steinhauser in Göss. Er versuchte aber, zurückzukommen an die Gaufachschule in Donawitz. Zufällig traf er einen Lehrer, einen Schulrat aus seiner ehemaligen Schule, der ein strammer Nazi war und Inkret einen Termin bei der Kreisleitung verschaffte. Er drang jedoch nicht einmal bis zu Kreisleiter Christandl vor, aus dem Vorzimmer hörte er den Kreisleiter mit seiner Sekretärin brüllen, dass er auf keinen Fall mit einem Kommunisten sprechen werde. Beim zweiten Mal ging der Schulrat mit, er und Inkret wurden vom Kreisleiter empfangen

Inkret: „Sind wir hinein zum Kreisleiter Christandl, was weiß ich, was ich gesagt habe."

Christandl herrschte ihn scharf und streng an: „Was ist mit Ihnen!"

Inkret: „Herr Kreisleiter, ich möchte Sie ersuchen, dass Sie mir helfen, dass ich weiter in die Schule gehen kann als Lehrer."

Der Kreisleiter kreischte los: „Mit einem Kommunisten hab ich nichts zu reden! Hinaus! Hinaus!"

Fritz schreit das so laut in schnarrendem Befehlston, dass seine Frau Hermi lachen muss. Damals hatte Christandl auch den Herrn Schulrat lautstark angeschnauzt: „Wer sich für den Bolschewiken einsetzt, ist selber ein Kommunist!" Dabei schlug er mit großer Kraft die Faust auf den Tisch. Die beiden Bittsteller entfernten sich sehr rasch. „Da hast mir aber schön was angetan", sagte der Schulrat verdattert.

Inkret bekam keine Chance mehr. Zwar kontaktierte der neue Direktor seiner Schule, ein NS-Blutordensträger aus Knittelfeld, ebenfalls in dieser Sache die Kreisleitung in Leoben. Der Schuldirektor legte sich mit Christandl an und empfahl diesem, sich bei seinen Besuchern eines höflicheren Umgangstons zu befleißigen. Aber eine Rückkehr Inkrets als Berufsschullehrer konnte auch er nicht bewirken.

Der Name Otto Christandl ist untrennbar verbunden mit dem Massaker am Präbichl, bei dem mehr als 200 ungarische Juden vom Eisenerzer Volkssturm bestialisch ermordet wurden und für das der Kreisleiter, obschon persönlich nicht beteiligt, die Verantwortung trug. Am 7. April 1945 zog eine Kolonne von 6000 bis 7000 armseligen Menschen von Trofaiach los Richtung Eisenerz. Es waren KZ-Häftlinge, Zwangsarbeiter, die in der Oststeiermark den „Ostwall" errichtet hatten und nun von der SS nach Mauthausen getrieben wurden.

Auf dem Präbichl wurde tags darauf dieser Zug vom Eisenerzer Volkssturm in Empfang genommen, der als zusätzliche Wachmannschaft fungieren sollte. Am späten Nachmittag brach eine etwa einstündige „Schießerei" aus, bei der die Volkssturmmänner aus dem Wald heraus auf die wehrlosen Gefangenen feuerten; viele wurden auch einfach mit den Gewehrkolben erschlagen. Wie sich später beim Prozess gegen Christandl und die Volkssturmführer herausstellte, hatte Christandl schon am Vorabend die Anweisung gegeben, dass auf keinen Fall der ganze Zug von Juden bis Eisenerz gelangen dürfe. Die Volkssturmkommandanten gaben bei den Ansprachen an ihre Männer vor diesem „Einsatz" die Losung aus: „Von den Juden dürfen nur so wenig als möglich Eisenerz erreichen!"

Im Frühjahr 2007 habe ich Fritz Inkret begleitet auf einer Fahrt zum Denkmal, das 2004 von Eisenerzer Schülern in Erinnerung an die Opfer dieses Massakers auf dem Präbichl-Pass errichtet wurde. Er ging da zornig vom Auto weg über das kleine Wiesenstück zu dem Wall aus kleinen Steinen in einem Drahtkäfig, an dem Metallteile angebracht sind, die Jahreszahl 1945, zwei fallende Menschenfiguren und den Davidsstern formend. Er wollte mit niemandem richtig reden von der kleinen Gruppe der viel jüngeren Begleiter, hielt Hermi an der Hand und ging mit düsterer Miene in der Wiese auf und ab, abseits von den anderen. Es war, als setzte ihm der Widerspruch zu zwischen der dunklen gedächtnisschwangeren Stimmung vor diesem Mahnmal und der prachtvollen sonnenbeschienenen Bergwelt dahinter.

Für die Tischlerei Steinhauser arbeitete Inkret im Frühjahr 1945 auf dem Flughafen Annabichl bei Klagenfurt, seine Firma lieferte und montierte die Türen und Fenster. Er kannte die Adresse von Emil Mationscheks Mutter in Klagenfurt und besuchte sie eines Abends. Eine zierliche ältere Dame öffnete auf sein Läuten und fragte nach seinen Wünschen.

„Ist der Emil nix da?"

„Wer sind Sie?"

„Inkret, Fritz Inkret."

„Was, der Pulverdampf!"

Heute noch klingt Fritz ein wenig gerührt darüber, dass die Dame seinen Spitznamen gekannt hatte. Damals hatte sie ihn hinein gebeten, sie hatten Kaffee getrunken, aber seinen Freund hatte er nicht getroffen. Dessen Mutter hatte ihm gleich als erstes gesagt: „Ja, Emil ist an der Front."

48

Anfang April 1945 drang die Rote Armee in den äußersten Osten der Steiermark vor. Am 27. April bildete Karl Renner die erste provisorische Regierung Österreichs. In Graz wurden zu dieser Zeit noch Volkssturmmänner als letztes Aufgebot für das Dritte Reich vereidigt, alte Männer und blutjunge Burschen, fast noch Kinder. Zwischen Leoben und Hieflau erschossen SS-Männer in der Wandau Wehrmachtssoldaten, die sie für Deserteure hielten. Noch am 6. Mai ließ Gauleiter Sigfried Uiberreither in der Hinrichtungsstätte Feliferhof nahe Graz sechs Regimegegner hinrichten. Zu dieser Zeit stand die Sowjetarmee bereits bis zur Linie Semmering–Radkersburg in der Steiermark. Aus dem Süden kämpften sich jugoslawische Partisanen und bulgarische Armee-Einheiten auf steirisches Gebiet vor. Im Nordwesten erreichten die Amerikaner Liezen.

Gauleiter Uiberreither setzte sich am 7. Mai ab. Er tauchte für zwei Wochen unter, stellte sich dann den Engländern und sagte im Nürnberger Prozess als Zeuge aus. Vor seiner Auslieferung an Jugoslawien verschwand er erneut und lebte unbehelligt bis zu seinem Tod 1984 unter falschem Namen in Deutschland. An Uiberreithers Stelle trat sein bisheriger Stellvertreter Armin Dadieu. Der verschwand nach der Übergabe der Amtsgeschäfte an die neue demokratische Landesregierung – mit deren Billigung. Dadieus Flucht führte über Argentinien nach Deutschland, wo er bis zu seiner Pensionierung als Universitätsprofessor wirkte. Die Pension verbrachte er wieder in Graz, völlig unbehelligt, bis er 1978 starb.

In der Nacht von 8. auf den 9. Mai marschierte die Rote Armee in Graz ein. In Leoben erfolgte die Machtübergabe innerhalb von Stunden, Wehrmachtssoldaten zogen ohne besondere Eile aus der Stadt ab, und kurz nach ihnen marschierten Sowjetsoldaten ein. Die Steiermark war als einziges österreichisches Bundesland eine Weile fünffach besetzt. Im Süden standen jugoslawische und bulgarische Truppen, im Westen die Briten, im Nordwesten die Amerikaner, und im großen Rest die Sowjets. Die zivile Verwaltung besorgte eine provisorische Landesregierung, sozusagen eine rot-schwarze Koalition.

Als erste Partei war in der Steiermark die SPÖ wiedererstanden, unter der Führung des Buchdruckers Reinhold Machold, der von 1930 bis zum 12. Februar 1934 Landeshauptmann-Stellvertreter gewesen war. Die früheren Christlichsozialen formierten sich neu um den vorletzten steirischen Landeshauptmann der Ersten Republik, den schwerkranken Alois Dienstleder. Machold führte die provisorische Regierung bis zu den Wahlen vom November 1945.

Wie überall in Österreich war die Sowjetbesatzung gefürchtet und gehasst wegen zahlreicher Übergriffe auf die Zivilbevölkerung, Stichwort Vergewaltigungen. Aber auch wegen der Demontage von Industrieanlagen. Fritz Inkret sieht dies differenziert: „Wir können sagen, dadurch, dass die unsere alten Maschinen weg genommen haben, sind wir ganz neu eingerichtet worden. Draußen in Linz sind sie geblieben, die alten Maschinen, und alle anderen Betriebe haben die alten Maschinen gehabt. Nur wir haben dadurch, dass uns die Russen alles weg genommen haben, alles neu gekriegt, nicht. Und heute sind wir ja DER Betrieb, also in Donawitz, da werden ja die längsten Schienen erzeugt, die sind an die 120 Meter lang."

Er lacht grimmig, wenn er an diese Zeiten denkt: „Wie die Russen herein gekommen sind, hat man in Donawitz die ganzen Maschinen abmontiert, unter Mithilfe der Kommunisten. Die haben da fest mitgeholfen. Sind die Maschinen abgebaut worden, auf Lastwagen verladen oder Lastzüge, und hätten sollen hinaus kommen nach Russland. Bei so einer Maschine, da ist ja alles auf den Zehntelmillimeter eingestellt – bei der Demontage ist nicht gar so behutsam umgegangen worden, zum Teil haben die Leute leider auch eine Wut gehabt, haben alles mögliche zusammen gehaut, und dann ist es eben so weit gekommen, dass diese Züge mit den Beutemaschinen in der Tschechei stehen geblieben sind. Da sind sie drauf gekommen, die Russen: Das hat ja gar keinen Wert, die kaputten Maschinen, das kann man nicht einfach daheim wieder aufstellen und in Betrieb nehmen. Haben sie es hinaus geschmissen, und die Maschinen sind dort verreckt."

Das ist jener Moment in unserem Gespräch, in dem er die Pistole aus dem Schrank holt und sie mir das erste Mal zeigt. „Wie der Krieg aus war, sind wir hin auf die Gestapo, in Leoben, und da hab ich mir das geholt", sagt er. Und: „Die Handschellen hab ich mir dann später geholt, von Graz."

Hermi fragt ihn: „Hast du das nehmen dürfen? Hast du da niemand fragen müssen?"

Er antwortet ungehalten: „Na wenn doch der Krieg vorbei war!"

„Waren da noch keine österreichischen Beamten da?", fragt sie.

„Die Engländer waren da, zu der Zeit – ".

Sie unterbricht ihn: „Das hast du einfach wieder gekriegt?"

Er antwortet laut: „Ja, weil es dorten in der Kanzlei gelegen ist, beim Gestapochef, der dann verhaftet und aufgehängt worden ist."

„Geschossen hast du aber nie mit der Pistole?", frage ich.

Er sagt ganz schnell vier Mal hintereinander Nein. Dann grinst er und sagt: „Na ja, hie und da zu Neujahr, ein paar Mal geschossen, oder zur Osterfeier."

„Mit Platzpatronen?"

„Nein nein, mit den normalen Patronen", sagt er, und klickt dann die Handschellen einmal zu und sperrt sie wieder auf, lässt mich die Pistole in die Hand nehmen, während er nach dem Waffenpass sucht.

Zweieinhalb Monate nach Kriegsende hatten sich die Besatzungsmächte auf den endgültigen Zonenplan für Österreich geeinigt. Für die Steiermark hieß das: Am 24. Juli 1945 zogen die Sowjets ab und die Briten übernahmen das Kommando über das gesamte Bundesland. Im November 1945 fanden die ersten freien Wahlen seit 13 Jahren statt, gewählt wurde in Bund, Ländern und Gemeinden. Der Andrang der

Österreicher zu diesem Urnengang war groß, in der Steiermark etwa betrug die Wahlbeteiligung 94 Prozent. Die Volkspartei gewann in der Steiermark die absolute Mehrheit mit 53 Prozent der Stimmen, die SPÖ erhielt 42 Prozent, die KPÖ fünf Prozent. Für Spitzenfunktionen in der ÖVP im Gespräch war der Großgrundbesitzer Anton Pirchegger gewesen, im Jahr 1920 jüngster Abgeordneter der Christlichsozialen im Nationalrat und von 1934 bis 1938 Präsident des steirischen Landtags. Der Bauernbund-Kandidat Pirchegger wurde dann erster frei gewählter Landeshauptmann der Steiermark nach dem Krieg.

Der Berufsschullehrer Fritz Inkret, der in den letzten Monaten des Krieges und den ersten der Friedenszeit als einfacher Tischler gearbeitet hatte, bewarb sich bei den britischen Besatzern um einen Posten als Hilfskraft bei der Militärpolizei in Leoben und bekam ihn. Seiner Einschätzung nach waren die Engländer sehr genau informiert über die Zuverlässigkeit der Steirer: „Die haben ganz schöne Listen gehabt, wer ein Nazi war, und danach wurde verhaftet. Und sie haben auch gewusst, der war gegen die Nazi und der auch."

Die meiste Zeit war Inkret als Wachorgan im nun mit ehemaligen Nazis überfüllten Leobener Gefangenenhaus eingesetzt und als Begleiter von Häftlingsüberstellungen. In dieser Funktion kam er wieder einmal nach Klagenfurt – „da hab ich einmal einen Nazi hinein transportiert nach Wolfsberg, da war ja ein großes Nazilager." Inkret meint das alliierte Militärgefängnis in Kärnten, wo wie im salzburgischen Glasenbach schwer belastete Nazis festgehalten wurden.

Inkret: „Da hab ich mir gedacht, jetzt geh ich da wieder hin zu der Frau, der Mutter von dem Emil. Habe ich also im zweiten Stock wieder angeläutet, und die Frau kommt heraus." Er ahmt jetzt die alte Dame nach, indem er als erstes tief aufseufzt, wie es wohl die Mutter Emils damals getan hatte, ein lang gezogenes „Ah" heraus presst, das wie ein verwaschenes „Oh weh" klingt. Dann erzählt er, wie der sehr kurze Besuch abgelaufen war: „Herr Pulverdampf, was wollen Sie? – Kann jetzt ich dem Emil helfen? – Da sagt sie: Dem Emil kann niemand helfen, der ist gefallen."

Noch heute ist zu spüren, wie traurig Fritz Inkret damals war. Er redet ein bisschen herum, dass dieser Emil schon was Hohes war bei der SS, genau kann er sich nicht erinnern, möglicherweise Standartenführer, aber dass er nicht glaube, dass der je an irgendwelchen Gräueltaten beteiligt gewesen war. In seiner Erinnerung, da bleibt dieser Emil der junge Bursch, der gegen die Schwarzen gekämpft hat, der Zellengenosse, der ihm das Schachspielen beigebracht hat.

Als Polizei-Hilfskraft der englischen Behörden hat Inkret ständig zu tun mit ehemaligen Nazis. Einer ist ihm ganz besonders in Erinnerung geblieben: Otto Christandl, der einstige Kreisleiter. Der war geflüchtet und hatte sich in der Gegend von Murau versteckt, war aber aufgespürt und in das Leobener Gefangenenhaus geschafft worden. Inkret: „Da hat einmal der Untersuchungsrichter, das war ein englischer Offizier, zu mir gesagt: Bringen Sie mir den Christandl herauf. Da bin ich hinunter gegangen in den Keller, wo die Zellen waren, hab ihm die Handschellen angelegt."

„Ja, wieso?", fragte ihn Christandl.

Inkret, zynisch: „Herr Kreisleiter, ich tu nur meine Pflicht."

Der einst mächtige Mann bat den rauchenden Hilfspolizisten um eine Zigarette.

Inkret krähte beinahe vor Fröhlichkeit: „Sie nehmen doch nicht von einem Kommunisten eine Zigarette an!"

„Wieso?"

„Na ja, Sie haben ja mich damals nicht empfangen."

„Wer sind Sie?"

„Ja, Herr Kreisleiter: Inkret. Ich hab wollen bei Ihnen vorsprechen, aber Sie haben gesagt, nein, mit einem Kommunisten reden Sie nicht. Und jetzt wollen Sie was von mir?"

Dann führte er mit großer Genugtuung den Nazi hinauf in den Verhörraum, nahm ihm die Handfessel wieder ab. Inkret hörte noch, wie Christandl, sichtlich bemüht sich darzustellen als noch vor wenigen Monaten legitimen Funktionsträger, seine Berufstitel und Dienstgrade aufzählte. Und er bekam etwas mit, was ihn heute noch erstaunt: Die Engländer wussten damals, im Spätsommer 1945, schon sehr genau Bescheid über alles, was Christandl verbrochen hatte. Inkret heute, sehr ironisch: „Dem seine ganzen Heldentaten haben die schon aufgeschrieben gehabt."

Otto Christandl wurde am 29. April 1946 von einem britischen Militärgericht wegen der Judenmorde am Präbichl zum Tode verurteilt, die Hinrichtung fand am 21. Juni statt. Ein im Februar 1946 von der Grazer Staatsanwaltschaft parallel eingeleitetes Verfahren wurde eingestellt, Ende 1948 wurde nach einem Zivilverfahren Christandls Vermögen eingezogen, weil er illegaler Nazi und Kreisleiter gewesen war. Wegen des Massakers auf dem Präbichl wurde rund ein Dutzend der Volkssturmmänner aus Eisenerz zum Tod verurteilt und hingerichtet.

Im September 1945 quittierte Inkret den Dienst bei den Briten und begann wieder als Berufsschullehrer zu unterrichten. 1946, in jenem Jahr, als in Donawitz im Beisein von Bundeskanzler Figl der erste Hochofen wieder angeblasen wurde, trat er in den Stand der Ehe ein, Hermine Leipold und Fritz Inkret heirateten am 26. Juni 1946. Für Hermi war es eine Art Überrumpelungsaktion gewesen: „Wir haben uns da schon öfters und regelmäßig getroffen und so. Eines Tages kommt er und sagt: Hast du die Papiere beisammen? In 14 Tagen werden wir heiraten!" Sie lacht und greift nach seiner Hand: „Organisieren und einteilen, das tut er immer."

An die Trauung selbst hat sie zwiespältige Erinnerungen. Sie erzählt davon, wie wenn sie eine heitere Episode vortragen möchte, man merkt ihr aber an, dass es sie heute noch melancholisch stimmt. Mehrfach sich selbst unterbrechend mit kurzem Auflachen sagt sie: „Eine so eine traurige Hochzeit war das. Ich glaub, ich hab in

Ein Foto aus dem Jahr 1946: Die Trauung der Inkrets. Der Bräutigam unterschreibt gerade, dahinter die Braut.

meinem ganzen Leben nicht so viel geweint wie bei meiner Hochzeit. Standesamtlich geheiratet, und von mir war niemand da. Niemand. Weder Familie noch Freunde. Ich hab vier Halbgeschwister gehabt, aber niemand war da."

49

Die Zweite Republik hatte begonnen. Die finsteren Jahre waren vorüber. Man konnte wieder Linker sein, ohne mit großem Ungemach, Verfolgung, ja, mit KZ und Tod rechnen zu müssen. Österreich begann, sich eine „Erzählung" über die jüngste Vergangenheit zu konstruieren, mit der die zwei (genau genommen waren es bald schon drei) großen Lager leben konnten. Im Falle des Nationalsozialismus war das relativ einfach, die zwei großen Volksparteien konnten auf Opfer aus ihren Reihen verweisen, die vielzitierte „Gemeinschaft der KZ-Lagerstraße" funktionierte.

Diese „Erzählung" war möglicherweise wichtig, ohne sie hätte die Zweite Republik vielleicht nicht entstehen können. Als Nicht-Historiker und Nicht-Politologe und Nicht-Soziologe wage ich das nicht zu beurteilen. Als Laien fällt mir aber auf, dass es sich beim Thema Februar 1934 anders verhält. Es gab und gibt ganz eindeutig keine gemeinsame „Erzählung", auf die sich die Kontrahenten von damals und ihre Kinder und Kindeskinder und Rechtsnachfolger und ideologischen Erben einigen können.

Als Autor war ich noch nie mit einem Thema beschäftigt, bei dem die vorhandene – umfangreiche – Literatur zu derart unterschiedlichen Wertungen, Gewichtungen und Folgerungen kommt. Beim Großteil der Texte zum Februar 1934 lässt sich nach wenigen Seiten sagen, von welcher Ecke aus die Verfasserin, der Verfasser die Dinge sieht und bewertet. Man kann mit einiger Leichtigkeit erkennen, ob die Autorenschaft aus der konservativen Ecke kommt, und hier erkennt man auf den ersten Blick die Unterabteilungen in kirchennahe, vaterländische oder nationalkonservative Perspektiven.

Auch auf der linken Seite unterscheiden sich die Standpunkte, zwischen kommunistisch und sozialdemokratisch ist dies klar und eindeutig, doch sogar innerhalb der SP-nahen Autorinnen und Autoren gibt es Abstufungen, von sehr weit links bis zu moderaten heutigen SP-Positionen. Manchen Texten sieht man sogar an, ob ihr Verfasser ideologisch näher bei Otto Bauer oder Richard Bernaschek oder Karl Renner steht.

Es gilt noch immer, was Hellmut Andics 1962 schrieb: Dass es jene Historiker gut hätten, die über die Punischen Kriege oder über Napoleon schrieben, denn: „Weder Hannibal noch der Korse müssen Niederlagen rechtfertigen." Beschreiber von Zeitgeschichte aber seien mit überlebenden Akteuren konfrontiert, die nachträglich beweisen wollten, „dass alles anders gekommen wäre, wenn man auf sie gehört hätte."

Ich sitze in einem Hotelzimmer in St. Michael, da in Leoben wegen einer großen montanistischen Fachtagung keine Unterkunft zu bekommen war. Es ist ein eher trübseliger Abend. Weil im Fernsehen nichts Sehenswertes stattfindet, ordne ich eine Weile die Aufzeichnungen und Notizen zum Interview, das ich vor ein paar Stunden mit Fritz Inkret geführt habe. Vor dem Einschlafen noch ein bisschen Musik aus dem MP3-Player. Tom Waits. Und wie der da so singt, vom „ghost that sells memories", dem Gespenst, das mit Erinnerung handelt, und dann die Zeilen: „And it's a battered old suitcase, in a hotel someplace, and a wound that would never heal", da fühle ich mich hinein in das Lied, bemitleide mich selbst ein wenig als den einsamen Reisenden mit dem abgeschlagenen Koffer, irgendwo in einem Hotelzimmer.

Doch was mich wirklich beschäftigt, ist etwas anderes, es ist diese eine Textzeile von der Wunde, die nicht heilen will. Es ist wie mit der Nacht des Fritz Inkret an der Murbrücke. Die will nämlich auch nicht enden. Sie war nicht um Mitternacht vorbei, als er abzog von der Brücke und kurz darauf verhaftet wurde. Sie war nicht zu Ende mit dem sang- und klanglosen, ja ruhmlosen Untergang des Ständestaates im März 1938. Sie war nicht zu Ende im Mai 1945, und nicht, als Pittermann und Gorbach 1964 einander die Hände reichten.

Die Wunde des Februar 1934 wird weiter und weiter vernarben, aber sie wird nicht heilen. Die Nacht des Fritz Inkret wird nicht zu Ende gehen, solange man Männer wie ihn Teilnehmer einer bolschewistisch motivierten Revolte nennt, die „dem gegen den Nationalsozialismus kämpfenden Staat in den Rücken gefallen" waren, wie es der Historiker Gottfried-Karl Kindermann tut. Und zwar in einem Buch, das im Februar 2003 vom damaligen ÖVP-Nationalratspräsidenten Andreas Khol im österreichischen Parlament präsentiert wurde. Sie wird nicht enden, solange konservative Historiker wie Kindermann auch noch im 21. Jahrhundert mit großer Selbstverständlichkeit in ihren Büchern die Ausschaltung des Parlaments im Jahr 1933 als „von den Austromarxisten selbst verschuldete Parlamentskrise" bewerten.

Diese Februarnacht wird nicht enden, solange das Wirken von Johannes Schober, der im Juli 1927 in Wien auf die Arbeiter schießen ließ, in einer bürgerlichen Tageszeitung gerühmt wird als Kennzeichen für die „staatstragende Bedeutung des altösterreichischen Beamtentums, dessen herausragende Tugenden er repräsentierte: pflichtbewusst, gewandt, liebenswürdig, heimatverbunden und erfüllt von einem kulturell begründeten Nationalgefühl." (Oberösterreichische Nachrichten, 27. Juli 2007)

In der Hotelzimmernacht in St. Michael kommt mich eine Ahnung an. Dass diese Wunden nicht heilen werden, solange sie frisch gehalten werden und solange man daran herum kratzt. Möglicherweise gibt es ja sogar Interessen, sie nicht endgültig abschwellen zu lassen, aber das wage ich nicht zu beurteilen, wer da Interesse haben könnte und welches.

Doch wie verträgt sich das mit dem angeblich so typisch österreichischen Harmonie-Anspruch? Vielleicht ist der auch nur ein Konstrukt, geboren aus der Notwendigkeit, dass die so genannten „Lager" weiter leben mussten und müssen in einem gemeinsamen Land, Tür an Tür. Vielleicht bemühen sie sich deshalb, so zu tun, als ob nichts gewesen wäre? Vielleicht ist dies der Grund, warum sich ein ehemaliger schwarzer Bundeskanzler im Jahr 2007 mit Verve verwahrt gegen die völlig unangebrachte „Retro-Schiene", nachdem ein roter Verteidigungsminister bei einer Rede vor dem Bundesheer den Februar 1934 erwähnt hatte?

Als ich so alt war, wie es Inkret in jener Nacht an der Brücke war, hat mich am Staat Österreich das für mich blödsinnige Streben nach Harmonie am meisten genervt. Alle wollten und wollen sie Harmonie. Nach einem dramatischen Zwischenfall, der zu Verletzungen geführt hat, stellt sich aber die Harmonie nicht von selbst wieder her oder dadurch, dass man so tut, als sei nichts gewesen. Und sie stellt sich auch nicht her durch endloses Beharren darauf, im Recht gewesen zu sein.

50

„Ich hab mich dann wie gesagt im September 1945 bei der Schule gemeldet", sagt Inkret, „habe wieder Dienst gemacht, in Donawitz, und meine Frau war oben in Schardorf, im Rheinlandhaus, was der Baldur von Schirach im 38-er Jahr bauen hat lassen. War ein Jugendheim, ein Hitlerheim, Hitlerjugendheim; zum Schluss war es ein Wehrertüchtigungslager, 1944, 1945, wie es zu Ende gegangen ist, und dann sind sie abgezogen, verschwunden, die Nazi, und dann ist das Heim geplündert worden."

Gleich nach dem Krieg machten sich die Bauern der Umgebung über das später Reitinghaus genannte Gebäude her und nahmen alles mit, was nicht niet- und nagelfest war. Dann waren russische Besatzungssoldaten einquartiert, die den Rest in einen desolaten Zustand versetzten. Als im Sommer die Sowjets abzogen, übernahm die Freie Österreichische Jugend das große Haus in den Bergen.

Die Freie Jugend wurde schon im Mai 1945 als überparteiliche Organisation in Wien gegründet, mit dem Zweck, für eine „österreichische und antifaschistische" Jugenderziehung zu sorgen. Noch 1945 sprang die SPÖ ab und gründete eigene Jugendgruppierungen, im Folgejahr stiegen kirchliche und parteifreie Aktivisten aus. Übrig blieben die Kommunisten, von denen sich die Bewegung Ende der Sechzigerjahre, im Zuge der Richtungskämpfe innerhalb der KPÖ wegen der Breschnew-Doktrin, ablöste.

Die Freie Österreichische Jugend hatte das für die Hitlerjugend gebaute Jugendhaus jedoch nur kurz genutzt, es kam zu Unregelmäßigkeiten in der Verwaltung der Lebensmittelkarten. Danach übernahm die Gemeinde Leoben das Haus und machte daraus ein Erholungsheim für Kinder. Über eine Bekannte bekam Hermine Inkret dort einen Posten als Köchin. Sie wohnte im Heim, und eineinhalb Jahre nach der Hochzeit zog auch Fritz bei ihr ein. Der dann neben seiner Arbeit als Berufsschullehrer ein paar Jahre lang die Leitung des Heims inne hatte.

Hermi Inkret zeigt mir ein paar Bilder vom Reitinghaus, während sie mir die unzulänglichen Arbeitsbedingungen der Anfangsjahre schildert. Es war praktisch kein Kochgeschirr mehr im Heim gewesen, nachdem sich die Bauern und die Sowjetsoldaten bedient hatten, weshalb sie monatelang beim Kuchenbacken die Servier-Tassen für die Getränke als Tortenformen benutzen musste. Auf einem der Fotos ist ein großer Hund abgebildet. „Das ist der Tasso", sagt

Ein Porträt von Hermi Inkret aus dem Jahr 1946. Der Vater eines der Kinder, die sie im Reitinghaus betreute, fertigte die Zeichnung an.

Hermi. „So ein goldiger Kerl. Wir haben ihn später weggeben müssen, für die Wohnung war er zu groß." Fritz schaut auf die Bilder und sagt: „Das Heim gibt es heute noch, aber es steht leer. Unterhalb ist ein Sportplatz, eine große Wiese. Einer wollte es revitalisieren, das ist aber nichts geworden."

Bis 1949 lebte und arbeitete das Ehepaar Inkret im Reitinghaus. Dann sperrte die Gemeinde die Einrichtung zu: Immer weniger Kinder brauchten Erholung, und immer weniger Eltern wollten sie während des Schuljahres für drei, vier Wochen in die Berge schicken. Hermi und Fritz übersiedelten nach Leoben, er war von da an bis zu seiner Pensionierung hauptamtlich als Berufsschullehrer tätig. Hermi arbeitete lange Jahre beim Konsum, eine Weile als so genannte Hausfrauenberaterin. Da musste sie durch die halbe Steiermark fahren und mittels Verkaufsgesprächen in Betrieben den Frauen die Eigenprodukte des Konsum schmackhaft machen. „Schokolade, Waschpulver, Seife", sagt sie, und: „Da bin ich herum gekommen. Bis Mariazell bin ich gekommen."

Auch Fritz Inkret kam herum, er war in mehreren Berufsschulen im Einsatz, Murau, Kapfenberg, Eisenerz, Knittelfeld. Gegen Ende seiner Laufbahn hätte er Direktor werden können, man bot ihm einen Posten als stellvertretender Leiter der zentralen Tischler-Berufsschule in Fürstenfeld an. Er brummt in sich hinein: „Ich bin nicht hinunter gegangen. In meinem Alter noch einmal die Wohnung wechseln und was weiß ich, das tu ich nicht. 1972 bin ich dann sowieso in Pension gegangen, krankheitshalber."

Bei einem Ausflug halten wir an der Straße zwischen Leoben und Eisenerz auf einem Rastplatz genau gegenüber dem Erzberg. Fritz steigt aus dem Auto und geht bis an den Rand des befestigten Platzes, starrt hinüber auf die imposante und völlig menschenleere Kulisse. Er sucht irgendetwas mit seinen Blicken, findet es lange nicht. Dann winkt er mich zu sich heran und zeigt mir einen dunklen Fleck drüben, im unteren Teil des gewaltigen Abraumhügels. „Da ist eine kleine Brücke", sagt er, „siehst du sie, ein Rest schaut noch heraus."

Ich sehe nichts. Er erzählt mir, dass er früher einmal in der Woche mit dem Motorrad über diese Brücke drüben gefahren ist, auf dem Weg nach Eisenerz. Damals verlief die Straße noch drüben, jetzt ist sie schon fast ganz verschüttet. „Immer mittwochs bin ich da gefahren, da haben wir um sechs Uhr in der Früh angefangen in der Werksschule. Eisenerz, nicht. Das war nur ein Raum. Da waren alle drei Klassen beisammen." Gleich neben unserem Auto hat eine Gruppe von Motorradfahrern die Maschinen abgestellt, schwere und erkennbar teure Motorräder sind es. Inkret interessiert das nicht. Ohne nur einen Blick darauf zu werfen, stapft er daran vorbei mit seinem Gehstock und setzt sich wieder ins Auto.

51

Es geht in diesem Buch um den 12. Februar 1934 und vor allem um die Geschichte Fritz Inkrets, die eine besondere ist, weil er einer der letzten noch lebenden Menschen ist, die an jenem kalten Wintertag die Geschehnisse nicht nur als Zeitzeugen erlebt haben, sondern die aktiv beteiligt waren. Nach dem Ende des Zweiten Weltkriegs verlief sein Leben im Vergleich zu den vorangegangenen elf Jahren vergleichsweise unspektakulär. Dennoch seien ein paar Stationen herausgegriffen, weil sie zeigen, dass Inkret sich immer selbst treu geblieben ist.

Ein politischer Mensch war er sein Leben lang. Äußerlich sowieso, als Mitglied und Funktionär der Sozialdemokratie und des Bundes der Sozialdemokratischen Freiheitskämpfer und Opfer des Faschismus und aktiver Antifaschisten. Mehr als 30 Jahre lang war er Gemeinderat, zuerst zwei Jahre lang in Gai, dann, von 1955 bis 1985, in Leoben. Er lacht ein wenig, als er davon redet: „Ich bin angeblich der älteste Subkassier von Österreich. Bei der Partei. Und bei den Freiheitskämpfern kassier

Es gibt viele Fotos von Fritz Inkret mit Prominenten; dieses zeigt ihn mit Bundespräsident Fischer.

ich auch noch. Bevor ich das Auto hab aufgeben müssen, hab ich oben kassiert in Murau und in Eisenerz, was weiß ich, 1952 hab ich angefangen zu kassieren für die Freiheitskämpfer."

Die Nacht an der Brücke im Februar 1934 hat Fritz Inkret über Jahrzehnte hinweg zusammengebracht mit den Spitzen der SPÖ. Reden tut er darüber nicht viel, er sagt manchmal etwas nebenbei, wenn er in seinen Sachen stöbert und ein dementsprechendes Foto in die Finger bekommt, sagt dann Sätze wie: „Ja, das bin ich mit dem Fischer, aber da war er noch nicht Bundespräsident." Er schaut kurz auf das Foto, sagt: „Er lasst sich ja meistens überall mit seiner Frau blicken, das ist auch ein gutes Verhältnis. Ich bin ein paar mal – wir sind fotografiert worden, wie wir zusammen wo waren."

Ein anderes Bild zeigt ihn mit dem damaligen Finanzminister Hannes Androsch. Inkret dazu: „Ich hab dem Androsch einmal in Niklasdorf drunten ein paar Bummerl aufighaut, hat er müssen für das ganze Wirtshaus eine Runde zahlen. Hätt er wahrscheinlich eh so ah." Anlass war eine Jahreshauptversammlung der Bezirkspartei in Leoben, deren Ehrengäste Androsch und der damalige Innenminister Otto Rösch waren. Anschließend fuhren die beiden Minister und ein gutes Dutzend Funktionäre zum Brücklwirt nach Niklasdorf.

Inkret, der im Dienstwagen der Minister hinten bei Androsch gesessen war: „Der Chauffeur ist zu schnell gefahren, und vor Niklasdorf war die Gendarmerie, da ist das Auto aufgehalten worden. Der Gendarm hat gesagt: Zu schnell gefahren, Papiere! Der Chauffeur hat ihm die Papiere hinaus gegeben, und dann hat der Gendarm gesagt: Das kostet so und so viel. Der Chauffeur hat immer so gezeigt – ". Er wiederholt mehrfach eine Geste, augenzwinkernd und mit dem Kopf ganz leicht in Richtung Beifahrersitz deutend. „Neben dem Chauffeur ist der Rösch gesessen. Hinten der Androsch und ich."

Der Gendarm fragte, was denn los sei. Jetzt zeigte der Chauffeur schon sehr deutlich auf seinen Beifahrer, doch ohne etwas beim Exekutivbeamten zu bewirken. Als der sich bückte, um dem Fahrer den Strafzettel zu geben, sah er endlich den Beifahrer. Otto Rösch, den Innenminister, seinen obersten Vorgesetzten. Weiter, weiter, hatte da der Gendarm gewunken. Inkret: „Aber der Rösch sagt: Nix weiter. Schön zahlen! Ich habe nichts gesagt, dass er schnell fahren soll." Fritz lacht leise und sehr lange in sich hinein, noch im Lachen redet er weiter: „Sagt der, na na, schön zahlen! Und der Androsch hat gelacht."

Im Wirtshaus in Niklasdorf spielten die Minister ein paar Runden Schnapsen mit den Genossen aus Leoben. Gegen Meisterschnapser Inkret hatten sie keine Chance, Androsch verlor etliche Liter Wein. Was er von Androschs jetziger Existenz als Großkapitalist halte, frage ich Inkret. Er wird beinahe grantig, auf Androsch hält er große Stücke: „Die Floridsdorfer lassen nichts kommen über ihn. Mein Lieber! Er hat ja noch immer ein natürliches Gehaben. Ob als Minister oder als Millionär – er ist groß in Ordnung."

52

Inkret schlägt ein Album auf, das voller Bilder ist, die aussehen wie Urlaubsfotos. Das waren die Israel-Reisen. Einmal waren Hermi und Fritz mit den Leobener Eisenbahnern in Israel, einmal privat. Urlaubsfahrten waren es jedoch nicht. Inkret hatte in den Achtzigerjahren begonnen, die Spuren der jüdischen Geschäfte zu suchen, die 1938 schlagartig aus Leoben verschwunden waren.

Ich frage ihn, ob es in Leoben eine große jüdische Gemeinde gegeben hat.

„Ja, ja", sagt er sehr lebhaft, „die sind beinahe alle verschwunden. Alles weg." Hermi unterbricht ihn, schenkt Wein ein, verschüttet etwas, sagt: „Wir schütten gern." Fritz holt neue Zeitungsausschnitte, legt sie auf den Tisch, sagt: „Ich hab ja alles zusammen geschrieben. Die ehemaligen jüdischen Geschäftsleute. Mit einem, dem Gansbüttel, hab ich Fußball gespielt, in unserem Arbeiterfußballverein, vor 1934. So 15 Geschäftsleute waren bekannt, nach dem was ich halt eruiert habe."

Inkret war noch Gemeinderat, als er dem Bürgermeister vorgeschlagen hatte, dem jüdischen Erbe Leobens nachzuspüren. In 15 Fällen fand er Belege. Einen Gutteil kannte er aus seiner eigenen Kindheit und Jugend: „Eine jüdische Familie hatte eine riesengroße Tischlerei, und ein Altstoffsammler war, der Knochen und Eisen gesammelt hat und so Sachen. Der –" Es fällt ihm der Name nicht gleich ein, er denkt lange nach und brummt vor sich hin, dann hat er es: „Der Gewing, ja, drei Gewing waren in Leoben, der Schuh-Gewing, der Kleider-Gewing und der Geschirr-Gewing. In der Kärntner Straße, die Geschäfte sind nebeneinander gewesen."

Hermi: „Und der Seifert hat ja ein Textilgeschäft gehabt, gelt."

„Ja", sagt Fritz und wird immer nachdenklicher. Er spricht es nicht aus, aber man merkt ihm an, dass ihm die damaligen Recherche-Arbeiten zugesetzt haben. Weil sich kaum jemand von den Leobenern erinnern konnte oder wollte an die einstigen Mitbürger. Inkret: „Es haben sich viele nicht mehr ausgekannt, wo was war. Dies und jenes ist ja umgebaut worden. Den Friedhof haben sie total zertrümmert, der ist ganz weg, der jüdische Friedhof. Haben sie gleich im 38-er Jahr –".

Wieder bricht er mitten im Satz ab und macht eine unendlich lange Pause. Schweigend sitzen Hermi und ich am Tisch und warten, bis er sich wieder gefasst hat. „Demoliert", flüstert er schließlich. „Den Friedhof gleich im 38-er Jahr demoliert." Wieder eine Pause, dann sagt er laut und zornig: „An den Toten hätten sie sich auch nicht brauchen auslassen!"

Es empört ihn ganz unglaublich. Mich erfüllt diese ein wenig hilflose Empörung und die offensichtliche Unfähigkeit, sie angemessen in Worten zu artikulieren, mit großer Sympathie für den alten Mann über seinen Zeitungsausschnitten und Fotoalben. Denn was er vor Stunden erzählt hat über seine kurzzeitige Versuchung, im Juli

1934 an der Seite der Nazis gegen Dollfuß zu kämpfen, und sein Schwärmen von seinem Freund und Lebensretter, dem SS-Mann, ist für einen Menschen meiner Generation nicht leicht zu ertragen gewesen. Die Intensität, mit der sich Inkret für das Bewahren der Erinnerung an die jüdische Gemeinde eingesetzt hat, rückt alles wieder ins richtige Licht. Die Art, wie er davon erzählt, lässt jeden Zweifel schwinden. Dieser Mann weiß, auf welcher

Der Kaufmann Fritz Freudmann in den Dreißigerjahren vor dem Geschäft seiner Familie (oben) und das Bekleidungsgeschäft der Familie Freudmann in Leoben, das 1938 arisiert wurde (unten).

Seite das Barbarentum steht und die Unmenschlichkeit. Und er steht fest und sicher auf der anderen Seite.

Acht einstige Leobener Familien, die nun in Israel leben, fand Inkret bei seinen Recherchen. Die wurden von der Gemeinde in die Obersteiermark eingeladen. Inkret: „Da bin ich ein bissel mit ihnen umeinander, beim See oben und so weiter." Beim See oben, da meint er die Gegend rund um den Leopoldsteiner See bei Eisenerz, die so genannte Seeau, wo im April 1945 die Opfer des Massakers vom Präbichl in fünf Massengräbern verscharrt worden waren.

In den Folgejahren gab es Gegenbesuche. Hermi Inkret erinnert sich gerne daran: „Da waren vier Leute, die in Israel leben, die alle bis 1938 in Leoben gewohnt haben. Die haben in Israel nichts voneinander gewusst. Die haben sich dort gar nie gesehen." Fritz: „Ich hab die Adressen gehabt und hab sie ihnen gesagt, da haben sie sich alle angerufen, und da sind sie gekommen, von was weiß ich, von Jaffa, von dort und da, und haben sich getroffen in Jerusalem. Und wir waren auch dabei."

Ich frage ihn, ob viele der Leobener Juden umgekommen sind.

Genau 62mal besuchte Inkret mit Schulklassen das KZ Mauthausen. Das Foto zeigt ihn im Jahr 2005 mit Mittelschülern aus Leoben.

„Ja, ja", murmelt er, und sagt dann, dass doch viele überlebt haben. „Die sind ja gleich im Frühjahr 1938 aufgefordert worden, von den Nazi: Sie müssen Ihr Geschäft aufgeben, und so weiter, da haben sie zusammen gepackt und sind nach Wien hinaus, oder über Ungarn, oder über Zypern, und von Zypern nach Israel. Na ja." Er denkt nach, sagt dann: „Ich weiß nicht, wie das ist mit der Wiedergutmachung. Ich weiß nicht, wie das ist. Weil die haben buchstäblich mit einem Koffer in der Hand Leoben verlassen müssen."

„Hast du das gesehen, wie sie mit den Koffern – ?"

„Nein", antwortet er, „ich habe es damals nicht gesehen. Ich hab nur – später, wie wir uns getroffen haben in Israel, da hat mir einer erzählt, wie es ihnen ergangen ist. Die Nazi sind hinein ins Geschäft und haben gesagt: Saujud, in einer halben Stunde musst du verschwunden sein! Hat er halt das Nötigste, Papiere, ein bissel Geld, in den Koffer eingepackt, in den Zug nach Wien, von Wien nach Ungarn. Die Leobener Juden waren alles ganz normale Geschäftsleute, nicht. Ich weiß, wie sie – dass alles auf Pump gegangen ist. Die haben ganz wenig verlangt. Bei den österreichischen Geschäften hast du ja nichts gekriegt auf Pump."

Er leert aus einem Kuvert einen Packen Fotos. Die meisten zeigen Inkret im Kreis von jungen Menschen. „Da", sagt er, „das war, wie ich 60mal im KZ Mauthausen war. Zweimal bin ich dann noch gefahren, 62mal war ich dort. Das auf dem Bild ist die Polytechnische Schule Weiz, beim Jüdischen Denkmal in Mauthausen." In den letzten 30 Jahren ist Inkret zwei Mal pro Jahr mit Schulklassen in das oberösterreichische KZ gefahren, hat die jungen Leute begleitet durch das Lager, hat von seinen eigenen Erlebnissen mit Diktaturen erzählt. Oft hat er die jungen Leute aus der eigenen Tasche auf ein Essen eingeladen. Kurz vor Drucklegung dieses Buches rief er mich an: Dass er alte Gasthaus-Rechnungen gefunden habe, sagte er, es seien mehr als 33.000 Schilling, die er damals für die Schüler ausgegeben hatte.

Diese Fotos hält er irgendwie vorsichtig in den Händen, mit sichtbarem Stolz legt er sie mir vor. Genauso handhabt er einen Packen Briefe, den er auf den Tisch legt. „Da haben die Schüler unterschrieben, Dankschreiben, nicht wahr, und da haben die Mädchen unterschrieben." Er hebt ein Schreiben hoch. „Das war ein Gymnasium, Maturaklasse. Da war so eine feine Mannschaft beinand. Haben auch recht lieb geschrieben."

53

Engagiert war Fritz Inkret sein ganzes Leben lang, links und kämpferisch. Das Kämpferische ging so weit, dass er sich sogar mit der eigenen Partei anlegte, wenn ihm etwas als ungerecht erschien. Bei meinem ersten Besuch erzählt er mir lang und ausführlich eine alte Geschichte, wie er Leserbriefe geschrieben hatte gegen einen sozialdemokratischen Nationalratsabgeordneten und Gewerkschaftsfunktionär, den Fritz für einen Ämterkumulierer hielt. Bei diesem ersten Treffen zeigte er mir eine Art

Testament. Inkret verfügte darin eine Veröffentlichung in den steirischen Zeitungen nach seinem Tod mit diesem Inhalt: Er verbat sich die Teilnahme jener Personen an seinem Begräbnis, die damals ein Parteiausschlussverfahren gegen ihn gewollt hatten, jeder einzelne Name seiner Widersacher sollte in der Zeitung stehen.

Bei meinem vorletzten Besuch frage ich ihn in dieser Sache nach Details. Er lächelt diesmal nur milde. „Ach Gott", sagt er, „da leben ein paar von denen eh schon nicht mehr. Ich hab es eh schon widerrufen. Ich geb's nicht mehr in die Zeitung." Er schaut mich an und sagt: „Na, da musst eh nichts drüber schreiben." Hermi grinst und sagt: „Viele braucht er eh nicht mehr einladen zu seinem Begräbnis, weil die sind eh schon alle vor ihm gestorben." Es habe ihn seinerzeit extrem geärgert, meint Fritz, aber jetzt sei es ihm egal.

Wie er sich auch nicht mehr wirklich darüber aufregt, dass man seine Rolle bei der Entdeckung und Wiederaufstellung des Wotruba-Denkmals nicht richtig gewürdigt hat. Der Gemeinderat Inkret war lange Jahre Obmann des Prüfungsausschusses. In dieser Funktion inspizierte er einmal die Busgarage der Gemeinde Leoben, die früher einmal der Fuhrhof der Gemeinde Donawitz gewesen war. Dabei fiel ihm ein großer Haufen alter Bretter in einem entlegenen Winkel auf. Inkret: „Und wie ich da im Fuhrhof umeinander schau, seh ich so ein Trumm heraus schauen, da, den Schädel, von dem Wotruba-Denkmal. Hab ich das weg getan, die Verpackung, die da war, und hab geschaut – Jössas Maria, das ist ja der Wotruba!"

Das war 1983. Inkret machte sich dafür stark, das Mahnmal des berühmten Künstlers gegen den Krieg wieder aufzustellen, doch die Gemeinde wollte lange Zeit nicht wirklich. Es gibt eine Reihe von Zeitungsberichten zu der Sache, solche, die den zögerlichen Standpunkt der Politiker zu verstehen suchen, aber auch solche, die wütend protestieren, unter Schlagzeilen wie: „Seit den Nazis hat sich nichts geändert!"

Das Denkmal, das die Nazis im Frühjahr 1938 hatten abreißen lassen und das die sozialdemokratischen Gemeindearbeiter nicht zerstört, sondern zerlegt und im Donawitzer Fuhrhof versteckt hatten, lag noch weitere fünf Jahre in der Garage, ehe es zur Aufstellung kam. Inkret drängte immer wieder im Gemeinderat auf eine Wiederaufstellung, bekam jedoch immer nur vage Ablehnungen mit Andeutungen von „schwierigem Motto" und „problematischer Aufstellung" zu hören. Oder er wurde schlicht mit Verweis auf die angespannte finanzielle Lage der Kommune abgewiesen. Schließlich fuhr er gegen die lokalen Politgrößen seiner eigenen Partei mit drastischen Argumenten auf. Er kopierte in ein Bild des Mahnmals an die Stelle des Osterinsel-Gesichts ein Porträt von Bürgermeister Leopold Posch. Inkret: „Das hab ich ihnen im Gemeinderat gezeigt, hab gesagt, wenn ihr es weiter ablehnt, dann gebe ich das in die Zeitung!"

1988, Bürgermeister war mittlerweile Reinhold Benedek, wurden die Steine des Ehepaares Wotruba endlich wieder aufgestellt, und zwar im Pestalozzi-Park in Leoben. Die Nase des Kopfes, von der ein kleines Stück abgebrochen war, wurde nicht restauriert. In den Zeitungsberichten von der Wiederaufstellung werden die örtlichen Honoratioren alle angeführt, sogar der Name der Blasmusik wird genannt, welche die musikalische Umrahmung beisteuerte. Nur der Name des Mannes, der das Denkmal wieder entdeckt und sich für die Reaktivierung stark gemacht hatte, fehlt. „Ja", sagt Fritz Inkret ruhig, als er in den vergilbenden Zeitungsseiten blättert, „kein Wort von mir."

54

Jetzt, an das Ende dieses Buches, hinzuschreiben, dass ich keine Bewertung über die Ereignisse des Februar 1934 abgeben werde, weil ich die Position des Autors als eine unparteiische verstehe, wäre heuchlerisch. Ich bin parteiisch. Mein Vater war Industrieofenmaurer, ich kenne das Aufwachsen in einer Arbeiterfamilie aus eigenem Erleben. Ich kenne aber auch die bürgerliche Welt, mein Vater hatte gewollt, dass ich es einmal besser habe, und deshalb hat er mich in eine katholische Privatschule gesteckt, danach habe ich lange Jahre bei konservativen Zeitungen gearbeitet. Eine Bewertung gebe ich deswegen nicht ab, weil ich es seriöserweise nicht leisten kann, den unzähligen sich als endgültig gebenden Interpretationen eine weitere hinzuzufügen.

Außerdem ist mein Fokus eine einzelne Person, Fritz Inkret. In der sozialdemokratischen „Erzählung" zum Februar 1934 ist er ein Held. Ich erlaube mir ein kleine private Bemerkung: Mein Vater, der Ofenmaurer, arbeitete meist in der Linzer Schwerindustrie. Immer wieder war er wochenlang „auf Montage" im Donawitzer Stahlwerk. Wenn er zurück kam, erzählte er mit einer Mischung aus Staunen und Bewunderung, dass dort, in der Obersteiermark, die „richtigen Sozialisten" zuhause seien, Leute mit Konsequenz und Idealen. Er muss Persönlichkeiten wie Fritz Inkret gemeint haben, wenn er davon sprach.

Der Grazer Zeitgeschichte-Professor Helmut Konrad hat in einer seiner Arbeiten festgestellt, dass sich jede Zeit die Geschichte so gestaltet, wie sie es braucht. Dass sich jedes „Jetzt" das „Damals" so erzählt, wie sie es als notwendig für die eigene derzeitige Befindlichkeit erachtet. Wenn man von der Geschichte des Fritz Inkret über seine Nacht an der Mur das in diesem Sinne „Gemachte" wegnimmt, das Pathetische, die ritualisierten Erinnerungsarbeiten, den Kampf um die Deutungshoheit, die Heldensage, dann bleibt dennoch die Geschichte von einem Mann übrig, der in einem entscheidenden Moment seines Lebens das Richtige getan hat. Der an der richtigen Seite der Mur gestanden war.

Und zwar nicht durch Zufall oder weil ihn Opportunismus dorthin gebracht hätte oder ein vages die Pflicht-Getan-Haben, das üblicherweise umso wortgewaltiger vorgetragen wird, je hohler es ist. Inkret stand auf der Seite der Demokratie, weil er sich dafür entschieden hatte. Für ihn war das nichts Besonderes, es war „eh ganz normal". Darum ist er, wenn man das Heldenhafte und das Mythenbildende abzieht von seiner Geschichte, erst recht ein Held. Ein wirklicher Held, weil er das Selbstverständliche getan hat.

Ich bin Angehöriger einer Generation, für die fragmentierte Verhältnisse, Beliebigkeit, Mobilität in jeder Hinsicht, auch was Haltungen und Überzeugungen betrifft, zu Eigenschaften von und Vorbedingungen für praktisch alles geworden sind. Von dieser heutigen Welt aus gesehen ist Fritz Inkret ein Fossil. Ich beneide ihn darum.

Die Ereignisse vom Februar wirken in das Heute hinein, davon bin ich überzeugt. Auf den unerwartetsten Stellen bin ich darauf gestoßen, auf Bruchlinien, die sich Menschen meiner Generation nicht erklären können. Und die man ihnen im Regelfall auch nicht erklärt. Ein Beispiel: Nach einer Gedenkfeier für ein Opfer der NS-Euthanasie im oberösterreichischen Salzkammergut traf sich eine Tischrunde meist älterer Menschen. Sehr rasch drehte sich die Unterhaltung um für uns Heutige unerklärliche Feindschaften zwischen Familien, ja, zwischen ganzen Ortsteilen. Erst ein pensionierter Schuldirektor sprach die Ursache an: das Jahr 1934.

Damals waren Todfeindschaften entstanden, die Generationen überdauern, Feindschaften nicht nur zwischen Roten und Schwarzen, sondern auch zwischen tief-schwarzen Familien, weil die Söhne der einen beim Pfrimer-Putsch 1931 treu zur christlichsozialen Richtung gestanden waren, während die Söhne der anderen vom südlichen Oberösterreich in die Steiermark zogen, um an der Seite der deutschnationalen Heimwehren gegen die Regierung zu kämpfen. Drei Jahre später, 1934, bekriegten sich die Kinder der Bauernschaft mit den Kindern der Arbeiterschaft im Salzkammergut, und wieder ein paar Monate später schossen die Nazi-Treuen auf die Dollfuß-Treuen.

Wenn ich meinen Kindern davon erzähle, ist es für sie so, als spräche ich über untergegangene Welten, es ist für sie nichts anderes als die Geschichten von Troja oder vom Aufstieg und Fall des Römischen Imperiums. Was ich sagen will: Diese Zeiten, Schattendorf, der Justizpalastbrand, das Jahr 1934, die sind keine ferne Vergangenheit. Sie wirken herein auf das Heute. Die Wunden sind vielleicht geschlossen. Aber die Narben sind noch da, und sie schmerzen immer wieder.

Der Blick auf die Erste Republik und ihren Untergang ist mit einem einfachen Schwarz-Weiß-Muster allein nicht zu erklären. Es gab Brüche innerhalb der großen Kräfte selbst, bei den Konservativen und bei den Sozialdemokraten. Inkret hat einen kurzen Augenblick lang mit den Gedanken gespielt, sich den Nazis anzuschließen, im Juli 1934, weil die weiter kämpften gegen den verhassten austrofaschistischen Feind. Aber er ist sich selbst treu geblieben. In seinem Fall ist eine Simplifizierung erlaubt: Er hat die Dinge einfach gesehen, schwarz-weiß, er hat sich zwischen richtig und falsch zu entscheiden gehabt und hat sich für das Richtige entschieden.

Ich stimme Helmut Konrad zu, wenn er sagt, dass im Falle des Februars 1934 der Kampf um die Deutungshoheit noch im Gange ist. Die Akteure, ihre Rechtsnachfolger, ihre Kinder und Enkelkinder, die haben sich diesem Konflikt noch nicht wirklich gestellt. Ein gnädiges Schicksal bescherte der ÖVP Otto Planetta, der Dollfuß erschoss und so dem Diktator den Nimbus des ersten Nazi-Opfers eintrug. Auch für die Linken ist die NS-Diktatur eine Möglichkeit, sich ohne viel Narbenschmerz mit der Vergangenheit zu beschäftigen.

Im Falle des März 1938 ist schwarz und weiß leicht zu benennen, es ist eindeutig, was richtig war und was falsch. Wer gegen die braunen Barbaren war und ist, der ist im Recht. Wer damals die Hand zum Hitlergruß empor reckte und jubelnd die „neuen Zeiten" begrüßte, war und ist im Unrecht. Und wer heute noch mit dem braunen Ungeist liebäugelt, ist bestenfalls ein kurzsichtiger Populist und dumm, im Regelfall ist er ein gefährlicher Zündler.

Im Falle des Februar 1934 sind die Dinge nicht so einfach. Ich habe jedoch auch keine Antworten auf die vielen Fragen und ich kenne keine Lösungen. Vielleicht sollten sich SPÖ und ÖVP als ersten Schritt einmal dazu durchringen, auch für dieses Thema eine der üblich gewordenen Historikerkommissionen einzusetzen, paritätisch beschickt mit der jeweiligen Seite zugeordneten Experten, erweitert um unabhängige Fachleute. Die sollten die Faktenlage erheben und vorlegen, und die Bewertung und Interpretation dann dem Publikum überlassen. Wie gesagt, dies könnte nur ein erster Schritt sein, und ob es wirklich etwas bringt, weiß ich auch nicht. Was ich weiß, ist, dass Imre Kertész recht hat, wenn er sagt: „Nur wenn unsere Geschichten erzählt werden, können wir erfahren, dass sie zu Ende sind."

55

Am Ende unseres letzten Arbeitstreffens wird der so lebhafte und gesprächige Fritz Inkret völlig still. Zuvor hatte er in den Schränken seines Wohnzimmers hektisch nach Fotos gesucht, hatte einen kleinen Streit mit seiner Frau begonnen, weil sich kein Bild von der Hochzeit finden wollte. Dann waren wir ins Auto gestiegen, um zu den Schauplätzen des 12. Februar zu fahren. Im Wagen hatten Fritz und Hermi ihren kleinen lustvollen Streit fortgesetzt. Dann hielten wir vor dem großen schönbrunnergelb gestrichenen Haus, das damals der Gösser Gendarmerieposten gewesen war.

Und hier werden beide auf einmal still. Hermi bleibt im Auto sitzen. „Braucht's mich eh nicht, oder", sagt sie. Fritz steigt aus, so energisch und rasch, wie es seine Beine erlauben, marschiert er hinüber zu der Außenmauer des Gösser Stiftsparks. Er überquert die vielbefahrene Hauptverkehrsstraße, ohne sich groß um den Verkehr zu kümmern. Ein Linienbus muss abbremsen, der Fahrer kurbelt das Fenster herunter und ruft herüber: „Für den Herrn Inkret stoppen wir doch immer!" Fritz ist da schon so sehr in der Vergangenheit eingesponnen, dass er ihn nicht hört, zielstrebig stapft er zu der Stelle bei den Büschen an der Stiftsmauer.

Hier war es. Hier sind damals Haas, Lenger, Bräuhaupt und Inkret kurz nach Mitternacht von den Gendarmen festgenommen worden. Inkret deutet auf die dichten Büsche, sagt: „Da haben wir uns wollen verstecken, aber da war ja im Februar kein

Laub dran." Ich fotografiere ihn ein paar Mal, dann gehen wir zurück. Inkret geht nun langsamer und achtet auf den Verkehr. Er stellt sich vor einem Holzgatter am einstigen Gendarmerieposten auf, sagt, dass ich ihn genau hier fotografieren soll, hier hätte man sie damals hinein geschleppt.

So viele Erinnerungen. In seinem Wohnzimmer hatte er eine halbe Stunde zuvor in alten Zeitungen gekramt. „Das ist die Wallisch-Verhandlung", hatte er gesagt, und: „Das da ist meine Verhandlung." Hermi sagte: „Wenn man denkt – 18 Jahre war er damals. Und die hätten ihn aufgehängt." Fritz las vor, was die Zeitungen über seine Bewaffnung geschrieben hatten. Dann fing er unvermittelt vom Hier und Jetzt zu reden an.

„Das Furchtbare an der ganzen Entwicklung ist, dass wir für die Jugend keine Arbeit haben. Weil durch die Technik ist es so weit gekommen, dass Betriebe, die früher so und so viel tausend Leute beschäftigt haben, mit ein paar hundert Leuten auskommen." Er machte immer wieder Pausen, redete von der Zeit, wo es im Bezirk Leoben noch mehr als 30 Tischlereien gegeben hatte, und heute existiert keine einzige mehr. Und immer wieder beschäftigte ihn die Jugend: „Das ist ein Malheur, was sich da abspielt mit der Jugend und ihrer Zukunft, da befürchte ich das Schäbigste."

Ich fragte ihn, was er von der aktuellen Politik und von der heutigen SPÖ im Besonderen halte. Inkret wurde wortkarg. Zur politischen Situation Österreichs im Herbst 2007 sagte er nur: „Ich bin nicht gar so zufrieden damit, wie es jetzt ist. Nach der Wahl hat man die wichtigsten Ministerien den Schwarzen gelassen, vor allem das Innenministerium." Und nach einer Pause: „Ich weiß nicht, warum man das getan hat." Zur SPÖ sagte er praktisch nichts, außer: „Ich weiß nicht, ob sie weiterhin die Wahlen gewinnen." Zurückhaltende Skepsis, das schien seine Grundstimmung zu sein. Nur auf die Frage, ob er lieber mehr sozialdemokratische Politik hätte, sagte er laut und schnell: „Ja! Ja."

Hermi mischte sich ein in das Gespräch und schwärmte eine Weile von biologischem Obst und Gemüse. Fritz hörte ihr lange zu, dann unterbrach er sie mit einem Witz, einem sehr derben. Trocken und unaufgeregt erzählte er mir eine Zote, deren Pointe darin lag, dass sich die Worte Himbeeren und Erdbeeren und Brombeeren auf das Wort Pimpern reimen, in dem milden steirischen Dialekt, den Inkret spricht.

Die Erzählung über Geschichte schafft Helden. Dieser kleine alte Mann, der so gut Witze erzählen kann und der sich so freuen kann, wenn die Scherze und Witze ankommen bei seinem Publikum, der ist einer dieser Helden. Bei Gedenkfeiern, insbesondere bei der jährlichen Großveranstaltung am Grab Koloman Wallischs in Bruck an der Mur, ist er naturgemäß dabei, und sein Nimbus wächst, je weniger der Februarkämpfer noch am Leben sind. Bald schon wird einer der damals aktiven Schutzbundmänner der „letzte Februarkämpfer" Österreichs sein, und vielleicht fällt die Ehre Fritz Inkret zu. Es wird dieser Person eine mythologische Bedeutung zuwachsen. Sollte es jedoch Inkret sein, so kann man sicher sein, dass der Mythos die tatsächlichen Ereignisse nicht zudecken wird. Zumindest nicht, solange Fritz lebt. Seine Persönlichkeit wird davor stehen. Weil alles, was er getan hat, für ihn doch nur „ganz normal" war.

Wir fahren ein kurzes Stück Wegs vom Gösser Eck in Richtung Leitendorf, in einer Kurzparkzone halte ich an. Fritz steigt als erster aus, lässt sich nicht helfen, wird ungehalten, als ich die Autotür zuschlagen will. Das macht er doch selbst. Hermi bleibt wieder im Fond sitzen, ohne ein Wort der Erklärung. Die letzten Meter gehen Inkret und ich zu Fuß. Dann steht er dort, hält sich fest am eisernen Geländer.

Es ist DIE Brücke, an der Fritz Inkret steht. Die Gösser Brücke. Die Mur unten ist grün mit einem Stich ins grau-braune und fließt schnell. Der Wasserstand ist hoch, weil es in den letzten zwei Wochen dauernd geregnet hat. Ich mache ein paar Fotos, er nickt zu meinen Bitten, wie er sich aufstellen soll, damit das grelle Sonnenlicht keine Schatten auf sein Gesicht wirft, stellt sich einmal so hin, dann so. Alles ohne ein einziges Wort.

Der Februarkämpfer steht am Schauplatz seines großen Kampfes und schweigt. Beide verweilen wir eine Zeitlang am Brückenkopf und tun gar nichts. Es ist mir unangenehm, diesen alten Mann, der sonst so vital und energiegeladen wirkt und der nach wie vor schnell in eine aufbrausende Wut geraten kann über jede Form von Ungerechtigkeit und Benachteiligung, den jetzt so irgendwie wehrlos und entblößt zu sehen mit seinen Erinnerungen.

Ich frage mich, was in ihm vorgehen mag. Ich denke mir was aus in meinem Kopf: Dass er jetzt diese Nacht wieder vor sich sieht. Die Nacht die nicht enden will. Dass er die Kälte spürt, dass er fiebert vor Aufregung, weil er und die anderen drei nicht wissen, wie viele da wirklich drüben liegen und auf sie feuern, und auch nicht wissen, was in ihrem Rücken los ist, ob der Schutzbund siegreich ist in Göss oder ob der Kampf schon längst verloren ist und man auf sie vergessen hat.

Schließlich frage ich ihn, wie er sich fühlt. Sehr leise und ungewohnt ernst antwortet er, dass es schon ein sehr seltsames Gefühl sei, wieder da zu stehen. Er schweigt eine Weile, fasst sich, sagt dann, dass es früher noch intensiver gewesen sei, als die alte stählerne Bogenbrücke noch da war. „Da hast überall die Löcher gesehen", murmelt er, „wie sie herüber geschossen haben."

Ich will wissen, ob er dasselbe noch einmal machen würde, wenn er sein Leben wiederholen und sich im Wissen um alles Nachfolgende frei entscheiden könnte. Er sagt nichts und schaut mich einfach an. Der Lärm von den Autos und Lastwägen ist enorm, so direkt neben der Straße, ich bin nicht sicher, ob er mich verstanden hat und wiederhole die Frage. Er schaut mich einfach nur an, sein Blick sagt mir, dass ich so etwas nicht fragen soll. Ohne Antwort dreht er sich weg vom Brückengeländer, hantiert ein wenig an seinem Gehstock, nimmt die Hände vom Geländer und macht ein paar Schritte Richtung Auto. In den Stiftspark hinein will er nicht gehen. „Da gibt's eh nichts zu fotografieren", brummt er, „nur Rasen und Bäume."

Dann stapft er weg, zurück zur Kurzparkzone. Unglaublich schnell geht er in der Mittagssonne, obwohl er ein wenig hinkt und man deutlich sieht, wie sehr er seinen Stock braucht. Wie wenn es wieder Nacht würde, so marschiert er dahin, und wie wenn er wieder auf dem Weg wäre, weg von dieser Brücke, der Gösser Brücke über die Mur, die er in jener Nacht vor einem Dreivierteljahrhundert verteidigt hat. Nein, nicht die Brücke hat er verteidigt. Sondern Österreich. Die Republik. Die Demokratie.

Damals haben Inkret und die Schutzbündler den Kampf verloren. Letzen Endes ist es aber doch ein Sieg. Die Geschehnisse des Februar 1934 und damit auch jene Nacht an der Brücke zwischen den heutigen Leobener Stadtteilen Göss und Leitendorf haben eine weit über die Obersteiermark und über Österreich hinausreichende Bedeutung. Ich teile die Einschätzung des oberösterreichischen Sozialwissenschafters Josef Weidenholzer, der dem Faktum, dass sich erstmals Arbeiter einer faschistischen Machtergreifung bewaffnet widersetzten, welthistorische Bedeutung zumisst. Es war ein Zeichen für die gesamte damalige demokratische Welt, dass Diktatur und Faschismus kein gleichsam naturgesetzliches Rezept gegen die Weltwirtschaftskrise sind. Die Verwundungen und Verletzungen wirken bis heute, aber auch dieses Zeichen wirkt bis in die Gegenwart.

Damals hat Fritz Inkret verloren. Von heute aus gesehen ist jedoch er der Sieger. Ich überlege kurz, ob ich ihm das sagen soll, lasse es jedoch sein, weil ich weiß, dass ihm solche Lobhudeleien nicht wichtig sind. Und weil ich weiß, was er sagen würde, wenn ich anfangen sollte mit ihm zu reden über die Bedeutung seines damaligen Handelns, und wenn ich was sagen würde darüber, welchen unermesslichen Wert diese Tat eines einzelnen Menschen für das Selbstbild Österreichs hat und für uns Heutige.

Aber geh, würde Fritz Inkret sagen, einer der letzten noch lebenden Februarkämpfer aus dem Jahr 1934, aber geh. Das war doch eh ganz normal.

Quellen

Hellmut Andics: Der Staat, den keiner wollte. Verlag Herder, Freiburg 1962.

Werner Anzenberger (Konzept): Bruck/Mur 1934. Eine Region im politischen Widerstand. Hrg: Bund Sozialdemokratischer Freiheitskämpfer Steiermark, Bruck 1999

Werner Anzenberger, Martin F. Polaschek: Widerstand für eine Demokratie. Leykam-Verlag, Graz, 2004

Kurt Bauer: Elementar-Ereignis. Czernin-Verlag, Wien 2004

Kurt Bauer: Sozialgeschichtliche Aspekte des nationalsozialistischen Juliputsches 1934. Dissertation Universität Wien, 2001.

Otto Bauer: Der Aufstand der österreichischen Arbeiter. Erstausgabe im Verlag der Deutschen sozialdemokratischen Arbeiterpartei in der Tschechoslowakischen Republik, Prag 1934. Verwendete Ausgabe: Verlag Löcker & Wögenstein, Wien 1974.

Ilja Ehrenburg: Der Bürgerkrieg in Österreich. Erstausgabe in Neue Deutsche Blätter, Prag, 1934; Verwendete Ausgabe in: Der Streit, Jg. 5, Nr. 1, Wien, 1984.

Ein Leben für Freiheit und Gerechtigkeit ...; Fritz Inkret, Zeitzeuge eines Jahrhunderts. Broschüre, undatiert; o. Verf.

George E. R. Gedye: Die Bastionen fielen. Wie der Faschismus Wien und Prag überrannte. Danubia Verlag, Wien 1954.

Josef Hindels: Der Weg zum 12. Februar 1934. Broschüre, Verlag der SPÖ, Wien, undatiert.

Robert Hinteregger (Herausgeber): Koloman Wallisch – 50 Jahre 12. Februar 1934. Broschüre der SPÖ Bruck/Mur, undatiert.

Stephan Neuhäuser (Herausgeber): Wir werden ganze Arbeit leisten ... Der austrofaschistische Staatsstreich 1934. Books on Demand, Norderstedt, 2004

Gottfried-Karl Kindermann: Österreich gegen Hitler, Europas erste Abwehrfront 1933 – 1938. Langen Müller, München 2003.

Helmut Konrad, in: Themen der Zeitgeschichte und der Gegenwart. Arbeiterbewegung – NS-Herrschaft – Rechtsextremismus; Hrsg. Dokumentationsarchiv des österreichischen Widerstandes.

Helmut Konrad: Der Februar 1934 im historischen Gedächtnis; in: Widerstand für eine Demokratie (Anzenberger, Polaschek). Leykam-Verlag, Graz, 2004

Peter Lhotzky: Koloman Wallisch – eine Kurzbiographie. Aus: Homepage der SPÖ Alsergrund, Juli 2007.

Johannes Moser: Erinnern und Vergessen – Schuld und Scham. In: Von mir nach dort. Forum Stadtpark (Hrg), Jahrbuch 2001, Wien 2002.

Franz Xaver Rohrhofer: Fronten und Brüche. Ständestaat und katholische Kirche 1933 – 1938. Wagner-Verlag, Linz 2007.

Anna Seeghers: Der letzte Weg des Koloman Wallisch; in: Das Wörterbuch des Schweigens, Begleitbuch zum Programm der Wiener Festwochen, 2004.

Günther Steinbach: Kanzler, Krisen, Katastrophen. Verlag Carl Ueberreuter, Wien 2006.

Paula Wallisch: Ein Held stirbt. Erste Ausgabe Prag 1935; Verwendete Fassung Leykam, Graz 1978.

Josef Weidenholzer: Bedeutung und Hintergrund des 12. Februar 1934; in: Es wird nicht mehr verhandelt, Ludwig-Boltzmann-Institut (Hrg), Linz, 1984.

Peter Weidner: Grabrede für Roman Straßmair. Privatnotizen, Linz 2007.

Elisa Zaunegger (Redaktion), Peter Lhotzky (historische Beratung): Ich sterbe, weil es sein muss. Erinnerungen des Sohnes Karl Münichreiter; Trotzdem Verlagsges. m.b.H der Sozialistischen Jugend Österreichs, Wien 2004.

Steiermärkisches Landesarchiv, Graz.

Steiermärkische Landesbibliothek, Graz

DVD „Zeitgeschichten Steiermark, 1938 – 1955". Filmische Dokumentation des ORF Steiermark, gestaltet von Günter Schilhan und Günther Jontes; Graz 2005

Homepage Alfred-Klahr-Gesellschaft, Beitrag Jakob Zanger. Stand: Juli 2007.

Homepage www.argejugend.at, ARGE Jugend gegen Gewalt und Rassismus, Graz, September 2007

Homepage www.dasrotewien.at; Weblexikon der Wiener Sozialdemokratie. August 2007

Homepage www.doekw.at, Dokumentationsarchiv des österreichischen Widerstands, Juli 2007

Homepage www.geschichteclubalpine.at; August 2007

Homepage www.klahrgesellschaft.at, Beitrag Max Muchitsch; August 2007

Homepage „Republik Österreich – Parlament", Stichwort: Alle Abgeordneten zum Nationalrat seit 1920. Stand Juli 2007.

Danksagung

Es war ein kalter und windiger Februarabend im oberösterreichischen Gallneukirchen. Bei der Einweihungsfeier zu einem Denkmal für die Opfer der NS-Euthanasie aus diesem Ort traf ich Ingrid Maiburger und Thomas Hausleitner von den oberösterreichischen Freiheitskämpfer/innen sowie deren Landesvorsitzenden Peter Weidner. Sie waren es, die mich neugierig gemacht haben auf die Geschichte des Februarkämpfers Fritz Inkret.

Das vorliegende Buch ist entstanden auf Initiative der oberösterreichischen Landesgruppe des Bundes Sozialdemokratischer Freiheitskämpfer/innen, Opfer des Faschismus und aktiver Antifaschist/inn/en. Die Idee zum Buch hatten Ingrid Maiburger und Thomas Hausleitner. Zugearbeitet haben in Folge Heimo Gruber, Thomas Höpfl, Peter Lhotzky und Peter Weidner.

Mein Dank gilt weiters Heribert Haring, dem Vorsitzenden des Landesverbandes Obersteiermark des Freiheitskämpfer/innen-Bundes, der mir, dem Oberösterreicher, die Wege in der Steiermark mit Umsicht und Sachverstand geebnet hat.

Weiters haben bei der Realisierung des Projekts der Bundesvorsitzende des Freiheitskämpfer/innen-Bundes, NR-Abg. a.D. Professor Alfred Ströer, und sein Stellvertreter, NR-Abg. a.D. Ing. Ernst Nedwed, sowie die BAWAG (und hier vor allem Generaldirektor NR-Abg. a.D. Prof. Dr. Ewald Nowotny) als Förderer des Buches sehr geholfen.

Nicht unerwähnt bleiben sollen Bundessekretärin Edith Krisch und die Bundeskassierin Herta Slabina, die uns mit ihrem Engagement auch sehr geholfen haben.

Herzlicher Dank gilt auch Franz Steinmaßl. Ohne seine Vorarbeit und die vielen Stunden, die er für dieses Buch opferte, hätten wir alle uns nicht über dieses Projekt drüber getraut.

Zum Schluss geht ganz herzlicher Dank an Peter Ulrich Lehner persönlich und seine Hernalser Freiheitskämpfer/innen-Bezirksgruppe für die solidarische Unterstützung.

Der allergrößte Dank geht natürlich an Fritz Inkret und seine Frau Hermi, die mich so warmherzig aufgenommen haben und geduldig meine stundenlangen Befragungs-Sitzungen über sich ergehen ließen!

Walter Kohl